财政部规划教材
全国财政职业教育教学指导委员会推荐教材
全国中等职业学校财经类教材

企业管理基础知识

（第八版）

冯洪江　主编

中国财政经济出版社

图书在版编目（CIP）数据

企业管理基础知识／冯洪江主编．—8 版．—北京：中国财政经济出版社，2015.4（2025.1重印）
财政部规划教材　全国财政职业教育教学指导委员会推荐教材　全国中等职业学校财经类教材
ISBN 978－7－5095－6107－2

Ⅰ.①企…　Ⅱ.①冯…　Ⅲ.①企业管理－中等专业学校－教材　Ⅳ.①F270

中国版本图书馆 CIP 数据核字(2015)第 059009 号

责任编辑：陈　冰　　　　责任校对：刘　靖
封面设计：陈　瑶　　　　版式设计：董生萍

中国财政经济出版社出版

URL：http：//www.cfeph.cn
E－mail：cfeph @ cfeph.cn

社址：北京市海淀区阜成路甲 28 号　邮政编码：100142
营销中心电话：88190406　北京财经书店电话：64033436　84041336
北京鑫海金澳胶印有限公司印装　各地新华书店经销
787×1092 毫米　16 开　13.5 印张　324 000 字
2015 年 5 月第 8 版　2025 年 1 月北京第 8 次印刷
定价：29.00 元
ISBN 978－7－5095－6107－2/F·4923
（图书出现印装问题，本社负责调换）
本社质量投诉电话：010－88190744
打击盗版举报热线：010－88190492、QQ：634579818

编写说明

本书是财政部规划教材、全国财政职业教育教学指导委员会推荐教材，由财政部教材编审委员会组织编写并审定，作为全国中等职业学校财经类教材使用。

本书适用于财经类全日制普通中等专业学校、中等职业技术学校学生，同时也可作为经济管理干部和企业管理人员培训及自学教材。

本书结合现代企业管理理论、方法的新发展，系统地阐述了企业管理知识和科学的管理方法。本书突出企业管理学科特色，着重体现培养生产、建设、管理、服务一线所需要的、具有相应技能应用型企业管理人才的要求，侧重创新精神和学生的实践能力的培养。同时，以学生就业为导向，使学生掌握必需的企业管理专业知识，加强实践性教学环节，突出体现职业技能的训练。

本书对编写模式进行大胆创新，学习和借鉴国外先进教材编写理念和方法，采取多种有效措施，使教材编写体例新颖、形式多样，层次鲜明，结构立体化。以教学模块、教学单元、教学项目为基本编写模式，增加了案例、实训、思考测试、学生活动、知识链接等新形式。全书共划分为：企业管理基本理论；企业经营管理；企业生产管理；企业生产要素管理四个教学模块，主要包括企业管理概述等十个单元的教学内容。本教材在第七版的基础上做了适当修改，删除陈旧过时的内容，增加新知识，其中企业设立、知识产权保护、企业管理集群等为新增加内容。本教材对财务管理单元只从管理者的角度作简要阐述，各教学单位可以根据实际教学需要选择是否讲授。

本书由铁岭会计学院冯洪江、任国昕主编。冯洪江编写一、三单元；任国昕编写二、五、六、七、十单元；铁岭市对外友好协会办公室冯超编写第四、八单元；铁岭师范高等专科学校刘旭编写九单元。由冯洪江负责全书总纂、定稿。

由于编者水平有限，不当之处在所难免，敬请读者批评指正。

编　者

2015 年 2 月

目　录

模块一　企业管理基本理论

模块二　企业经营管理

模块三　企业生产管理

模块四　企业生产要素管理

模块一
企业管理基本理论

单元一
企业管理原理

引　言

企业管理是人类历史上出现了企业之后才产生的，经历了长期的发展过程，从传统的管理发展为现代企业管理。现代企业管理反映了企业生产经营活动的客观要求，具有特殊的性质、职能和任务，其内容涉及企业生产经营全过程管理的各个方面。本单元结合现代企业管理的理论和实践，主要讲述了企业和企业管理的概念；企业的任务、性质、职能，企业的设立与组织结构；现代企业制度的含义、特征；企业组织结构及结构设计；公司制企业及其主要形式和企业管理的基础工作等，为以后各单元全面讲述企业管理的专业管理知识和实践奠定基础。

项目一　企业和企业管理

【学习目标】

□ 明确企业管理的概念、类型、任务；了解企业管理的产生和发展；掌握企业管理的性质和职能。

我们日常生活中去过的餐馆、超市，我们上学、外出时路过的酒店、加油站、百货商店，我们亲朋好友工作的食品公司、化工厂、地产公司……这些都是企业。那么，应该如何来描述企业的概念呢？

【活动1－1】

活动内容：

组织学生参观考察当地具有代表性的企业。

活动目标：

对企业活动有一个感性的认识，为充分理解企业概念和从不同角度对企业实施分类进行必要的准备。

一、企业的概念

企业，是指从事生产经营或提供劳务，自主经营，自负盈亏，独立核算，依法独立享有民事权利并承担民事责任的营利性经济组织。具体有以下四方面含义：

（一）企业是从事生产经营或提供劳务的经济组织

企业不同于政府机关、行政组织、事业单位、社会团体等组织，它们是在现代社会经济中从事商品生产、流通、服务等不同经济活动的组织。用一句话概括就是，企业是从事生产经营或提供劳务的经济组织。

（二）企业是一个以营利为目的的经济组织

企业作为一个经济组织，必须拥有一定的生产经营要素，并将生产经营要素有效地结合起来，进行一定的生产经营活动，实现一定的经营目的。企业必须追求经济效益和获取盈利，因此，企业是一个以营利为目的的经济组织。

（三）企业是自主经营、自负盈亏、独立核算的经济组织

企业拥有一定的独立性和经营自主权，能够独立自主地使用和支配企业的人、财、物，并开展生产经营活动，以其自身经营收入来抵偿各项支出，对自己的经营活动负全部责任。

（四）企业是依法设立、依法经营的经济组织

企业必须拥有一定的组织结构和法定财产，产权关系明确，能以自己的名义进行民事活动，独立享有法律规定的权利和义务，承担法律责任。建立企业必须严格依照法律规定的程序，在政府有关部门办理企业审批登记、取得营业执照。

二、企业的类型

企业多种多样，可以从不同的角度，按照组织形式、组织结构、生产力要素等不同的分类标准进行分类。

（一）按照企业的组织形式分类

1. 独资企业，也称“自然人企业”。**独资企业是现代企业中最早出现、组织形式最简单的企业类型，即出资者只有一个人，且由出资者个人经营的企业。**

这种企业一般规模较小，经营方式灵活，出资者本人往往既是经理又是员工，企业是出资者的个人财产，出资者享有企业的全部经营成果，同时也承担企业的全部债务和无限责任，当企业资不抵债时，出资者要用自己的家产来抵债。

2. 合伙企业。**合伙企业又称“合伙制企业”，是指有两个或两个以上的自然人共同出资、合伙经营的企业。**

合伙人按照合伙协议分享企业经营成果，共同以自己的全部资产对企业所欠债务负无限连带责任，当企业资不抵债时，合伙人不论出资多少，都要以个人财产来抵偿债务。

3. 合作制企业。**合作制企业是指由本企业的员工共同持股，合作经营，按照持股和劳**

动的多少分享企业经营成果的企业。

这类企业往往在企业内部发行股票、筹集资金，企业员工既是所有者又是劳动者，企业经营所得一部分按劳分配，另一部分以年终按股份分红的形式进行分配，较适用于城乡小型企业。

4. 公司制企业。**公司制企业是现代企业中最普遍、组织形式最高级的企业类型，一般将按照公司法登记组建的企业称为"公司"。**

公司与独资企业、合伙制企业相比较，其特点是：公司是法人，具有民事权利能力和民事行为能力，依法独立享有民事权利和承担民事义务；企业财产的所有权与经营权相分离，出资者一般承担有限责任；企业内部组织机构设置科学，管理规范，各部门、各环节之间相互制约，出资者一般不直接管理企业；公司的设立、解散和清算等事宜都要通过一定的法定程序。

（二）按照企业的组织结构分类

1. 单厂企业，就是一个工厂为一个企业。

2. 多厂企业，就是由多个非独立性的工厂组成一个企业。它是按照专业化协作的原则，把生产技术上统一的不同工厂组织在一起，成为企业性的经济实体。它在生产经营上按统一计划进行，实行统一的经济核算，在法律上统一为一个"法人"单位。

测 试

（1）企业集团特点有哪些？和一般企业的区别是什么？

（2）大型企业一般是公司制企业？为什么？

3. 企业集团，**是指由供、产、销相联系的多个具有法人资格的企业通过一定的方式集合在一起，形成相对稳定、独立的经济组织。**

（三）按照生产力要素的密集度分类

1. 劳动密集型企业，是指技术装备程度较低、用人多、产品成本中活劳动消耗所占比重大的企业。如服装厂、制鞋厂。

2. 资金密集型企业，是指单位产品所需投资较多、技术装备程度较高、用人较少的企业，它是相对劳动密集型企业而言的。如精密仪器制造公司。

3. 知识密集型企业，是指综合运用先进的、现代化的科学技术成就的企业。如软件公司。

（四）按照企业在国民经济中所起的作用分类

1. 工业企业，是指从事工业性生产经营或提供工业性劳务活动的企业。

2. 商品流通企业，是指以从事商品流通活动为主营业务的企业。

3. 农业企业，是指从事农、林、牧、渔、采集等生产经营活动的企业。

4. 交通运输企业，是指利用运输工具专门从事运输生产或直接为运输生产服务的企业。

5. 建筑安装企业，是从事土木建筑和设备安装工程施工的企业。

6. 旅游企业，是以旅游资源为依托，以服务设施为条件，通过组织旅行游览活动向游客提供劳务的服务性企业，素有"无烟工业"之称。

7. 餐饮企业，是指通过提供各种餐饮服务获得盈利的服务性企业。

8. 服务企业，是指为人们提供各种技术性及非技术性服务或劳务的企业。

9. 房地产开发企业，是指从事房地产开发、经营、管理和服务的企业。

10. 金融企业，是指专门经营货币和信用业务的企业。

提示：还有其他的企业分类方法：按企业运用主体技术可划分为传统技术企业和高新技术企业；按财产所有者可划分为国有企业、集体企业、私营企业和混合型企业；按企业规模可划分为大型企业、中型企业和小型企业；按生产过程可划分为采掘型企业和加工型企业等等。

在各种类型的企业中，工业企业最具有管理的代表性。因此，本教材以后各单元均以工业企业为主要研究对象。

相关资料

新兴企业的崛起

- **信息产业。**信息产业主要是指有关信息的搜集、处理、传递、利用的设备制造、技术咨询、提供服务等企业组成的产业系统，包括硬件生产企业和软件生产企业两大类。信息产业是新兴产业之一。
- **知识产业。**自从人类进入信息时代以来，人们对知识的需求比以往任何时期都更为强烈。为了满足人类的需求，像生产其他物质产品一样生产和经营知识产品的产业迅速崛起，成为现代社会重要的新兴产业之一。知识产业门类很多，渗透到社会、经济发展的各个方面。知识产业的发展必将推动物质产业进入新的发展阶段。主要知识产业类型有：文化教育产业、职业培训业、文化出版业和知识工程产业。

三、企业管理的概念

企业管理就是企业为了有效地实现预定目标而对生产经营过程进行决策、计划、组织、指挥、控制、协调、激励和教育的综合性活动过程的总称。

企业的生产经营活动可分为两大部分：一部分是在企业内部进行的生产活动，其中包括基本生产活动、辅助生产活动、生产与技术准备活动等，这一部分的管理统称为生产管理。另一部分是涉及到企业外部，联系到社会的生产、流通、分配与消费过程的经营活动，包括经营环境分析、经营战略制定、资金的筹集和运用、市场的调查研究、产品的销售和为用户服务、原材料和能源等物资的采购与供应、劳动力和设备的调整与补充等，对这类活动的管理称为经营管理。企业管理是生产管理与经营管理的总称。

相关资料

泰罗、法约尔、梅奥介绍

科学管理理论的代表人物是美国的泰罗。他提出的科学管理理论的主要内容有：劳动方法的标准化、工时的科学利用、实行有差别的工资制度、按标准操作法对工人进行训练以及管理职能部门的分工等一整套管理方法。泰罗对企业管理最大的贡献在于他主张一切管理问题都应当用科学的方法去研究解决，使个人的经验上升为理论，使各项工作标准化。由于他长期从事企业管理的研究和试验工作，在1911年发表了《科学管理原理》一书，成为资本主义企业管理方面早期的代表性著作。在资本主义企业管理史上，泰罗开创了科学管理的新阶段，被称为“科学管理之父”。

在管理职能和管理原理方面做出较大贡献的是法国的法约尔。他把企业管理划分为五个部分，即计划、组织、指挥、控制、协调，还提出企业管理应该实行权力与责任相结合，实行统一领导、专业分工、遵守纪律、合理分配和发挥职工创造力等重要原则。这些理论至今仍为企业管理所奉行。

行为科学的代表人物是梅奥，梅奥主持的霍桑实验使西方管理思想在经历早期的管理理论和古典管理理论阶段之后，进入了行为科学的理论阶段。行为科学认为，人和人的行为是企业管理的关键因素，因此，强调从心理学、社会学的角度，从人的目的、动机、相互关系和社会环境等方面，来研究人和人的行为对企业生产经营及其效果的影响。但是，行为科学并不排斥管理科学理论的必要性，只是认为关键是做好人的工作。

四、企业管理的职能

企业管理具有两个基本职能：一是合理组织生产力；二是维护和完善生产关系。企业管理的过程就是这两个基本职能相结合而发挥作用的过程。

企业管理的具体职能是根据两个基本职能的要求和企业生产经营活动的特点加以具体化。企业管理的目的是有效地组织企业的生产经营活动，合理地配置企业的各种资源，使人、财、物信息等资源得到充分利用，达到企业效益的最大化和促进企业的发展。因此，我们把企业管理的具体职能划分为决策、计划、组织、指挥、协调、控制、激励、教育等八个职能（见图 1－1）。

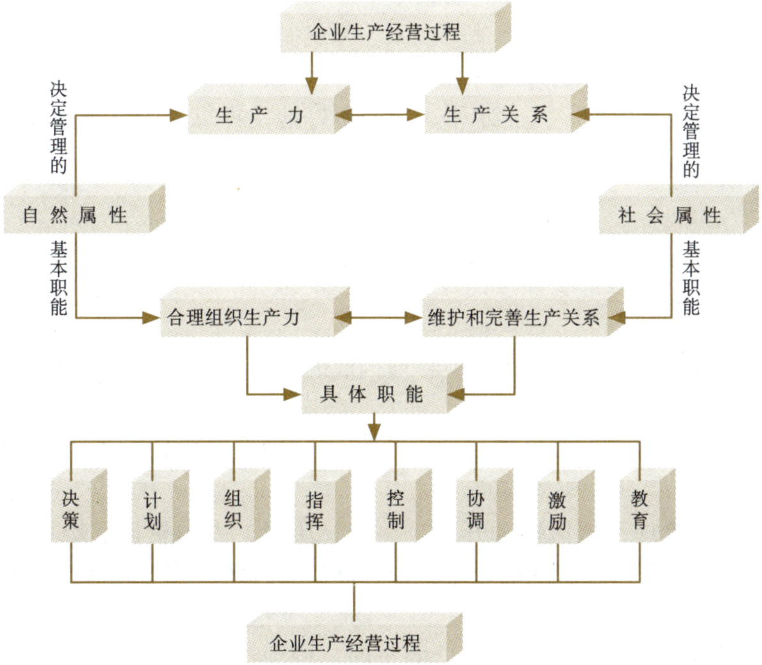

图 1－1　企业管理的性质和职能示意图

1. 决策职能。**决策就是对市场环境进行分析，在确定企业生产经营发展目标中，从多种方案中选择出最佳方案。**正确的决策，能够指导企业有效地开展生产经营活动，从而获得良好的经营结果。错误的决策，则会产生错误的行为，导致经营活动的失败，甚至产生巨大的损失和严重的后果。在市场经济中，由于市场的瞬息万变和竞争的加剧，使决策成为企业管理的核心和最基本的职能。

2. 计划职能。**计划是决策的展开和具体化，即根据决策目标而做出的具体安排。**在企业中，计划是各项工作的“龙头”，只有明确了目标，才能把各项工作有效地组织起来，建立起正常的生产秩序和工作秩序。

3. 组织职能。**组织就是将企业生产经营活动的各要素、各部门、各环节在空间和时间的联系上、在劳动分工与协作上、在上下左右的相互关系上以及对外往来上合理地组织起来，形成一个有机整体，使企业的人、财、物、信息得到最合理的运用。**

4. 指挥职能。**指挥就是为了达到既定目标，发挥领导艺术，对下级和下属进行布置和指导，使企业的生产经营活动有条不紊地正常进行。**正确的指挥，能使计划和组织职能顺利实现。指挥职能是进行集中统一有效活动的重要保证。

5. 控制职能。控制是同计划紧密联系在一起的。**控制职能主要是对企业生产经营活动过程进行考察，把实际执行情况与原定的计划目标进行对比，找出差异，分析原因，采取对策，解决问题。**

6. **协调职能。协调或称调节，就是使企业的一切都要和谐地配合，以便于企业经营的顺利进行，并且有利于实现企业的目标。**

7. 激励职能。**激励就是通过各种措施、方法和形式来充分调动人的潜在能力，提高工作效率，保证完成和超额完成各项计划指标。**激励的方式有正激励和负激励两种。正激励如奖励、晋级、提升等；负激励如批评、惩罚等。

提示：在一般情况下，应该以正激励为主，辅以必要的负激励。

8. 教育职能。教育包括思想政治、文化、业务、技术技能的教育。其目的是提高员工的思想政治觉悟和文化、业务、技术水平，从而更好地发挥每一个员工的智慧和才能，有效地利用人力资源，完成企业任务。在知识经济的今天，企业要对员工进行终身教育，教育职能显得尤为重要。

五、企业管理的内容和方法

（一）企业管理的内容

企业管理是由不同层次管理和各专项管理构成的一个相互联系、相互制约的管理体系。

1. 不同层次的管理内容。

（1）企业的高层管理，包括经营战略，决策与计划等，决定着企业管理的全局，是企业管理的核心。

（2）企业的中层管理，包括技术开发、生产、质量、人力资源、财务等专业管理。中层管理是联结高层管理和基层管理的桥梁，作为高层管理的参谋与助手，对基层管理进行指导、服务与监督。

（3）企业基层管理，一般是指对工厂的车间、商业的店堂、服务行业的作业场所的管理，也称现场管理或作业管理，包括工序管理、物流管理、环境管理、规范管理、员工自主管理、基层组织管理等。

2. 各专项的管理内容。

（1）技术开发管理。企业进行生产经营活动首先必须进行各种技术开发活动，包括对产品、工艺、设备、材料、能源等方面的开发。只有对这些技术开发进行管理，取得良好的开发效果，才能保证各专项管理的有效进行。

（2）生产管理。生产管理就是对企业日常的生产经营活动的组织、计划和控制等一系列活动进行管理，主要包括生产计划、生产过程组织实施、作业计划制订、生产控制、工厂布置工作等内容。

（3）市场营销管理。企业根据市场环境的变化及需求现状和趋势，制定计划，满足消费者的要求，实现企业经营目标的商务活动过程，主要包括市场调研、消费者研究、市场细分、目标市场确定、市场开发、市场营销策略等应用。

（4）质量管理。质量管理是企业为了向用户提供满意的产品和服务，综合运用科学的方法和手段保证企业高质量的提供产品和服务的管理活动过程，主要包括质量含义、全面质量管理、质量体系和认证、质量成本、质量管理的方法等。

（5）人力资源管理。企业的人力资源管理是指对企业生产经营活动中的核心要素——人的综合管理活动，主要包括员工的招聘、培训、定额、定员、工作绩效评价、劳动过程组织、劳动安全、劳动报酬、社会保险等内容。

（6）物流管理。企业的物流管理是指为保证生产经营正常运转，企业的物料供应的保证能力和水平，主要包括物料供应计划编制、物料消耗定额、物料储备定额、库存控制等管理。

（7）财务管理。企业的财务管理是指企业在生产经营活动中资金的筹集、营运及收益分配等方面的管理，主要包括资金的筹集、投资管理、营运资金管理、收益分配管理等。

（8）信息管理。**信息是关于客观事实的可通讯的知识。**信息管理是企业对信息用计算机等现代化手段进行有效的搜集、整理、流通、使用的过程，使企业生产经营高效、经济，主要包括信息搜集、整理、加工、流通、控制等。

（二）企业管理的方法

企业管理的方法，是指各种能够保证企业生产经营目标的实现，而采用的各种有效的专业方式、手段、措施的总称。企业管理的一般方法有行政、经济、法律、教育、数学方法等。

1. 行政方法。**企业管理的行政方法是指为保证企业生产经营目标的实现，按照行政隶属关系来执行管理职能，完成管理任务的一种方法。**行政方法依靠行政管理的权威，具有强制性，直接左右被管理者的行动；主要采用决议、命令、指示、规章纪律等手段来执行管理职能。

2. 经济方法。**企业管理的经济方法是指企业按照客观规律的要求，运用经济手段和经济方式来执行管理职能，实现管理任务的方法。**经济手段主要包括价格、工资、利润、利息、奖金、罚款等；经济方式是指经济合同、经济责任制等。经济方法是运用物质利益原则，调节经济利益关系，实行按需分配，调动经营者和生产者的积极性，但无法解决企业中需严格规定或立刻采取措施的问题，需与其他方法配合使用。

3. 法律方法。**企业管理的法律方法是指运用有关经济法律、法规来管理企业生产经营活动的方法。**经济法律、法规体现统治阶级的意志，靠国家强制力来调整各种经济法律关系，是保证企业生产经营活动有秩序进行的条件，强化了管理的稳定性。在法治不断完善的今天，企业必须重视法律方法在企业管理中的运用，但应注意运用范围。

4. 教育方法。**企业管理的教育方法是指运用思想政治工作来解决企业员工的思想认识问题，调动员工的积极性，实现其管理职能。**企业的生产经营活动是以人为主体的，企业的活力能否增强，经济效益能否提高，企业生产经营目标能否实现，主要取决于人。而人是有思想的，思想问题不能用强迫命令，必须通过教育来提升职工的素养，使职工理解并接受企业文化并很好地贯彻执行。

5. 数学方法。企业管理的数学方法是指运用数据和有关数学科学知识，对企业生产经营活动进行定量分析，执行企业管理职能的方法。企业管理的数学方法可以深化人们对经济客观规律的认识和提高工作效率及质量，特别是计算机的广泛应用，为在企业管理中的数学方法的应用创造了重要条件。但数学方法无法对定性事物起作用，所以其只能是一种辅助管理方法。

测 试

(1) 企业管理不同层次和各专业的管理内容是什么？

(2) 经济方法是否可以代替其他的企业管理方法？

提示：上述一般企业管理的方法各有长处，在实践中只有有机地结合应用，互为补充，才能取得实效。

项目二　企业组织结构及其设计

【学习目标】

□　了解企业组织结构的基本形式，基本掌握企业组织机构的设计。

一、企业组织结构的设计及原则

企业组织结构是指企业内部在分工协作的基础上由层次、部门、职务、职权等构成的组织体系，以及企业外部的同其他企业之间的组织联系。

企业组织结构的设置，对于充分发挥各部门和各级管理人员的积极性，高质量、高效率实现企业的战略任务与经营目标所必需的各项工作任务，增强企业市场竞争能力和应变能力，有着非常重要的意义。企业组织结构设置是否合理，直接关系到企业的活力乃至社会生产力的发展。企业组织结构的设置，一般应遵循以下原则：

（一）任务目标原则

企业组织机构的设置，必须以企业的战略任务和经营目标为依据，必须为贯彻实施和最终实现企业的战略任务和经营目标服务。

企业作为一个自主经营、自负盈亏、独立核算的经济组织，必须面向市场，以市场为导向，以营利为主要目的。因此，企业组织机构的设置就应该相应地按照企业所需的岗位和任务来设置职务，按职务所需的资格条件来配备人员，即应当“因事设人”，而不应当“因人设事”。

（二）专业分工与协作的原则

分工与协作是社会化大生产的客观要求，企业组织工作也要实行专业分工。例如，有的负责市场开发，有的负责销售，还有的负责物质供应等。这样，有利于提高管理工作的效率和效果。只要有分工，就必然需要协作。企业组织机构的设置，除了分工明确之外，还需加强各部门之间的密切配合和相互协作，只有协作配合良好，才能顺利完成各项管理工作任务。

（三）统一领导、分级管理原则

机构设置应当保证行政命令和生产经营指挥的集中统一，这是社会化大生产的客观要求。按照统一领导、分级管理的原则，有关企业全局的管理权限应集中在公司（总公司），各级管理组织按照总公司的统一步署，从事各项管理工作，并且要协同运作。为了充分调动各级管理组织和员工的积极性，在公司的统一领导下，实行分级管理，包括车间（分厂、分公司）、班组（工段）的分级管理。

（四）责权利相结合的原则

科学管理很早就提出了“责权一致”的原则，即把经济利益与责权一致结合起来。这一原则要求企业：首先要建立岗位责任制，明确规定每一个管理层次、每一个管理岗位、每一名领导人员和管理人员的责任和权利，加强职工的工作责任感，建立起正常的管理工作秩序。其次，管理人员的责任和权力要一致，有多大的责任，就要有多大的权力。最后，责任制必须同经济利益结合起来，为了调动管理人员尽责用权的积极性，对于工作有成绩的，应当给予奖励，工作不好的，则要给予处罚，只有把贯彻责任制同经济利益挂起钩来，责任制才能真正发挥作用，并持久地坚持下去。

思考测试：

结合实际，你怎样认识企业组织结构的设置原则？

二、企业组织结构的设计及其形式

设置企业组织结构，需要选择适当的形式。企业组织结构的形式，主要取决于生产力发展水平、技术的进步程度和企业本身生产经营的特点。企业组织结构一般采用的形式有直线制、职能制、直线—职能制、事业部制、矩阵组织结构、公司制组织结构等多种形式，各种形式各有自己的特点及适用条件。

（一）“直线—职能制”形式

“直线—职能制”组织结构形式（见图1－2）具有以下特点：

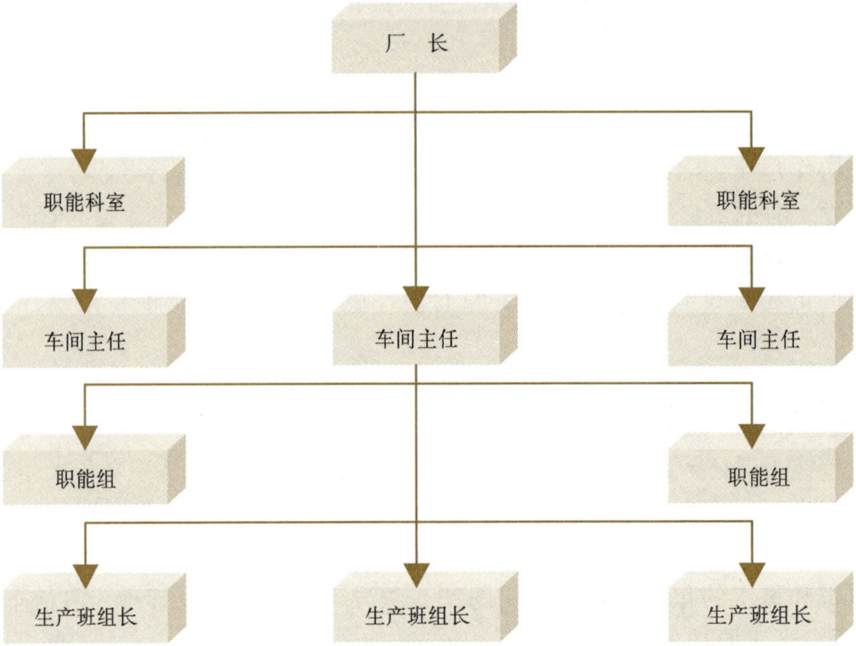

图1－2 直线—职能制

1. 按照工艺特点、产品对象和区域分布来划分车间、工段和班组，按职能划分部门、建立行政领导系统。由行政领导人员统一管理本单位的行政工作，并直接向上级负责。

2. 根据需要与可能，设立必要的职能科室（组）。这些职能科室（组），是各级领导人的参谋与助手，它们对下级职能机构实行业务指导，但不能给下级下达命令。

3. 各级行政领导人实行逐级负责，车间主任执行厂长的指令，实行车间主任负责制。班组（工段）接受车间主任的领导，同样实行班组长（工段长）负责制，不搞越级指挥生产，便于层层负责。

“直线—职能制”这种组织形式，由于是按职能来划分部门，所以也称为“纵向管理系统”。

（二）矩阵组织形式

矩阵结构组织形式的主要特点是把按职能部门同按产品（或工程项目）划分的方案小组结合起来，即在同一组织结构中，既有纵向职能部门，又有横向方案小组的管理系统，构成矩阵结构的组织形式（如图1－3所示）。

“矩阵结构”这种组织形式，纵向是职能科室，横向是为完成特定规划目标而建立的组织。这种横向管理组织是各职能科室抽调若干专业人员组成的临时性专门“规划—目标”的方案小组。方案小组人员既接受原来科室主管的领导，又接受方案小组主管的领导，方案小组任务完成以后，各人仍回原来机构，有事则兴，无事则散。方案小组设负责人主持小组工作，并对上级行政领导人负责。矩阵结构这种组织形式，有利于沟通纵向部门之间的联

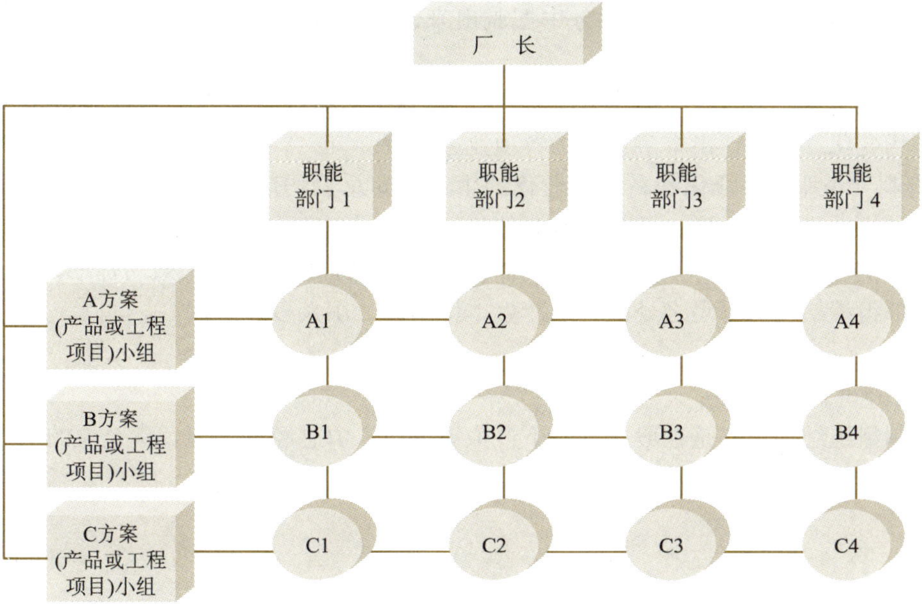

图1－3 矩阵组织结构形式

系，加强协作，机动灵活地完成产品或工程项目的任务，但易出现多头指挥的问题。

（三）事业部制组织形式

某些大型企业，由于产品繁多，技术复杂，市场覆盖面广等原因，适宜采用“事业部”制的组织结构形式。

这种组织结构形式是将公司所属工厂分别按产品大类或地区组成事业部，每个事业部相当于分公司的自治单位。实行总公司集中决策指导下的分散经营，每个事业部都是实现企业目标的基本经营单位，实行独立核算，自负盈亏，统管所属产品（或地区）的生产、销售、采购等全部生产经营活动。事业部制的组织结构形式如图1－4所示。事业部制组织结构的优点是：

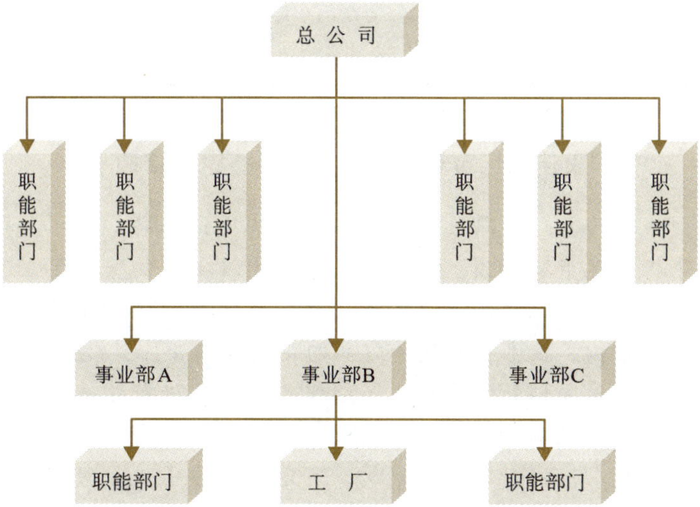

图1－4 事业部制组织结构形式

1. 总公司能够从具体的管理事务中摆脱出来，集中做好企业的长远规划，成为强有力的战略决策中心。

2. 企业有较高的稳定性和较好的适应性，各事业部能根据总公司的战略决策灵活自主地适应市场变化，相应作出本事业部的各项业务决策。

3. 有利于企业的联合化和高度专业化的生产，即总公司的多个事业部可以生产经营多种产品，使生产经营联合化，而各个事业部又可以实行产品的高度专业化生产和经营。

4. 由于各事业部独立核算、自负盈亏，易建立衡量管理人员的绩效的标准，便于考核。

事业部组织结构的不足之处是容易产生本位主义，用人多，费用高。

（四）公司制组织形式

公司制组织结构形式是在股东大会下产生董事会，由总经理全面负责企业的生产经营管理。其组织结构的形式如图 1－5 所示。

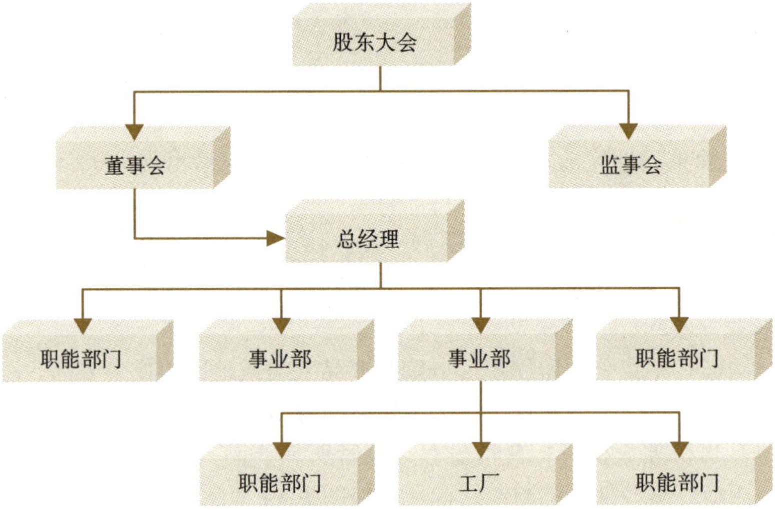

图 1－5　公司制组织结构形式

案　例

康佳顺应市场变化　大力调整组织结构

随着平板电视市场的真正成熟，国内各彩电巨头凭借品牌、技术和规模的优势，开始重新瓜分国内平板电视市场份额，CRT 时代行业优胜劣汰的一幕开始上演。康佳曾一度游离于价格拼争之外，但此次却一反常态，率先引领行业进行全线降价，这标志着康佳在组织架构、产业结构、技术、营销等方面的变革和创新已见成效。

康佳这次战略性变革和创新的重头戏是组织瘦身，即进行组织结构调整。将原来多媒体事业部拆成彩电、多媒体营销、数字平板、数字网络 4 个事业部，各自将朝着更加专业和开放的方向发展。根据新的组织架构，彩电、数字平板、数字网络事业部将分别专注于 CRT 彩电、平板电视、机顶盒等产品的制造、采购、研发，多媒体营销事业部则专注于康佳产品在国内的市场分销和物流业务，同时原有香港康佳公司升级为国际营销事业部，重点负责康佳彩电及其他产品在海外市场的推广。

康佳的组织结构变革是一次具有战略意义的调整，通过划小事业部，实现组织结构扁平化，提高康佳公司整体业务的核心竞争力，具体表现在提升康佳高层的重大决策质量、提高终端市场的反应速度、加强成本的控制能力、强化产品的针对性研发力度、全面进军国际市场。在组织结构调整的同时，康佳还实施了一系列简政放权措施，将自主经营权限下放到事业部，集团将重点强化对事业部执行的监控，通过严格的计划和预算管理，控制经营风险和资产风险，并定期对业务单元的业绩进行考核。

管理上的简单主义和结果导向大大提高了各业务单元的积极性和快速反应能力。

【活动 1－2】

活动内容：

利用前一活动组织学生参观考察当地企业的同时，了解所参观企业的组织结构。

活动目标：

1. 根据企业的组织结构实际，绘出企业的组织结构图；

2. 对企业的组织结构进行分析，确定其是否合理；若不合理，提出组织结构改进意见或重新设计其组织结构，并说明理由。

三、公司的基本形式

（一）公司的含义和特点

公司是依法组建，以营利为主要目的的企业法人，享有独立法人财产权，以其全部财产对公司的债务承担责任。

公司是随着社会化大生产的发展而在近代出现的一种企业组织形式，它具有以下特征：

- 以营利为目的。
- 是具有法人资格的经济组织。
- 实行有限责任制度：公司以其全部财产为限对公司债务承担有限责任。
- 依法注册登记。

公司制企业，就是法依法定程序设立，以营利为目的的企业法人。法人是一种组织，但并非任何组织都是法人。能够成为法人的组织，必须是独立享有民事权利和承担民事义务的组织。

公司制企业主要有：有限责任公司、股份有限公司、无限责任公司、两合公司、股份两合公司等。本章主要介绍有限责任公司和股份有限公司。

链接：有关有限责任公司与股份有限公司的内容，请参看《公司法》。

（二）有限责任公司

有限责任公司，是依法设立的，股东符合法定人数，每个股东以其出资额为限对公司承担责任，公司以其全部资产对公司债务承担责任的企业法人。

有限责任公司有如下几个主要特征：

- 股东仅以其出资额为限对公司负责。
- 股东人数有严格的上限控制。《公司法》规定，有限责任公司由 50 个以下股东出资设立。
- 不发行股票。
- 注册资本数量比股份有限公司少。《公司法》规定，有限责任公司注册资本的最低限额为 3 万元；而股份有限公司的注册资本最低限额为 500 万元。

5. 公司经营状况的透明度不像股份有限公司那样高，只接受股东的监督，无须向社会公开账目。

案 例

一个人的有限责任公司

春节假期后的第一天，陈先生从工商局工作人员手中高高兴兴的领到了第一张个人独资公司——春林南瓜酒业公司的营业执照。在此以前，根据原《公司法》规定，创办有限责任公司出资人必须在两人以上（国有独资公司等衍生的一人制公司除外）。修改后的《公司法》规定，个人出资 10 万元也可办公司，承认一人有限责任公司的合法地位。一个自然人或一个法人只要其注册资本达到 10 万元，且一次缴足，即可办理公司，经营活动中受到有限责任的保护，但股东不能证明公司财产独立于股东个人财产的要对公司债务承担连带责任。允许设立一人有限公司，鼓励投资创业，圆了更多人开公司的梦想，也有利于经济发展和促进就业，是一件利国利民的好事。

（三）股份有限公司

股份有限公司是依法设立，由一定人数以上的股东组成，将全部注册资本划分为若干金额相等的股份，通过发行股票方式筹集资本，股东以其所认购的股份为限，对公司承担有限责任，公司以其全部资产对公司债务承担责任的企业法人。

股份有限公司一般具有如下特征：

- 股东以其认购的股份金额对公司负有限责任。
- 股份有限公司的设立须有发起人，发起人符合法定人数。《公司法》规定，设立股份有限公司，应当有 2 ~ 200 人的发起人。
- 股份有限公司的全部资产划分为金额相等的股份，股份采取股票形式，通过认购股票筹集资本。
- 注册资本数量要求较高（最低限额 500 万元）。
- 公司经营状况的透明度较高。不仅要接受股东查询，还要向社会公告其财务会计报表。

（四）公司制法人治理结构

1. 法人治理结构的含义。所谓法人治理结构，是在企业高层组织设置权力机构、决策机构和监督机构，形成各自独立、权责分明、相互制衡、相互协调的一种企业领导制度。

公司制法人治理结构由股东大会——权力机构，董事会——决策机构，总经理（经理班子）——执行机构，监事会——监督机构四个部分组成。它们各自独立、权责分明、相互制约，既能保证作为专家和内行的高层经理人员放手经营，又能保障所有者的权益，使所有者不致失去对经理人员的最终控制。法人治理结构是现代企业制度的重要内容之一。

2. 股东大会。股东大会既指定期或临时举行的由全体股东出席的会议，又指非常设的由全体股东组成的公司制企业的最高权力机构。它是股东作为企业财产的所有者，对企业行使财产管理权的组织。股东大会体现股东的意志；是公司制企业的最高权力机构。股东大会按公司法规定，依法行使职权。这些职权主要有：

（1）重要人事的决定权。公司的董事和监事由股东会选举和更换，并决定他们的报酬。

（2）重大事项决策权。包括批准和修改公司章程，审议批准董事会和监事会或监事报告，决定公司的经营方针和投资计划，审议、批准公司年度财务预、决算方案等。

（3）利润分配权。讨论批准董事会提出的利润分配方案和亏损弥补方案。

（4）公司资本重大变动的处置权。如公司增加或减少注册资本，公司发行债券，公司的合并、分立，解散、清算或变更公司的形式等涉及股东财产重大变动的事项等，必须经股东大会讨论作出决议。股东大会作为所有者的代表，凭借以上职权，有效维护所有者权益，保持对公司的最终控制。

3. 董事会。董事会是股东大会的执行机构，董事会代表全体股东的利益，负责公司的日常经营决策事项及业务活动的指挥和管理，对外代表公司。董事会由股东大会选举产生，并对股东大会负责。董事会设董事长一人，董事长是公司的法定代表人。董事会在企业的经营决策中应以股东利益为重，对企业的生存发展负责，主要行使下列职权：

（1）负责公司经营决策及监督检查其执行情况。

（2）提出有关股东财产重大变动和受益方案，供股东会审议决定。如制订公司年度财务预决算方案，制订公司利润分配方案和弥补亏损方案，制订公司增加或减少注册资本的方案以及发行公司债券的方案，制订公司合并、分立、解散或者变更公司形式的方案等。

（3）掌握重要的人事权。由董事会聘任或解聘公司经理，根据经理的提名聘任或解聘公司副经理、财务负责人，并决定他们的报酬。

相关资料

独立董事制度

独立董事是指具有完全独立意志、代表公司全体股东和公司整体利益的董事会成员。独立董事的独立性表现在三个方面：一是独立于大股东；二是独立于经营者；三是独立于公司的利益相关者。由于独立董事与公司没有利益联系，同时又都是具有特殊专长的专家，因此可以客观、公正、独立地作出有关公司决策的判断。

独立董事一般都是股东大会聘请的社会名流或具有特殊专长的专家来担任。

4. 高层经理班子。以总经理为首的公司高层经理班子，是董事会的日常执行机构，由总经理、副总经理、总会计师、总经济师、总工程师等高层经理人员组成。总经理是董事会聘任的公司最高经营管理负责人，负责公司的日常经营管理活动。总经理必须对董事会负责，一般应按照公司章程和董事会的授权行使职权。

总经理的职权有：

（1）主持公司的生产经营管理工作，组织实施董事会决议。

（2）组织实施公司年度经营计划和投资方案。

（3）负责公司的组织设计，包括拟定公司管理机构设置方案和基本管理制度，制定公司的具体规章等。

（4）在人事权方面，提请董事会聘任或解聘公司副总经理、财务负责人，决定聘任或者解聘除应由董事会决定聘任或者解聘以外的负责管理人员。

5. 监事会。监事会是公司的监督机构，负责对董事会和以经理为首的执行机构进行经常性的监督，以防止他们从事违反法律和公司章程的活动，损害股东和公司的利益。监事会受股东大会的领导，与董事会并立，向股东会负责并报告工作。我国《公司法》规定，监事会成员不得少于 3 人。监事会由股东代表和一定比例的员工代表组成，员工代表由公司员工民主选举产生。为了保证监督的独立性，公司的高级管理人员均不得兼任监事。

监事会一般行使以下职权：

（1）检查公司的财务。

（2）对董事、高级管理人员执行公司职务的行为进行监督，对违反法律、行政法规、公司章程或者股东会决议的董事、高级管理人员提出罢免的建议。

（3）当董事、高级管理人员的行为损害公司的利益时，要求董事、高级管理人员予以纠正。

（4）提议召开临时股东会会议，在董事会不履行法定的召集和主持股东会会议职责时召集和主持股东会会议。

（5）向股东会会议提出提案；依照公司法的规定，对董事、高级管理人员提起诉讼。

（6）公司章程规定的其他职权。

思考测试：

企业法人治理结构由几个部分构成？法人治理结构在现代企业组织结构设计中的积极意义是什么？

知识链接

CEO 制度简介

CEO（Chief Executive Officer）领导制度起源于美欧大型跨国企业，它们是通过采用首席执行官制度，进一步集中企业的生产经营权，扩大企业高层领导的生产经营权威，为应对经济衰退，扭转企业生产经营的不利局面而首先采用的。目前，在我国一些大型企业里，如海尔、长虹等企业集团也先后采用了这种制度。

从首席执行官的任命看，有的是由股东大会授权董事会任命，有的则是由股东大会掌握批准。从首席执行官与董事会的关系来看，有些公司的董事会只任命首席执行官，再由首席执行官任命其他高层执行官员；而另一些公司的董事会不仅任命首席执行官，还任命其他高层执行官员。公司董事会把较多的决策权交由首席执行官负责。

一、CEO 的工作系统

CEO 是公司执行机构的负责人，CEO 制度实行个人负责制。公司执行机构由以下人员组成：首席执行官（CEO）、信息主管（CIO）、财务总监（CFO）、业务总监（COO）等。CEO 与机构中其他成员的关系是领导与被领导、上级与下级的关系，其成员必须服从 CEO 的指挥。这与董事会不同，在董事会成员中，各个董事之间是平等的，不存在上下级关系。

二、CEO 的激励机制

激励机制是指为 CEO 设计一些激励项目，使经理人员的动力与股东的动力尽可能一致，使经理人员在追求自身利益的同时也追求股东的利益。作为受托人的 CEO，他追求的是知识、才能、社会地位的增值和提供人力资本进行指挥劳动所得收入的最大化。

CEO 的报酬一般由工资、津贴、在职消费和优惠配股构成。CEO 的报酬通常实行年薪制，将年薪分为两部分：一部分是固定的年薪收入；另一部分则完全同公司的经营业绩挂钩。

三、CEO 的约束机制

在市场经济条件下，对 CEO 的行为进行评价、监督和约束，主要有企业内部的约束和企业外部的约束。

- 内部约束是指股东、董事会和监事会对 CEO 的监督和制约，是基于产权实行的约束，因而可称之为“产权约束”。
- 外部约束是指来自市场的监督和制约。市场对 CEO 的约束包括产品市场、资本市场和经理市场对 CEO 的约束，可称之为“市场约束”。

在约束机制下，CEO 必须兢兢业业地工作，努力提高公司的经营业绩，在公司实现市场目标的同时，实现 CEO 自身的价值和目标。

四、CEO 人才的素质与培养

CEO 是高级管理人员，其思想观念、行为方式、组织能力都必须和市场经济的基本特征相适应。应具备以下条件：具有开拓创新能力；具有现代系统管理思想；具有强烈的风险经营意识；具有筹划谋断能力；具有神圣的代理责任观念。

项目三　现代企业制度

【学习目标】

☐ 理解现代企业制度的含义及特征。

一、现代企业制度的含义

现代企业制度是指符合社会化大生产要求、适应市场经济需要的，以产权清晰、权责明确、政企分开、管理科学为特征的企业制度。

现代企业制度包括以下几方面的含义：

（一）现代企业制度符合社会化大生产和市场经济的要求

企业是生产和经营的基本单位，它直接向社会提供产品和服务以满足人们的需要。作为独立的商品生产经营者，企业是市场经济最重要的微观经济主体，市场经济中企业必须自主经营、自负盈亏，独立地对市场供求、竞争、价格变动做出灵活的反映。

现代企业制度要求产权明晰、政企分开，赋予企业以自主经营的权力，因此，现代企业制度是符合了社会化大生产和市场经济要求的。

（二）现代企业制度以企业法人产权制度为核心内容

现代企业制度的核心是适应社会化大生产和现代市场经济要求的企业法人产权制度。企业法人产权制度是指规范企业法人财产各种关系的规则体系，包括有关企业法人财产的核算制度、经营管理制度和监督审计制度、法律制度等方面的内容。

企业法人产权实质内容是：企业法人对其财产依法享有独立支配的权力，即对企业的法人财产享有占有、使用、收益和处分的权力。还应明确的是，法人财产权是指法人支配的全部法人财产的权利，这些财产不仅有出资者的财产，还包括从银行等部门借贷的财产。

辨析：法人财产与法人财产权

- 法人财产：出资者向企业注入的全部资本金及其增值形成的财产即构成企业法人财产。

法人财产权：法人支配其全部财产的权利。

测 试

你如何理解现代企业制度以企业法人产权制度为核心内容？

（三）现代企业制度以公司制为主要形式

公司制是从个体独资企业、合伙企业逐步发展而来的，是商品经济发展和社会化大生产的产物，是适合企业集中巨额资本，扩大企业生产经营规模的现代企业制度。它能有效地将分散的个人资本集中成股份资本，同时公司制又能保证企业财产的最终所有权和实际营运权相分离，企业能以法人名义实际占有、使用、收益、处分企业的财产，能做到自主经营、自负盈亏。

因此，公司制是现代经济社会中最主要的企业组织形式，在现代经济中具有举足轻重的地位。

相关资料

公司制企业

公司制是企业财产组织形式的一个重大进步，是企业发展史上的一次飞跃，也是现代企业制度组织形式的一个重要标志。美国经济学家巴特勒曾说过：有限责任公司制是近代最伟大的一个发明，甚至连蒸汽机和电的发明都不如有限公司来得重要。

它的重要意义在于：一方面，投资者可以比较放心地把资本投给企业，即使该公司破产了，股东的损失也仅限于投资额部分，不会连累到自己的其他财产，减轻和分散了投资风险，因此可带来大量的资本集中；另一方面，经营者可以比较放心大胆地经营企业。公司作为独立的法人，其资产虽然来自股东，但经营者对股东承担的财产责任是有限的，对自己经营的全部财产责任也是有限的，这有利于经营者放开手脚、独立负责、自主经营，推动公司的快速发展。

二、现代企业制度的特征

现代企业制度的主要特征是：**“产权清晰，权责明确，政企分开，管理科学”**，这16个字表述的是现代企业制度的四个基本特征。

（一）产权清晰

产权关系明晰是现代企业制度的首要特征。在现代企业制度下，所有者与企业的关系是出资人与企业法人的关系，即出资人对投入企业的资产拥有的是出资人所有权，而企业则拥有与之相对应的法人财产权。

投资者将资本金投入企业后，成为企业的股东，拥有法律所规定的股东权力，包括参加股东大会和行使股东大会赋予的权利、按着股本取得相应收益的权利、转让股权的权利等；公司作为独立的法人，拥有独立的法人财产权；企业拥有包括国家在内的出资者投资形成的全部法人财产权，成为享有民事权利、承担民事责任的法人实体。

（二）权责明确

在现代企业制度下，出资人拥有出资人所有权，享有出资人应当享有的对企业的管理权、收益分享权、资本转让权等。此外，出资人也对企业承担着相应的责任，即出资人以其出资额对企业的债务承担有限责任。企业在拥有法人财产权的同时，也承担着相应的责任：一是对股东履行义务，依法维护出资人权益，对出资人的资产负有保值增值的责任；二是作为独立的法人负有自负盈亏、依法纳税等责任。

（三）政企分开

在市场经济中，政府与企业是两种性质不同的组织。政府是管理社会的政权机构，它拥有对社会宏观经济的管理和调控的，但这种权利不能直接作用于企业，不能直接干预企业的生产经营活动，而应通过市场机制，以经济、法律手段对企业的经营活动进行间接调控，为企业生产经营创造一个良好的社会环境。企业则是一个以营利为目的的经济组织，是市场的主体，它是按照价值规律、市场需求、市场竞争来组织生产，具有依法经营所需的生产经营决策权、产品销售权、人事管理权及资产处置权等十四项企业的权利。

（四）管理科学

现代企业必须依靠科技和制度的力量，充分发挥企业内部各类资源的配置效益，建立一整套科学的规章制度，不断提高劳动生产率，不断更新改造，不断追求科技进步。

现代企业制度管理科学规范化，是指现代企业制度有科学的企业领导体制和组织管理制度，在领导制度、劳动用工制度、财务制度、生产经营制度等方面都力争科学化合理化；还要求企业的经营管理者具备现代的经营管理思想、管理知识，掌握现代化的管理方法，使企业管理者的素质不断提高；管理组织结构合理、制度健全、方法科学、手段先进，从而最大限度地调动企业全体员工的积极性，充分发掘企业的潜力，不断提高经济效益。

项目四　企业设立及管理的基础工作

【学习目标】

□　掌握企业管理基础工作的作用、特点和内容。

一、企业设立

现代企业的组织形式主要是公司制，因此，企业设立以公司设立为基本模式。公司设立是指依照《公司法》规定的法定条件和程序，为取得法人资格而完成的法律行为。

（一）公司设立的方式

公司设立的方式基本有两种：发起设立和募集设立。

1. 发起设立。是指公司的全部股份或首期发行的股份由发起人自行认购而设立公司的方式。

- 有限责任公司只能采取发起设立的方式，由全体股东出资设立。
- 股份有限公司可以采用发起设立的方式，也可以采取募集设立的方式。发起设立在程序上较为简便。

2. 募集设立。是指发起人只认购公司股份或首期发行股份的一部分，其余部分对外募集而设立公司的方式。《公司法》规定了发起人认购的股份在公司股本总数中应占不少于35%的比例。

（二）公司设立登记

公司设立登记是指公司设立人按法定程序向公司登记机关申请，经公司登记机关审核并记录在案，以供公众查阅的行为。在我国，公司进行设立登记，应向各级工商行政管理机关提出申请，并应遵守《公司登记管理条例》的有关规定。

1. 公司名称预先核准。根据《公司登记管理条例》第十七条的规定，设立公司应当向公司登记机关申请公司名称的预先核准。预先核准的公司名称保留期为6个月。预先核准的公司名称在保留期内不得用于从事经营活动，不得转让。

2. 公司设立登记程序：公司设立人首先应当向其所在地工商行政管理机关提出申请，同时提供有关文件。

相关链接

申请设立公司应向公司登记机关提交下列文件：

（1）公司法定代表人签署的设立登记申请书；

（2）全体股东/董事会指定代表或者共同委托代理人的证明；

（3）公司章程；

（4）依法设立的验资机构出具的验资证明，法律、行政法规另有规定的除外；

（5）股东首次出资是非货币财产的，应当在公司设立登记时提交已办理其财产权转移手续的证明文件；

（6）股东的主体资格证明或者自然人身份证明；

（7）载明公司董事、监事、经理的姓名、住所的文件以及有关委派、选举或者聘用的证明；

（8）公司法定代表人任职文件和身份证明；

（9）企业名称预先核准通知书；

（10）公司住所证明；

（11）国家工商行政管理总局规定要求提交的其他文件。

3. 公司设立登记的法律效力。《公司登记管理条例》第二十五条规定："依法设立的公司，由公司登记机关发给《企业法人营业执照》。公司营业执照签发日期为公司成立日期。公司凭公司登记机关核发的《企业法人营业执照》刻制印章，开立银行账户，申请纳税登记。

公司经设立登记的法律效力就是使公司取得法人资格，取得从事经营活动的合法身份。

【活动1－3】

活动内容：

组织学生进行一次模拟有限责任公司的设立。

活动目标：

使学生基本掌握企业设立的过程，学会如何开办企业。

二、企业管理基础工作

企业管理基础工作是指企业在生产经营活动中，为实现经营目标和管理职能，提供资料依据、共同准则、基本手段和前提条件的必不可少的基础性工作。

（一）企业管理基础工作的作用

1. 为企业的计划决策提供资料依据。
2. 为企业有秩序地进行生产经营活动提供共同的准则。
3. 为推行经济核算，加强经济责任制提供基本手段。
4. 为企业改善环境条件和提高人员素质提供组织保证。
5. 为企业全面实施信息化管理提供基本前提条件。

（二）企业管理基础工作的内容

1. 规章制度。企业规章制度是以文字的形式，对企业各项管理工作和劳动操作的要求所作的规定，是企业全体员工行动的规范和准则。

建立和健全合理的规章制度，就能使人们从事生产经营活动有遵循的准则，做到统一指挥、统一行动，人人有专责，事事有人管，办事有依据，检查有标准。规章制度一般分为三类，即基本制度、工作制度与责任制度。

（1）基本制度：是属于根本性质的企业制度，其中最重要的是领导制度。如企业的法人治理结构、职工民主管理制度等。

（2）工作制度：是规定各项管理工作的制度，是指导企业员工进行各项活动的规范和准则。如生产技术规程、计划管理制度、生产管理制度、奖惩制度等。

（3）责任制度：是规定企业内部各级组织、各类人员的工作范围、应负的责任、应有的权利等制度。一般包括岗位责任制、专业责任制和指挥责任制等内容，其中岗位责任制是最重要的基础制度。

2. 信息工作。企业管理中的信息，通常是指企业从事经营活动所必须的，反映生产经营活动特征、发展变化情况及市场动态的消息、情况、数据和知识等的总称。信息工作是组织利用信息的活动。

（1）信息工作的意义。现代企业要对生产经营活动进行有效的管理，离不开信息工作。这是因为企业的生产经营活动每时每刻都在发生变化，这些变化要能迅速传递到管理中枢，在作出反应后又要及时地加以处理，因此在现代企业生产中，信息与原材料、设备、能源、人力一样，是企业生存和发展必不可少的重要资源。

（2）信息工作的内容。

- 原始记录和统计工作。原始记录是指实际企业生产技术经济活动情况的最初记录，如领料单、考勤表、入库单等；统计工作是对原始记录进行搜集、整理和分析的工作。
- 科技经济情报工作。经济情报是指那些能够反映各企业内、外部情况变化的各种情报资料，如市场情报、宏观经济环境情报等；科技情报是有关技术水平、新技术前景预测等方面的情报；科技档案工作就是根据企业的实际需要，把历史记录、技术图纸等有价值的文件资料有效地保存起来，以备查考和再使用。
- 数据管理工作。搜集积累各种数据，按不同的使用要求，进行归纳、整理、分类、统计、分析绘制图表，以及运用计算机系统进行加工、存储、传递和使用。

（3）信息工作的要求是：及时、准确和畅通。

（4）企业管理信息系统建设：

- 积极开展信息情报活动；
- 重视信息人才的培养；
- 建立强有力的、科技含量大、效率高、安全的企业信息系统。

3. 标准化工作。标准化就是制定标准和实施标准的过程。标准化工作包括技术标准、管理标准和工作标准的制定、执行和管理工作。

- 技术标准：是对产品的质量、规格和检验方法等方面所作的技术规定，如零部件标准、工业技术装备标准；
- 管理标准：是对企业各项管理工作的范围、程序等所作的规定，如考核标准、奖励标准；
- 工作标准：是按部门或工作岗位制定的工作质量标准，如干部工作标准、一般员工工作标准等。

我国的标准分为国家标准、部颁标准（行业标准）和企业标准。

4. 定额工作。定额是指在一定的生产技术条件下，企业在生产过程中对人力、物力、财力的占有、利用和消耗方面所应遵循或达到的标准。定额工作是包括制定、贯彻和修订各类定额的一系列工作的总称。

企业定额的分类：主要有劳动定额、物资消耗定额、设备利用定额、资金定额和费用定额五大类。

5. 计量工作。企业的计量工作，包括对一切劳动对象、劳动手段和最终产品的检定、测试、化验、分析和检查等工作。做好计量工作的关键是计量技术、测试手段和计量管理。

6. 基础教育工作。要提高企业的素质，首先应提高企业员工的素质，培养出符合现代化管理所需要的各种人才，这就需要做好员工的基础教育工作。基础教育主要是对员工的本职业、本岗位所必需的思想教育、技术业务教育、现代化管理教育和科学文化知识教育。其中，技术业务教育主要是与岗位要求相联系的基本功训练和专业技术教育。

测 试

1. 企业管理的基础工作内容包括哪些？
2. 它对企业管理作用是什么？请举实例说明。

思考与训练

一、思考题

1. 什么是现代企业制度？它有哪些特点？
2. 公司的含义和特点是什么？
3. 简述有限责任公司及其特征。
4. 什么是股份有限公司？它的特征是什么？

5. 什么是企业的法人治理结构?

二、实训题

实训 1

摩托罗拉公司的多国矩阵制组织

摩托罗拉公司不仅重视研发投资，在新产品的研发速度上也超越同行许多。英特尔公司花费 2~3 年的研究项目，摩托罗拉通常只要一年半即可完成，这种成效主要得益于该公司采用的矩阵制组织结构。从组织整体来看，摩托罗拉采用了多国矩阵制组织形式，即将地区部门化与产品部门化相结合。具体地说，它包括：4 个地区类的业务组织，分别为欧洲与中东地区、日本地区、亚太地区、美洲地区；4 个产品类的业务组织，分别为半导体、通讯器材、一般系统技术、政府系统技术。两者交叉的结果，构成矩阵制组织结构。这种模式同时被用于研发课题的推动之中，并产生极好的效果。以半导体事业群为例，有一个著名的“G9”组织，它由 4 个地区的高级主管、事业群所属的 4 个高级主管以及 1 个专门负责研发的高级主管共同组成，是一个跨地区、跨产品、跨研发业务的“9 人特别小组”。该小组直属于副总裁指挥，其任务是定期召开会议，研究追踪各类产品的生产销售及研发情况。

问题与思考：

对于摩托罗拉这样大的跨国公司而言，同事业部组织结构相比，采用矩阵制组织结构的主要好处是什么?

实训 2

格兰仕——金字塔变为扁平化

2001 年 9 月，格兰仕集团宣称：全面进入扁平化管理的时代。无独有偶，在此之前，长虹、海尔也不约而同地进行了企业组织结构的调整，从原来的垂直金字塔结构实现了向扁平化结构的转换。

格兰仕目前是全球最大的微波炉生产基地，市场份额稳居全球第一，但其以前却是一个拥有房地产、毛纺、羽绒等多行业产品的集团企业，组织结构较为复杂，从上到下包括集团内的决策层和执行层、职能部门的决策层和执行层，还有各工厂的管理层和执行层，多至五六层。这样一种垂直分工等级分明的金字塔式的臃肿结构，势必会造成企业大规模生产和管理低效率之间的矛盾越来越突出。金字塔难产金，格兰仕意识到必须进行组织结构的调整。

格兰仕集团副总经理俞尧昌深有感触地说，现在公司把一层层的东西砍掉，其目的就是要集中所有的资源，进行电器的专业化制造，最终形成决策、管理、执行三层结构制，实际上就是把一个集团变成一个工厂的概念，把整个企业的反应能力提上去。现在公司实行的是董事会领导下的总经理负责制，有八大副总，分管生产、技术质量项目、行政、外贸、内贸、策划、市场研究、供应等各个领域，由总经理办公会议来解决企业的决策项目。在这样的转变下，企业内各位老总的管理面显然是加宽了，各基层的工作也能一步到位，而不是以前的那种层层上报、层层审批的模式。管理跨度加大后，对各个分管老总和管理部门来讲，工作压力虽然加大了，但克服了原来政令多出、交叉管理的状况，相应的管理效率也有了显著提高。

但管理层能否适应这种大跨度的管理压力呢？俞尧昌介绍说，他们除了对高层经理进行必要的助手配备外，对高层经理的培训也是有针对性的，是带着问题进行的培训，是进行深层次的调查、分析、讨论的互动式培训。只有这样，高层经理才能适应这种扁平化改革带来的对他们的管理能力的更高要求。

调整后的格兰仕有员工11000名，而管理人员只有两百多人。同时在这次扁平化的改造中，格兰仕还把以前分布在全国各地的区域经理全部砍掉，转变为各省的营销中心，由国内市场部直接管理，这种做法也直接减少了管理层次，加大了管理幅度，提高了管理效率。因为从企业内部来看，扁平化更有利于包括基层在内的各方面的人才都有一个充分发挥作用和能力的空间，而对于多数中层管理人员来说更是一种锻炼，同时也是一种价值的体现；从企业外部来看，扁平化则更有利于企业营造一种大品牌概念、小品牌运作的全新竞争模式。

当然，扁平化的中心是信息技术。随着信息技术的进步，未来的企业组织将不再是一种金字塔式的等级制结构，而会逐步向扁平化结构演进。

问题与思考：

1. 格兰仕原先采用的金字塔形组织结构存在什么问题？
2. 谈谈格兰仕集团组织结构由金字塔变为扁平化的启示。

实训3

西安杨森的个性化管理

西安杨森制药有限公司在企业管理上充分实施个性化管理，其主要特色是：

（一）严格管理，注重激励

企业的员工是由几家中方合资单位提供的，起初他们比较涣散，不适应严格的生产要求。鉴于此，企业在管理上严格遵循杨森公司的标准，制定了严格的劳动纪律，使员工逐步适应了新的管理模式。

优厚的待遇是西安杨森吸引和招聘人才的重要手段，而不断丰富的工作意义，增加工作的挑战性和成功的机会则是公司善于使用人才的关键所在。公司对员工采取的是个人激励，从“人员—职位—组织”匹配原则出发，选用那些具有冒险精神、勇于探索、争强好胜又认同企业哲学、对企业负责的人作为企业的销售代表，西安杨森宣传以“鹰”为代表形象的企业文化，鹰式的强壮，鹰式的果敢，鹰式的敢于向山颠和天空挑战，敢于独立作战。公司鼓励敢于出头的鸟，并且支持员工不仅要做出头鸟，还要做搏击长空的雄鹰。作为企业，西安杨森要成为全世界优秀公司中的雄鹰。

（二）注重团队建设

在公司年终的销售会议中，业务人员集中学习并讨论了“雁的启示”：“当雁展翅高飞时，也为后面的队友提供了‘向上之风’。由于组成V字队形可以增加雁群71%的飞行范围”。“当某只雁离队时，它立即感到孤独及飞行的困难和阻力。它会立即飞回队伍，善用前面同伴提供的’向上之风’继续前进”

（三）充满人情味的工作环境

每逢过年过节，公司总裁即使出差、休假，也不会忘记邮寄贺卡，带给员工一份祝福。员工过生日，会得到公司领导的问候；员工生病，部门负责人甚至总裁都会亲自前去看望；员工结婚或生小孩，公司都会把这视为自己家庭的喜事而给予热烈祝贺；公司还举办集体婚礼。公司有的活动，会邀请员工家属参加，一起分享大家的快乐。主办的内部刊物名字就叫《我们的家》，以此作为沟通信息、联络感情、相互关怀的桥梁。员工的养老、人身保险由公司承担；员工的医疗费用可以全部报销。在住房上，结合中国房改政策，员工每月按工资支出25%，公司相应支出35%，建立员工购房基金。

（四）加强爱国主义的传统教育

西安杨森的90多名高级管理人员和销售骨干，与新闻单位的记者及中国扶贫基金会的代表一起，进行了“西安杨森健康新长征”活动。由江西省宁冈县茅坪镇向井冈山市所在地的茨坪镇挺进，他们每走30.8公里，就拿出308元捐给井冈山地区的人民，个人也进行了捐款。公司还向井冈山地区人民医院赠送了价值10万元的药品。某年冬天的早晨，北京天安门广场上出现了西安杨森的一支身穿“我爱中国”红蓝色大衣的30多人的队伍，中国人、外国人都有，连续许多天进行长跑，然后观看庄严肃穆的升国旗仪式，高唱国歌，这是西安杨森爱国主义教育的又一部分。

西安杨森的总裁说；我们重视爱国主义教育，因为很难想象，一个不热爱祖国的人怎能热爱公司？

问题与思考：

1. 西安杨森的管理实践运用了哪些管理方法？
2. 你认为在企业管理中应该如何正确运用教育方法？

单元二
企 业 文 化

引 例

某大学的一位教授曾给松下公司总裁松下幸之助写信，抱怨他们学校向松下电器购买的产品出了故障。松下幸之助非常重视这件事，他立刻让一位负责此事的高级员工去处理。起初，那位教授因产品故障显得不太高兴，松下公司的高级员工认真详细地向他解释了故障的原因，并做了适当的处理。结果不但使教授感到很满意，同时教授还告诉松下的高级员工如何到其他学校去销售。

松下幸之助认为像这样以诚实的态度去处理客户的抱怨，反而可以获得了一个做生意的机会。所以他通常非常感谢曾对他们抱怨的客户。借着客户的抱怨，松下电器得以与顾客建立起另一种新的关系，发现新的商机。

项目一　企业文化概述

【学习目标】

□　掌握企业文化的含义、特点和功能。

现在，“企业文化”一词经常出现在各种媒介中，也有越来越多的学者、企业、论坛等谈到如何创立企业文化、如何在企业中推行企业文件等。那么，什么是企业文件呢？它有什么作用呢？

一、企业文化的含义

企业文化的研究和探索发端于20世纪70年代比较管理学的研究，80年代初，美国管理学者首次提出了“企业文化”这个概念。我国企业界和理论界在80年代中期提出的“企业精神”也是一种企业文化。

企业文化是在一定的历史条件下，企业及其全体员工在长期的生产经营实践过程中所逐渐形成的经营思想、经营作风、价值标准、行为规范、规章制度、传统习惯的综合反映。

企业文化概括起来包括企业精神和企业风格两方面。企业精神是指价值观念、理想信念、道德规范、行为准则等，它强调的是企业内在的思想观念；企业风格包括工作方式、社交方式、生活方式等，强调的是企业文化的外在表现。

二、企业文化的结构和内容

从企业文化的结构上看，包括企业物质文化、企业行为文化和企业精神文化三个层面。

（一）企业物质文化

企业物质文化是由企业员工创造的产品和各种物质设施等构成的器物文化，它是一种以物质为形态的表层企业文化，是企业行为文化和企业精神文化的外在表现。

企业物质文化包括企业环境、企业器物和企业标识等方面。

1. 企业环境是企业文化的一种外在象征，它体现了企业文化个性特点。企业环境一般包括工作环境和生活环境两个部分。

2. 企业器物包括企业产品、企业生产资料、文化实物等方面的内容，其核心内容是企业产品。产品是人们应用生产工具而创造的具有使用价值的物品。它包括两个方面的含义：产品以市场为存在前提；产品的存在价值体现出企业精神。

3. 企业标识是企业文化的可视象征之一，是体现企业文化个性化的标识。它主要包括企业名称、企业象征物等方面的内容。

案 例

贝斯塔曼：传媒帝国钟爱的“主人精神”

德国贝斯塔曼集团是世界上第三大媒体企业，拥有50余家子公司，业务遍布全球56个国家和地区。贝斯塔曼不遗余力地建设企业文化，用企业价值观吸引员工，构建并提升企业核心竞争力。

贝塔斯曼期望全体员工充分运用公司赋予的责权，一如公司主人般肩负起开创、领导的重任。因为公司相信，这将帮助员工在个人职业生涯中取得成功。为了鼓励员工及其家人发掘新媒体的多样性，从2001年3月起，贝斯塔曼在公司内部开展“人人有电脑”运动。该运动启动后，5万名贝斯塔曼员工收到了免费联网的个人电脑，由应运而生的“行星B”门户网站提供来自全球媒体的新闻、实用信息，并在11个不同国家的站点上以5种语言提供娱乐内容。为此，贝塔斯曼投入了9 000万欧元，成为首家在全球范围内实行这一项目的公司。

（二）企业行为文化

企业行为文化是企业人在生产经营、人际关系中产生的活动文化，它是以人的行为为形

态的中层企业文化，以动态形式存在。

企业行为文化具体包括企业目标、企业制度、企业民主、企业文化活动、企业人际关系等。

1. 企业目标是以企业经营目标形式表达的一种企业观念形态的文化。企业目标作为一种意念、符号、信号传达给企业人，引导企业人的行为。

2. 规章制度是一种行为规范。规章制度是为了达到某种目的，维护某种秩序而人为制定的程序化、标准化的行为模式和运行方式。规章制度是任何一个社会及组织团体正常运转所必不可少的因素之一。

3. 企业民主包括员工的民主意识、民主权利、民主义务等几个方面。企业民主的核心是一种“以人为本”的价值观和行为规范。

4. 企业文化活动是为了发挥德、智、体、美育教化功能而培育发展起来的各项活动。企业文化活动包括以下四种类型：文体娱乐性活动、福利性活动、技术性活动、思想性活动。

5. 人际关系是人们在社会生活中发生的交往关系。人际关系不等于人与人关系的总和；人际关系体现的是一种双方的互动行为。

相关资料

2:8 定律对企业文化的影响

杰克·韦尔奇上任 GE 公司首席执行官后，把 GE 员工分为 20% 是优秀的（A 类），70% 是一般的（B 类），10% 是较差的（C 类）。20% 的优秀员工一定要提拔、鼓励、高酬，让他们看到方向；一般的员工要加以教育培训；较差的员工坚决淘汰。企业里普遍存在一种 2:8 定律现象，即 20% 优秀员工创造 80% 利润，这就是杰克·韦尔奇所说的 A 类员工。C 类员工则拖了企业整体效益的后腿，更多的是消极地影响别人，破坏企业文化，有时还占据其他员工上升的通道，因此必须坚决淘汰。

（三）企业精神文化

企业精神文化，是企业在生产经营中形成的一种企业意识和文化观念，它是一种以意识形态形式存在的深层企业文化。

1. 企业的经营哲学是对企业全部行为的一种根本指导。企业哲学的根本问题是企业中人与物、人与经济规律的关系问题。

2. 企业的价值观。指导员工有意识、有目的地选择某种行为去实现物质产品和精神产品的满足的思想体系，就构成了企业的价值观。价值观和企业哲学思想是企业文化的核心。

3. 企业精神。企业精神是现代意识与企业个性结合的一种群体意识。现代意识是现代社会意识、市场意识、质量意识、信念意识、效益意识、文明意识、道德意识等汇集而成的一种综合意识。企业个性包括企业的价值观念、发展目标、服务方针和经营特色等基本性质。

4. 企业道德。企业道德是调整企业之间、员工之间关系的行为规范的总和。它是一种内在的价值观念，一种企业意识。企业道德的一般本质是一种企业意识，而它的特殊本质则表现在它区别于其他企业意识的内在特质上。

三、企业文化的特点

企业文化具有持续性、包容性、层次性、时代性、制约性和双向性等特征。

1. 持续性。持续性有两层含义：一是企业文化是慢慢建立起来的，不是一蹴而就的；二是企业文化一经建立，将持续较长的时期，即企业员工共同的理想信念、价值观、道德观等的形成需要一个长期的过程，一旦形成就不会轻易改变，会比较持久地发挥作用。

2. 开放性和包容性。在市场经济条件下，企业之间存在着竞争，也存在着合作，即在竞争中的合作，这样就使企业必须不断融合多元的文化。同时，经济全球化也为企业文化的融合铺平了道路，使企业文化变得更加多样化，具有开放性和包容性。实际上，企业融合文化应当是多元文化、合作文化和共享文化的集合。

3. 层次性。企业文化既包括见之有形、闻之有声的物质文化，也包括反映经营哲学、意识形态的行为文化、精神文化。

- 物质文化是企业的表层文化，如产品形象、生产环境、企业标识。
- 行为文化是企业的中层文化，表现为规章制度、组织机构、企业内外的人际关系、交流方式等。
- 精神文化则是企业的深层文化，是经营哲学、价值观念、道德规范、理想信念等的集合。

4. 时代性。企业文化必须符合社会时代特征，才能发挥其积极作用，因为不同时代企业文化的内涵不同，所以企业文化必须随社会的发展而不断改进。

5. 制约性。制约性是指它将约束、限制与企业文化相悖的各种行为。当柯达公司员工发现少报 300 万元人民币的关税时，没用请示汇报，直接将货箱锁上，去中国海关补办手续，直到海关允许才重新启封，事后又查清原委告知海关。原因之一就是柯达公司遵奉“信者无悔”的理念，漏税是与其企业文化相悖的行为。

6. 双向性。企业文化是一把“双刃剑”，一旦形成以后，可能对企业发展起正向的促进作用，也可能对企业发展起逆向的阻碍作用。

案　例

松下公司员工的七大精神

为了激励员工为企业的发展多做贡献，松下幸之助在 1933 年颁布了员工守则，即员工的“五大精神”，四年后又增加了两条，合并为员工的“七大精神”，即：产业报国、光明正大、亲爱精诚、奋发向上、礼貌谦让、顺应同化和感恩图报。

领导人给员工树立不断进取的精神，让员工感到实实在在的精神鼓舞，这就是“松下”的成功之道。

四、企业文化的功能

企业文化的功能是指企业文化发生作用的能力，也即企业文化在企业的生产、经营、管理中所发挥的作用。企业文化具有如下五个功能：

1. 导向功能。导向功能是指企业文化明确企业的价值观，清晰表明哪些是企业所倡导和遵循，并以此指导和牵引员工的行为。企业是由众多员工组成的，他们具有不同的思维方式和行为方式，不同的追求和目标，所以必须把员工的思想和行为统一到企业发展的大目标上来。企业文化体现出企业行为的价值取向，明确企业的行动目标，确立了企业的规章制度和行为方式。

2. 约束功能。约束功能是指企业文化具有指导、规范和约束员工的行为、价值观念等作用。

（1）通过企业文化的行为文化，即企业的中层文化，各种规章制度、厂规厂纪等对员工的行为起到重要的约束作用，也叫“硬”约束。

（2）企业文化的精神文化，即企业的深层文化，价值观念、经营哲学、道德规范、理想信念等对员工的思想和行为的约束就更有力、更深刻，在更高层次上使员工自觉自愿地约束和规范自己的行为。这种约束我们称之为“软”约束。

3. 激励功能。企业文化之所以具有激励功能，是因为企业文化具有积极向上的思想观念和行为准则，可以形成员工的归属感和有高度价值的目标感，成为员工内在激励因素，从而激发员工强烈的责任心和持久的驱动力。这种来自价值认同和高度归属的激励，其作用远远超过物质方面的激励效果。

4. 凝聚功能。卓越的企业文化具有强大的感染力和融合力，当企业文化所提倡的价值观被员工所认同后，就会成为一种无形的力量，把全体员工团结起来，形成巨大的向心力和凝聚力。虽然通过制度、纪律等也能产生一定的凝聚力，但是都不及这种企业文化价值观产生的企业凝聚力更大。

5. 辐射功能。企业文化的辐射功能是指企业文化对社会的影响。通过不同媒介传播企业经营理念，如顾客至上、诚实守信等，赢得社会对企业文化价值观的认同。通过企业文化的辐射功能，起到传播企业营销理念和产品品牌的作用。

测 试

说说你理解的企业文化的含义是什么？企业文化的核心是什么？标语、口号等是不是企业文化？

项目二　企业文化建设

【学习目标】

□ 了解企业文化建立的步骤和方法。

一、建立企业文化的意义

企业文化体现了经济与文化发展一体化的趋势，它可以形成开拓进取的企业精神，推动企业生产发展和市场创新；可以激发企业和职工的进取精神，凝聚职工的意志，发挥出企业的群体竞争力；可以激励和约束职工的行为；可以优化企业内部机制和外部行为，在促进企业发展的同时推动社会经济发展。

因此，建设有特色的企业文化，具有十分重要的意义：

第一，企业文化建设是现代企业生存和发展的内在需要。企业的首要目的是生存、发展。要想在激烈的市场竞争中谋生存、求发展，没有自己独特的企业文化是无法实现的。

第二，建设企业文化是管理现代化的需要。充分发挥人的作用是当今企业发展的一种趋势，是企业经营的新思想、新观念。调动和激励员工的积极性、智慧和创造力是现代化管理的高层次选择。

第三，建设企业文化是增强企业市场竞争力的需要。通过建设企业文化，可以增强企业活力，促进其健康发展。

第四，树立企业文化的战略意识，增强企业文化的战略观念，强调企业文化的战略决策，进行企业文化的战略实施，是进行科学管理，以赢得市场经济竞争优势的迫切需要和必然趋势。

第五，建设企业文化是形成共同价值观的需要。通过企业文化建设，培育企业价值观，把企业全体员工拧成一股绳，为实现企业目标而奋斗。

第六，企业文化建设对企业凝聚力、吸引力、战斗力、公信力等的形成和提高具有重要意义。

（1）凝聚力是一个企业的核心力，将员工比作一根线，那企业就是由线拧成的一股绳，绳的结实程度就取决于凝聚力，优秀的企业文化就像是一双编绳的巧手。

（2）吸引力是一个企业的向心力，让员工贴得更近，让客户靠得更近，这就是企业文化的魅力。

（3）战斗力是员工的作战能力，优秀的企业文化能让员工思想统一，而思想统一才能步调一致，步调一致的团队才最有战斗力。

（4）公信力是企业在公众心目中的形象与信誉。健康的企业文化不但是企业员工的精神支柱，也能提高企业的公众信誉，给企业带来难以估计的社会效益。

案　例

公司即我家

日本丰田公司的广告语是：“车到山前必有路，有路必有丰田车。”公司的企业文化有一种“公司即我家”的主人翁精神，丰田公司员工绝对不能容忍丰田汽车有任何的损伤和破坏。一次，一个丰田员工下班回家，发现一辆丰田轿车的刮雨器失灵了，他马上过去修理，车的主人一度将他视为偷车贼，最后，此人将车的刮雨器修好了，车的主人被他这种敬业精神深深打动。

丰田公司浓郁的文化精神感染了员工，员工在这种文化熏陶下一心为公司着想。从这件小事上就可以看出企业文化对一个企业的重要作用。

二、建立企业文化的步骤和方法

（一）建立企业文化的步骤

企业文化的建立和形成需要一个较长的过程，改变员工已有的观念和行为习惯，使之与企业精神、企业风格相一致，是一项长期的、艰巨的管理任务。

建立企业文化一般要经过以下四个阶段：

调查研究阶段。搜集和整理企业历史和现状的资料，对原有的企业经营哲学、价值观念和行为准则等进行分析研究和评价。

设计阶段。对调查研究阶段的成果进行精选，结合企业的发展状况和外部环境，设计出一套易为全体员工认可和身体力行的企业文化构架。

实践阶段。将确定的企业文化构架付诸实施，对设计出的企业文化进行培育和扶植。

提炼和定型阶段。经过一段时期的实施，要对实施的企业文化进行总结评价，对存在的问题及时加以纠正，提炼出更为符合企业需要的企业文化，从而加以定型，长期遵循。

（二）培养企业文化的方法

随着社会经济的不断发展，建设企业文化的重要性更为突出和紧迫。如何建设和培养企业文化，可以采用以下几种方法：

1. 长期规划。建设企业文化首先要分析企业性质、规模、构成、外部环境等因素，更要分析企业现有的文化建设状况，根据各种因素的变化，突出企业文化建设的重点，做出长远规划。

2. 管理者的示范。企业高级管理者要注重对企业文化的设计和倡导，不断地总结塑造、宣传鼓动、反思修正，并不断地坚定信念。同时要表率示范，注意与下属之间的感情沟通，重视感情的凝聚力量。

3. 舆论宣传。首先，在企业文化建设中要采用行之有效的工作方法，启发和调动全体员工的责任感。其次，要把企业目标、利益和员工个人的目标紧密联系，成为目标、利益共同体，产生归属感和一体感。再次，重视企业内部非正式群体的作用，引导他们接受企业的价值观，使这些群体的作用力与企业发展方向相一致。此外，应特别重视关心员工生活，增强员工的忠诚感。推行民主管理最有效的方法，是促使企业价值观被全体员工认同、内化的重要保证。

4. 制度保证。在培育企业员工整体价值观的同时，必须建立、健全必要的规章制度，使员工既有价值观的导向，又有制度化的规范。同时，不断调整企业内部的组织机构，建立和形成企业文化建设所要求的组织体系。

5. 树立典型。发挥榜样的作用是加强企业管理的一种重要而有效的方法，在企业文化建设中更是如此。要把那些最能体现企业价值观念的个人和集体树为典型，大张旗鼓地宣传、表彰，以利于企业文化的形成和发展。

6. 用文化事件。中外企业的成功经验表明，利用文化事件塑造企业文化是一种行之有效的好方法。对社会文化教育、卫生福利、体育文化设施的投资赞助等都可以有力地促进企业文化建设，并向社会展示良好的企业形象。

相关资料

苹果公司企业文化的十大方面

乔布斯已经在苹果公司打造了一种独一无二的企业文化，苹果的企业文化主要表现在如下方面：

1. 专注于设计。首先，每个员工都必须牢记苹果比其他任何一家公司都更加注重产品的设计——了解消费者的需求，懂得如何满足消费者的需求，然后着手实现这些目标。虽然实现起来并不总是很容易，但苹果似乎每次都能恰到好处地完成。

2. 信任乔布斯。苹果公司对员工的期望也是它对消费者的期望。其中，最重要的一点期望就是——相信乔布斯。在过去的很多年中，乔布斯一直是苹果的救星。他曾带领苹果走出老化的商业模式并进行革新，从而创造了前所未有的成就，并向市场推出了许多更好的产品。

3. 忘记一切，从头开始。当员工初到苹果时，公司就希望他们立即做一件事：忘掉曾经了解的技术。苹果公司所做的事情与其他公司都不一样，无论是产品的设计、新产品的设计理念还是公司独具的简单运营方式，只要是在苹果，所有事情就会不同。把在其他公司的工作习惯带到苹果来，可能会造成更多的麻烦。苹果是不同寻常的。

4. 坚信苹果比其他所有公司都强。不同于行业里的其他任何公司，苹果公司非常自负。其中的部分原因是由于乔布斯非常自我，他相信苹果是世界上最强的公司，有不同于其他公司的做事方式。虽然苹果的“仇敌”无法忍受这一点，但是对所有该公司的粉丝和员工而言，这一信条已经成为了一种号召力。

5. 注重外界的看法。由于自负的本性，苹果用心聆听人们对自己的产品的批评。但在真正的苹果时尚里，该公司会选择更加恶毒的行为来回应这些批评，这一点是行业里其他所有公司都不能企及的。毕竟，行业里有哪家公司可以在遇到诸如 iPhone 4“天线门”这样的事件时还能满不在乎，依旧我行我素的呢？苹果不喜欢听到别人指责自己是错误的，并希望不管是自己的员工、还是外界的追捧者都能跟自己坚定地站在一起。

6. 永不服输。苹果最具魅力的一点就是它永不服输。就算产品被批评得体无完肤，该公司似乎也能在危急时刻找到脱离火海的方法。没有哪个领域能比计算机市场把这一点展现得更加淋漓尽致的了。在做出了一些有着不少争议和风险的决策后，乔布斯凭借正确的策略扭转了局面，使公司获得了收益。乔布斯最不想看到的就是竞争对手击败自己的公司。

7. 时刻关注细节。如果说苹果懂得哪一条经营之道，那就是关注细节意味着长远回报。例如，谷歌的安卓操作系统现在可能卖得很好，但在使用了一段时间之后，大多数消费者就会发现安卓与苹果的 iOS 操作系统相比缺乏一些闪光点。这点差距并不会让消费者觉得安卓操作系统不太好用，事实上，可以说安卓和 iOS 一样好用，但这点小小的差距确实会让一些消费者禁不住怀疑谷歌为什么就不能再做得更好一点。在大多数情况下，苹果却多努力了一点点。但就是这一点点的努力使得苹果成为了最大的赢家。而这也是苹果对自己员工的期望。

8. 乔布斯是必不可少的人物。如果佩珀马斯特的离职暗示了苹果内部是如何运作的，那么很明显只有乔布斯是不可替代的人物。佩珀马斯特曾帮助世界上最知名的智能手机取得了超乎寻常的成功，如果在其他公司（不管文化差异与否），没有人会愿意看到他满心悔恨地离开。不过，这一点也只能归咎于乔布斯的自我。很明显，乔布斯认为自己才是苹果成功的关键。苹果的爱好者和某些员工可能会同意这种说法，但佩珀马斯特在 iPhone 的成功上也是不可或缺的一员。苹果公司里还有谁可以让 iPhone 团队像佩珀马斯特领导时那样有效地工作呢？这一点的确值得每一个人去思考。但或许并这不重要。苹果公司再次证明，只有乔布斯才不会丢掉饭碗。

9. 保密至高无上。谈到苹果的企业文化，就不得不提及该公司对保密工作的态度。不同于行业里的其他许多公司，苹果在即将推出新产品时很少会泄密。但实际上，由于该公司一名员工的疏忽，使得 iPhone 4 在推出之前就已经泄漏了相关的信息。也许，这就是为什么苹果公司会制定长期的保密准则。只有那些能做好保密工作的公司才能取得成功。而那些泄露公司秘密的员工，哪怕是无意间，也只有被炒掉的份。

10. 主导市场才是最重要的事。在涉及到技术时，乔布斯脑海中只有一个目标，那就是“主导市场”。他所想的不只是击败市场上的所有公司，而是要彻底摧毁他们。乔布斯想向世界表明，只有他的公司才是最强的。乔布斯就是想向所有竞争者、消费者和其他人证明这一点，并希望员工可以帮他实现这个目标。如果员工不这样做的话，那么就只会被解职。

（资料来源：道客巴巴。）

【活动 2-1】

活动内容：

假设你是一家企业的创始人，结合自身的业务经营，如何确立你所创设企业的核心价值观。

活动目标：

1. 说明企业文化建设对企业发展的重要性；
2. 使你的设想能集中体现企业自身的特色。

项目三　企业形象设计

【学习目标】

□　了解企业形象设计的内容、特点和途径。

一、什么是企业形象

企业形象是指社会公众对企业的认知和评价。在市场经济的条件下，企业的生产经营活动主要是向社会提供产品和服务，在满足用户需求的同时，实现企业的经营目标。

企业的生产经济活动必然会给社会公众留下一定的印象和评价。由于消费者（用户）的需求不同，对企业的了解和认识程度的不同，会对企业做出不同的评价。如果社会公众对企业及产品和服务有好感和信赖感，这说明企业的形象好，对企业的生存和发展有着重要的影响作用。因此，企业需要千方百计地努力塑造良好的企业形象。

在塑造企业形象时，应做到：

第一，突出个性。突出企业所特有的个性，在消费者心目中形成企业个性的强烈印象，感到本企业与其他企业不同，从而引起大家的注意。通过企业个性化的形象设计，不仅有利于消费者的识别，也有利于表现企业产品和服务的差别。按照现代人的价值取向，树立新、异、奇、特的企业形象。

第二，保持一致。企业形象只有保持一致，才能给顾客以信心，增强企业的可信度，才能显示出企业的整体形象。

二、企业形象设计的内容

企业形象是产品形象、环境形象、企业荣誉、企业员工形象、企业领导形象的综合，它们从不同侧面共同构成企业的整体形象。

（一）产品形象

产品形象是企业形象的代表，也是企业整体形象的基础。社会公众主要是通过产品了解和认识企业的，企业也是依靠向社会提供性能优良、美观适用的产品和优质服务来塑造自身的良好形象。因此，产品形象是企业形象的基础，产品形象的好坏直接影响着企业形象的好坏，优秀的产品设计和良好的产品形象（CIS）可以对企业形象产生直接、长久的影响。

案 例

金利来领带的产品形象策划

20世纪80年代初，在香港被称为“领带大王”的金利来领带有限公司董事长曾宪梓先生，为使金利来领带进入中国内地市场，精心策划了“产品未到，广告先行”的产品形象塑造的一着妙棋。从1981年起，曾宪梓先生耗资百万元开始在中国内地电视上大张旗鼓地做广告宣传，“金利来领带，男人的世界”的广告导语长期持续地轰炸，使金利来领带日益深入人心，成功地塑造了金利来领带的产品形象，也使金利来领带成功地进入中国内地市场，一上市就形成旺销势头，给公司带来了巨额利润。

（二）环境形象

环境形象主要是指企业的生产环境、销售环境、办公环境和企业的各种附属设施。环境形象反映企业的经济实力、管理水平和精神风貌，也是企业向社会展示自己的窗口。特别是销售环境的设计、造型、布局、色彩及各种装饰等，更能展示企业文化和企业形象的个性，强化企业的知名度和提高消费者（用户）信赖度，提高企业的市场占有率。

（三）企业员工形象

企业员工形象不仅是指员工的装束仪表、言谈举止、服务态度等内容，而且也包括员工共同遵循的价值观念、道德规范及行为准则、习惯等，属于企业文化方面的内容。企业文化决定着企业员工形象，也是塑造企业形象的关键因素之一。

（四）企业管理者形象

企业管理者形象是树立企业形象的核心和关键。企业管理者形象的树立与自身文化素质、敬业精神、工作经验、战略眼光、组织指挥能力有直接关系。企业管理者不仅要时时注意树立自己的形象，同时更重要的是策划、树立企业的形象，开展对外的公共关系活动，争取社会公众的信赖和支持。

（五）企业信誉

企业信誉建立在企业的优质产品和优质服务的基础上。信誉是企业的无形资产和宝贵财富，可以给企业带来巨大的经济效益，为企业树立良好的社会形象。

测 试

如果你是一个商品零售企业的普通员工，你认为最重要的形象包括哪些内容？如果你是一个单位的管理者，又应如何树立自己的形象？

三、企业形象的特点

（一）企业形象的多样性与整体性

企业形象的内涵非常丰富，是由多种不同要素的形象组成的，具有多样性，如由产品、技术、环境、员工、领导形象等各种形象构成，并反映不同的特性。但每一种形象要素都不能完整地反映出企业形象，只有综合在一起，以整体和总和的形态出现，才能塑造出代表企业的整体形象。

（二）企业形象的动态性与稳定性

企业形象一旦形成，便会在社会公众中产生印象。这种印象积累成的形象具有相对的稳定性，同时由于构成企业形象的客观物质基础，如企业的名称、标志性建筑物、机器设备等在短期内不会有很大的改变，所以企业树立的形象是相对稳定的。但随着时间的推移、空间的变化及政治、经济环境的变迁，企业形象也是开放的、动态的，而不是封闭的、凝固的，因此企业形象又具有可变性。但企业形象的改变是一个渐进的过程，良好形象的树立要靠企业不断培植。

四、树立企业形象的途径

（一）提高产品和服务形象

优质产品和优质服务是树立良好企业形象的必要条件和主要内容。企业向社会提供优质的产品和服务必然赢得消费者的好感，在消费者心目中留下美好印象。

提高产品和服务形象是树立企业形象的基础。

（二）搞好公共关系

企业是在社会大环境下生存和发展的，企业要经常同政府、政党、社会团体等打交道，需要他们的支持及股东的信赖、金融机构的帮助、协作单位的配合等。企业必须与社会的方方面面保持良好的关系，搞好公共关系，为企业生存和发展创造一个良好的社会生态环境，树立良好的企业形象。

（三）与传媒保持良好关系

企业与大众传媒经常保持良好的关系和相互沟通，是树立良好的企业形象必不可少的重要手段。大众传媒是企业与社会公众沟通的桥梁和纽带，企业只有取得传媒的支持和帮助，通过媒体实施企业的 CIS 战略，才能树立良好的企业形象。

（四）加强企业文化建设

企业文化是企业在生产经营活动中逐步形成和培育起来的，具有本企业特色的价值观和行为规范的总和。优秀的企业文化代表企业的生产经营个性和员工的主人翁意识，通过企业文化建设，突出企业个性，提高员工的素质，激励员工的创造性和积极性，树立良好的企业形象。

知识链接

企业搞好公共关系的主要途径：

- 积极建立与社会公众、社区、政府、其他组织的友好、和谐的关系，赢得社会公众和各界的好感；
- 积极参与社会的公益活动，为社会做贡献，如扶贫助困、捐助希望工程等；
- 长期与传媒保持良好沟通、合作关系，不断提高企业的知名度。

思考与训练

一、思考题

1. 什么是企业文化？建立企业文化的意义是什么？
2. 如何针对实际情况营造企业文化？
3. 什么是企业形象？其内容和特点有哪些？
4. 企业可通过哪些途径树立企业形象？

二、实训题

海尔的文化策略

海尔公司成立于1984年，当时是只有800人、亏损147万元的集体企业。经过三十多年的发展，海尔已成为全国500强之一，销售收入超过1 500亿元，全球雇员达7万人，品牌价值749亿元的特大型企业。海尔公司之所以取得如此成绩，与其成功的企业文化战略不无关系。2012年1月，海尔“人单合一双赢模式”获得全国企业管理现代化创新成果一等奖第一名就是明证。

（一）海尔文化战略系统

1. 企业内部系统。用海尔核心文化最大限度地调动企业员工的积极性，不断提高产品的质量。

2. 企业外部系统。用海尔营销文化最大限度地满足用户的需要，不断扩大市场份额。

3. 企业快速反映系统。用海尔的战略理念紧密关注并跟上国家宏观调控政策，及时抓住机遇发展企业。

（二）海尔文化的核心

海尔高度重视人的价值，突出“以人为本”的理念，提出“赛马不相马”的人才观念，“个人生涯计划与海尔所有规划的统一”是海尔的企业口号，由此引出企业的核心价值观：人的价值高于物的价值，共同价值高于个人价值，共同协作价值高于独立单干价值，社会价值高于利润价值。特别强调共同价值是个体价值得以实现的根本保证。这是海尔文化的核心。

（三）海尔文化的落脚点——品牌文化战略的实施

品牌文化战略的实施包含五个观念意识：（1）质量意识。提出有缺陷的产品就是废品。“砸不合格的冰箱”事件确立了海尔的质量意识和品牌意识，上升到敬业爱国、追求卓越的企业精神。（2）市场意识，即品牌无国界。（3）用户意识。用户永远是对的。（4）品牌意识，即先卖信誉后卖产品。（5）服务意识。提倡星级服务。

（四）启示

1. 企业要得到发展，确立企业价值观是最根本的动力。

2. 要确立可持续发展的科学发展观。

3. 要激发企业的三种学习能力，即学习主导市场的能力、学习快速应变的能力、学习关注未来发展方向的能力，从而保证企业的长久生命力。

【问题与思考】

1. 海尔文化战略系统是怎样构成的？
2. 海尔文化的核心是什么？
3. 海尔成功的企业文化战略对于企业有哪些启示？

模块二
企业经营管理

单元三
企业经营战略、决策与计划

引　言

1985年，由马来西亚国营重工业公司和日本“三菱”汽车公司合资2.8亿美元生产的新款汽车“沙格型”隆重推出市场。马来西亚政府视之为马来西亚工业的“光荣产品”，产品在推出后，销售量很快跌至低谷。经济学家们经过研究，认为“沙格型”汽车的一切配件都从日本运来，由于日元升值，使它的生产成本急涨，再加上马来西亚本身的经济不景气，所以汽车的销售量很少。

此外，最重要的因素是政府在决定引进这种车型时，主要只考虑到满足国内的需要，因此，技术上未达到先进国家的标准，无法出口。由于在目标市场决策中出现失误，“沙格型”汽车为马来西亚工业带来的好梦，只是昙花一现而已。

科学经营决策的前提是确定决策目标。它作为评价和监测整个决策行动的准则，不断地影响、调整和控制着决策活动的过程，一旦目标错了，就会导致决策失败。

项目一　企业经营战略

【学习目标】

□　掌握企业经营战略的概念、经营战略的制定、经营战略管理的基本内容。

一、经营战略的含义、特征和作用

（一）经营战略的含义

经营战略是在市场经济条件下，企业为了谋求生存和不断发展，在经营思想、发展目标和方向等方面做出的长远的、系统的、全面的谋划和方略。它是实现企业目标所要遵循的行动总方针，是企业经营思想的集中体现，对企业的生存和发展起着决定性的作用。

在市场经济条件下，企业的生存和发展不再取决于企业的历史和目前的经营状况，而更多地取决于企业对未来发展做的总体筹划。制定好企业经营战略，可以使企业对经营环境、经营方向和经营能力及如何实现企业的经营目标等方面有更高、更远、更全面的认识，有利于抓住机遇，扬长避短，适应市场经济条件下的环境变化，求得企业的长期生存和发展，有利于提高企业的科学管理水平，增强企业竞争能力。

知识链接

市场经济条件下企业经营环境的重大变化

- 需求结构由低层次向中高层次转化，需求向个性化、多样化转变。
- 市场竞争日益激烈。
- 科学技术不断进步。新技术大量应用，新产品层出不穷，新产业不断涌现。
- 资源短缺，环境保护要求越来越高。
- 产业结构的调整。由于需求的变化、技术的进步、资源短缺、市场的激烈竞争等，必然导致产业结构发生重大变化，必然对企业的生存和发展存在着重大影响，同时又提供了新的发展机会。

（二）经营战略的作用

1. 经营战略决定企业的生存和发展。在市场经济条件下，企业能否正常生存和健康发展，关键在于企业对当前和长远的经营环境、经营方向和经营能力是否有一个正确的认识和谋划，能够做到把握机遇和挑战，全面了解企业自身的优势和劣势，把握机会，利用机会，避开威胁，扬长避短。

2. 经营战略决定企业的发展方向和目标。有了正确的经营战略，企业就有了正确的发展方向和奋斗目标，就可以对企业的人、财、物、信息等资源进行优化配置，统一思想，调动员工的积极性和创造性，实现企业的经营目标。

3. 经营战略可以提高企业的管理活力和水平。制定经营战略可以理顺企业内部各职能部门的关系，增强企业管理的活力和提高管理水平，更好地适应外部环境的变化。

二、经营战略的内容和分类

（一）经营战略的基本内容

企业经营战略涉及的内容和范围主要有三个方面：经营思想、经营方向和经营目标。

1. 经营思想。**经营思想是企业生产经营活动长远发展方向的指导思想，也是从事经营活动，解决经营问题的一种观念。**具体包括：全局观念、市场观念、竞争观念、创新观念、效益观念、发展观念等。

思考：举实例谈谈你如何理解经营战略内容中的经营思想的几种观念。

2. 经营方向。**经营方向是企业在经营思想的指导下，确定企业的性质、经营范围、服务对象等内容。**主要有确定企业未来的生产任务和生产规模、确定企业的市场方向等。

- 在确定具体生产任务和规模时，企业应从自身的人才资源、技术水平、设施设备状况、生产能力、资金保证等方面的实际情况出发，概括市场需要和本企业的特征，确定生产任务和生产规模，同时要充分考虑到企业的发展水平和速度。其生产任务和规模要逐步扩大和提高。

- 确定企业的市场方向即经营范围、生产产品的品种、服务对象等。主要是根据市场需求情况、本企业的特长及能力和经济效益情况来确定。一般通过市场调查来预测未来、了解市场需求状态。要了解市场上哪些需求还未得到满足？本企业的特长及能力如何？企业自身的人、财、物、设备、技术、资金等方面的长处、优势是什么？最后以市场需求为出发点，充分发挥企业特长和优势，把市场需求、企业优势及经济效益有机结合起来，确定企业的市场发展方向。

3. 经营目标。**经营目标是企业生产经营活动在一定时期内要达到的经营目的。**企业总体经营目标应包括以下基本内容：

（1）社会贡献目标。表现为在为国家上缴利税、保护生态环境、向慈善捐赠、教育投入等方面做出自己应有的贡献，回报社会。

（2）市场目标。表现为新市场的开发、传统市场的渗透、市场占有率的增大、市场交易额和出口额的增加等。

（3）发展目标。表现为企业规模的扩大，厂房和生产设备的增加，人员素质的提高，技术水平和管理水平的提高，专业化协作水平的提高，经济联合的发展等。

（4）利益目标。该目标是企业生产经营活动的内在动力，关系到员工的切身利益和企业的发展。它表现为企业实现利润、利润率、薪酬水平的提高、奖励和福利的增加等。

（二）经营战略分类

企业的经营战略根据对企业经营的重要程度和涉及范围可分为全局性经营战略和局部性经营战略两种。

1. 全局性经营战略。全局性经营战略，是为实现企业总体目标，对企业未来发展的方向做出的长期性、全局性的战略。全局经营战略决定的内容是企业重要的、长远的发展方向，涉及的范围是企业的全部对象。

相关链接

全局性经营战略类型

（1）发展型战略。它是企业依靠自身力量或与其他企业进行联合，积极地创造条件扩大企业规模，开辟新市场，扩大生产以促进企业经营不断发展的一种战略。这种战略适用于正处于有利发展环境，在产品、技术市场上占有很大优势的企业。特别是拥有名牌产品或社会声誉较高的企业，更应优先采用这种战略。

（2）维持型战略。它是企业在一定时期内对产品、技术、市场等方面采取以守为攻，待机而动的战略。这种战略一般适用于外部环境和内部条件暂时处于劣势或相对稳定，经营中无突出优势，又无明显不利因素的企业。

（3）紧缩型战略。它是企业在一定时期内缩小生产规模或取消某些产品生产经营的一种战略。这种战略适用于在经营环境中处于严重不利地位的企业或企业经济不景气的时期。

2. 局部性经营战略。局部性经营战略涉及对象和范围较窄，只是企业经营内容的某一部分。具体包括：事业部级战略和职能级战略。

三、经营战略的环境分析

（一）宏观环境分析

企业经营宏观环境分析是制定经营战略的首要环节，也是企业实施战略管理的第一步。企业生存和发展在很大程度上取决于它对宏观环境变化的适应程度和应变能力，通过宏观环境分析，可以使企业高层管理者及时了解和发现对企业生产和发展有显著影响的外部环境因素，充分认识到企业外部环境的风险，把握机会，使企业适应宏观环境变化而不断发展。宏观环境分析主要包括以下内容：

1. 政治环境分析。**政治环境是指企业经营中外部政治局势的状况对经营带来的或可能带来的影响和制约。**政治环境内容一般包括：国际、国内政局，政治体制等政治环境。

2. 社会环境分析。**社会环境是指与企业经营有关的社会消费情况、文化人口等因素对经营的影响程度。**社会环境包括的内容较多，主要有：

（1）消费状况因素。消费状况主要包括社会消费水平和消费结构。

（2）人口因素。人口是构成市场需求的基本因素，人口的数量、结构对市场的需求有着非常重要的影响。一般来说，数量反映市场容量，结构反映市场需求层次水平。

（3）经济收入水平。经济收入水平反映出实际购买力。在人口因素相同的情况下，经济收入水平越高，购买力越强，市场容量越大。

（4）文化因素。社会文化是影响消费活动、消费形式和消费习惯的主要因素，可以导致不同的需要，制约消费者购买行为。社会文化因素主要包括：民族差别、宗教信仰、职业、教育程度、价值观、审美观、风俗习惯等。

3. 技术环境分析。科学技术水平是先进还是落后，对企业生产经营有着重要的影响作用。搞好企业生产和经营必须了解并研究当代世界科学技术的发展、普及、应用等情况。

4. 经济、法律环境分析。经济环境主要包括社会经济制度、经济发展阶段；法律环境主要指各种法律、法规对企业生产经营的影响。

5. 国际环境分析。国际环境对企业的生产经营要有影响。国际环境因素主要包括政治因素、经济因素、非经济因素等方面。政治因素包括政治冲突对经营贸易的影响，包括战争、暴力事件、罢工、动乱等；政治权力对经营活动的影响，包括进口限制、外汇控制、劳工限制等；经济因素包括国际信贷、汇率状态、金融贸易垄断组织、国际竞争、各国的经济发展水平等；非经济因素包括各国的法律、民俗、宗教信仰、人口、消费习惯等。

【活动3－1】

活动内容：

根据企业经营中的实际情况，举例组织学生对影响企业经营战略的环境因素进行分析，如中日的钓鱼岛之争，人们的收入水平变化等。

活动目标：

明确经营战略的概念，使学生学会对企业经营战略的环境进行分析，为制定经营战略提供依据。

（二）微观环境分析

企业微观经营环境分析主要是分析企业内部环境与宏观环境的适应程度。其内容主要有：企业产品在市场上的需求情况分析、销售分析、本企业原材料供应的分析、企业整体素质分析和同行竞争者的基本情况分析等。

1. 企业产品在市场上的需求情况分析。企业要搞好经营，首先要对本企业生产的产品在市场上的需求状况进行分析。市场需求决定着本企业产品的销路，因此，企业必须在市场调查的基础上了解消费者（用户）对本企业产品的需求有多大，对本企业产品有何意见，有无影响需求变化的因素等。

2. 销售分析的主要内容包括：本企业产品品种、销售数量、销售利润、销售范围、销售实力分析等。

3. 原材料供应渠道分析。产品原材料的有效供应是企业生产的重要保证，所以企业应对原材料的供应渠道进行认真的研究和分析，确保供应渠道的畅通。要选择供货质量最好，供货时间有保证，价格合理，耗费最低，有一定运输、服务能力和信誉的原材料供应渠道，使供货渠道相对稳定。

4. 企业整体素质分析。企业的整体素质包括人员素质、企业的生产能力、技术水平、设备设施、资金保证程度、管理水平等因素。企业整体素质是企业经营微观环境的主要方面，企业的人员素质和技术水平的高低决定企业的产品开发、新技术的应用、产品的质量；设备设施和资金决定企业的生产能力、现代化生产水平及经营规模的大小；管理水平决定企业经营目标能否很好地实现。

5. 竞争因素分析。企业要充分了解同行竞争者状况，竞争者是谁？竞争力量如何？以及采取的策略是什么？做到知己知彼、扬长避短，发挥自己的优势。

四、经营战略的管理

经营战略管理是指对企业经营战略的制定、实施和控制过程所进行的管理。

（一）经营战略的制定

第一步，形成经营思想。

第二步，进行环境调查分析。

第三步，确定经营目标。

第四步，拟订、评价和选择经营战略方案。

相关资料

最著名的产品—市场战略首先是由美国管理学家安索夫提出的。早在1957年，他就提出了“产品与市场配合”的概念。他认为企业经营战略的四项要素形成了四种产品—市场战略，见表3－1。

表 3－1　企业市场战略

市场＼产品	现有产品	新产品
现有市场	市场渗透战略	产品发展战略
新市场	市场发展战略	多角化经营战略

（二）经营战略的实施

经营战略的实施是指贯彻和执行已选定的战略所开展的活动，具体实施应包括以下几个方面：

1. 分解目标，层层落实。企业经营战略目标要分解为企业各部门和下属各单位的具体实施目标，以便落实责任和监督检查，同时分派的具体目标应合情合理、切实可行。

2. 统一领导，协调一致。实施企业经营战略，必须由企业高层管理者进行统一领导，并做好协调工作，以保证各部门、各单位及全体员工相互配合、密切协作，保证企业总体经营战略目标的实现。

3. 突出重点，兼顾全局。一个合理的经营战略方案应明确地规定战略重点，以突出企业的主攻方向，也要兼顾全面，用重点来带动一般，用一般来保证重点。

4. 适应变化、及时调整。经营战略在具体实施时，环境会发生这样或那样的变化，战略的制定和实施者应机动灵活，要适时调整和修改完善原有的战略方案，使之符合变化了的新环境，实现企业经营战略目标。

（三）经营战略的控制

经营战略的控制是指在实施过程中，为了保证按战略方案的要求进行生产经营活动所采用的，不断评审实际工作，将实际成效与计划目标比较，及时发现偏差，采取纠正措施的活动。具体战略控制步骤是：

1. 制定控制标准。将经营战略的目标具体化，把其战略指标体系作为评价和控制战略执行效果的标准。

2. 检查实施、衡量成效、寻找偏差。将经营战略执行结果与计划目标、指标进行比较看其完成情况，偏差多少。

3. 分析原因、采取措施、纠正偏差。对经营战略实际完成情况的偏差要分析其具体的原因，然后有的放矢，采取有效措施，纠正其偏差，使偏差控制在允许的范围内。

4. 继续实施、完成目标。在采取必要的措施纠正偏差后，要按规定的目标继续努力，完成总的经营战略目标。

思考：如何进行经营战略的管理？结合企业实际说说如何对企业的经营战略进行控制？

案 例

经营战略正确，企业健康发展

华氏公司是一家拥有10家火力发电厂、3家电力设备制造厂、8家酒店的集团公司。董事长兼总经理李杰对公司的整体运行和经济效益比较满意，令他忧心的是由于10家电厂均处于不同城市的市区，发电产生的大量粉煤灰没有得到很好的利用，既浪费资源又污染环境，各方面意见较大。经过专利检索，李杰发现一位名叫黄英的女士发明了一种从粉煤灰中提取纳米级空心玻璃微珠的新技术并获得了专利。调查得知，空心玻璃微珠是一种用途广泛的填充材料，能改变金属、橡胶、塑料等材料的性能，用途十分广泛。尤其是达到纳米级的微珠，是一种高新技术产品，目前只有美国、德国有此技术。李杰与黄英取得联系，经过谈判，双方商定黄英以专利技术出资与华氏电力公司共同组建一个微珠生产企业，先利用1家电厂的粉煤灰生产微珠，取得成功后扩大到所有电厂。由于该项目投资巨大，李杰聘请了部分专家与董事会成员一起进行了多次研究和论证，并且聘请了一家专业咨询公司，通过从国内外广泛收集资料，用各种数理技术进行了分析、演算，得出了肯定的结论。方案获得通过后，为了使方案更好地实施，李杰决定将8家酒店通过资本市场置换出去，在保留原职能部门的情况下，将公司的主营业务调整为发电、微珠、发电设备制造三大板块，新成立三个部门分别管理这三大板块的生产经营业务。同时，为了充分利用微珠项目的环保、资源再生和纳米技术的高科技性，公司决定加大广告宣传力度，扩大该项目和产品的影响，树立企业形象，争取国家优惠政策，发展潜在客户，利用在可预见的将来产品在市场上的独占性，在产品定价上追求利润最大化，争取尽快收回投资。两年后，华氏电力公司已收回在微珠项目的全部投资，企业进入了快速发展的通道。

根据上述资料，回答下列问题（提醒：回答时，要有结论与依据）：

1. 华氏公司实行的经营战略是什么战略？
2. 华氏公司在决定是否上微珠项目上实行的是什么决策？
3. 华氏公司新的组织结构形态是什么类型？

项目二 企业经营决策

【学习目标】

□ 理解企业经营决策的概念，了解企业经营决策过程、掌握企业经营决策的方法。

一、经营决策及其种类

（一）经营决策的概念

经营决策，就是在经营思想指导下，对所要实现的经营目标及其途径进行选择，从若干个方案中选定一个最佳方案。决策是企业经营管理的重要环节，贯穿于企业管理的全过程。

决策的正确与否，是涉及企业生死存亡的大问题，如果经营决策正确，企业就能得到成功和发展；如果经营决策失误，企业将遭到失败甚至被淘汰。

（二）经营决策的种类和内容

经营决策的内容很多，根据决策的重要程度、时间、对象、层次、可确定程度，一般有以下的分类和内容：

1. 按照决策的重要程度可划分为战略决策、管理决策和业务决策。

（1）战略决策，是对经营战略的多种方案进行抉择，确定企业发展方向和远景的决策。它是影响企业总体发展的全局性决策，如企业的产品方向、生产规模、发展速度、经营思想、经营体系、发展规划、企业改造和员工培训等，战略决策一般由企业的高层领导做出。

（2）管理决策，是为了执行战略目标，企业如何组织、动员内部力量，解决好一系列具体问题的决策。它是对实现经营战略的具体行动方案的选择，如试制新产品、为新产品定价、制定销售计划、生产计划、日常生产组织、按期向用户供货等管理的决策，管理决策一般由企业的各管理职能部门做出。

（3）业务决策，是为提高日常经营业务的效率和效益做出的一般性决策。如生产组织的局部调整，各业务部门的协作、日常任务的分配等决策，业务决策一般由企业的基层管理者做出。

案　例

英特尔公司的正确决策

1985 年，英特尔公司在亏损十分严重的情况下，公司高层领导做出决策：放弃主要产品随机存储器的生产，着手生产微处理机。结果这项重要战略决策使英特尔公司迅速成为世界顶尖的半导体生产商，超过了日本电气公司和东芝公司。

2. 按决策的时间划分，可以分为远期决策和近期决策。

- 远期决策，包括选择投资方向、确定生产规模、产品开发计划、工艺方案、生产过程组织、厂址选点及生产布局等。
- 近期决策，主要是决定如何对生产过程、质量、成本、劳动力和物料储备的控制等。

3. 按决策者在企业中的地位划分：高层决策、中层决策、基层决策。

- 高层决策，即涉及企业中全局性的、方向性的重大问题，由企业的最高经营管理者所进行的决策。
- 中层决策，即由企业的中层管理人员针对企业经营战略问题的具体执行所进行的决策；
- 基层决策，即基层管理人员、技术人员为解决生产业务问题而进行的决策。

4. 按决策问题的重复程度划分，有程序化决策和非有程序化决策。

● 程序化决策，是指企业日常经营管理中经常重复发生的问题，如生产作业计划订货程序等。一般已拟订常规的处理方法、规则、程序，再次出现类似问题进行决策时，有章可循。

● 非程序化决策，指企业那些不重复出现，不能以现成的程序来进行决策的问题的决策，它主要靠决策者的知识、经验和才智去进行决策，如新产品开发、市场开拓等。

5. 按经营决策的可确定程度划分：有确定型决策、风险型决策和非确定型决策。

● **确定型决策**，是指所掌握的条件完全可以确定的决策模型。即决策者对未来情况能够获得各种比较完全的情报信息资料，而且可以据以推测各种决策方案所导致的必然结果，用数学模式表示时，其概率为“1”，这种决策就是确定型决策。

● **非确定型决策**，是指可以掌握各种方案可能出现的后果，但不能预知各种后果发生的概率，而需要靠主观判断的决策。

● **风险性决策**，是指只是部分可以确定的决策模型。这种决策从条件上说，虽然所需要的各种情报信息资料也都具备，但因其决策方案是多种的，而且每种方案的计算结果又是多种的，究竟会出现哪种后果不能确定，不过已知它们各自出现的概率，这种决策就是风险型决策。

实际上企业在经营决策时，大量存在的是介于确定型决策、非确定型决策两者之间的风险型决策，即未来可能出现哪种状态，决策人不能肯定，但是各种状态出现的概率大体可以预测并估计出来，如某产品市场销路好的概率是0.6，销路不好的概率为0.4，这就意味着要承担一定的风险，是属于风险型决策问题。

二、经营决策的过程

科学的经营决策，既要依靠科学的决策方法，也要遵循科学的决策程序。经营决策的基本过程，大致包括互相联系的五个阶段：

第一阶段，调查研究经营环境，是指搜集企业所处环境有关的经营、技术、社会方面的信息（情报），并加以分析，从而提出问题，为决策提供依据。

第二阶段，确定经营目标，是指从错综复杂的现象中找出主要问题，确定所要进行决策的项目内容、范围、方向和责任者，明确经营问题的核心，提出经营目标的时间、空间、数量和质量的要求。

第三阶段，探索制订可行经营方案，指依靠大量可靠资料，认真进行可行性分析，探求各种途径，制订多个可行的方案。这一步工作做得越细致，决策的依据就越充分。

第四阶段，对经营方案进行评价和选择。有了各种方案，就要对这些方案进行比较评价，并选择出最适宜的方案。这一阶段的工作实质上就是决策。

第五阶段，经营决策的落实和反馈。决策方案选定以后，就要拟订具体措施，把目标落实到每一个执行单位，明确各自的责任，确定执行人员、地点、时间及方式等。并在决策实施后，注意跟踪检查，如果偏离了目标，就应及时反馈并进行控制，不断修订实施方案，以便实现原定的目标。若执行过程中发现决策有问题，就要勇于改正，重新进行决策或调整决策。

以上各个阶段是一个统一的决策过程，各个步骤既有交叉又有反复，不能截然分开。决策过程如图 3－1 所示。

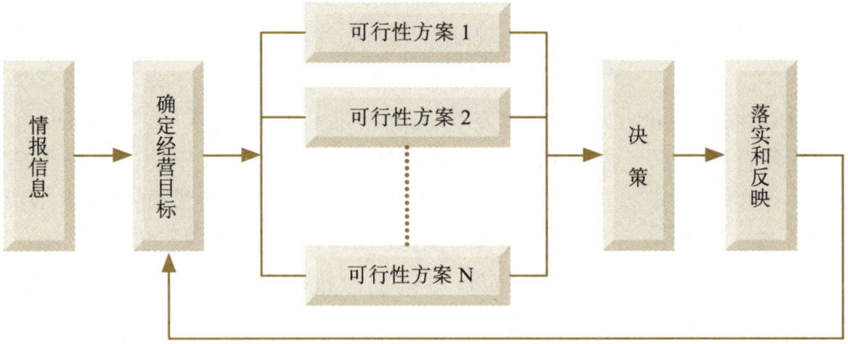

图 3－1

三、经营决策的方法

经营决策的方法主要有两类：定性分析方法和定量分析方法。

（一）决策的定性分析方法

决策的定性分析方法，也称决策的“软”技术。它是应用心理学、社会学和经济学的成就，采取一些有效的组织形式，充分发挥管理者、专家及有关人员智慧来进行决策的方法，这类决策方法大致有以下几种做法：

1. 经理决策法。就是由经理根据自己的经验和知识对各种因素进行综合分析后做出决策。这种方法可使决策进行得迅速果断，但容易产生主观片面性。

2. 集体决策法。就是充分发动管理者、专家及有关专业人员参与，最后由管理者做出决策。这种群众议案、管理者拍板的方法有利于集思广义、发挥集体智慧、掌握全面信息，决策会比较准确，但往往意见较多，难于统一，决策时间较长。

3. 列举法。就是列出各种问题或各种条件，逐项研究分析并进行决策。这种方法解决问题集中专一，但容易产生顾此失彼的情况。

上述各种方法，都是以经验分析作为基础的，所以亦称为“主观分析决策法”。

（二）决策的定量分析方法

经营决策的定量分析方法，也称“硬”技术。它是借助数学、计算机等技术手段，用数字在几种可能选择的不同方案中权衡，以便选取效益最大的方案或损失最小方案的方法，这种方法使决策实现了数学化、模型化和计算机化，常用的定量分析方法有：

1. 以最小/最大损益值为标准的决策。这种方法是将各种方案可能获得的最小收益值都计算出来，然后取其最大者，称为“小中取大法”；或将各个方案可能发生的最大损益值都计算出来，然后取其最小者，称为“大中取小法”。这种方法一般说来是一种比较保守的方法。

【实例应用】 某冷饮厂生产冰淇淋，在安排生产计划时可选择的行动方案如表3－2所示，企业用最小/最大损益值方法进行决策。

表 3-2 单位：元

日产量＼损益＼日销售量	700（盒）	800（盒）	900（盒）	最小收益值
700 盒	18 000	18 000	18 000	18 000
800 盒	17 000	19 000	19 000	17 000
900 盒	16 000	18 000	20 000	16 000

决策步骤：

第一步，求出各方案在各种自然状态下的最小收益值如表 3-1 所示。

第二步，对各方案的最小收益值加以比较，其中 18 000 元为最大值，所对应的方案为日产量 700 盒，故确定日产量 700 盒冰淇淋为最优方案。

2. 量本利分析法决策。量本利分析法，是根据产量、成本、利润三者之间的关系进行盈亏分析的一种数学方法。它是一种简便有效、使用范围广的定量决策方法，如生产方案的选择、目标成本预测等通常使用该方法。

量本利分析法通常首先进行盈亏平衡分析。确定盈亏平衡点时，首先按成本与业务量之间的关系，把成本划分为固定成本总额和变动成本总额两类，固定成本在一定时期是固定不变的，变动成本随着产量和销售额的变动而呈正比例变动。它表明了成本、销售量和利润之间的函数关系（如图 3-2 所示），其计算公式为：

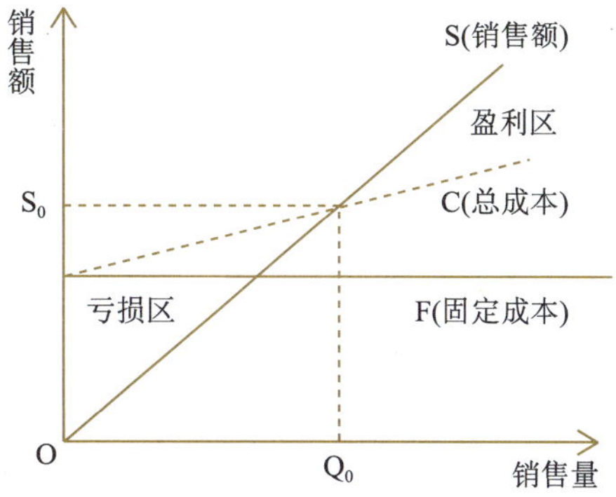

图 3-2

$$S = PQ$$

$$C = F + VQ$$

$$I = S - C = PQ - (F + VQ)$$

式中，S 为销售额；P 为销售单价；Q 为销售量；C 为总成本；F 为固定成本；V 为单位变动成本；VQ 为变动成本；I 为利润。

当盈亏平衡时，$I=0$，企业不亏不盈，则有：

$$PQ = F + VQ,\quad Q_0 = \frac{F}{P - V}$$

式中，Q_0 为盈亏平衡点产销量。当 $I \neq 0$ 时，可得：

$$Q=\frac{I+F}{P-V}$$

【实例应用】 大恒光学仪器厂生产双色水位仪，固定成本为5 000万元，销售单价为15万元/台，单位变动成本5万元。试求：（1）盈亏平衡时的销售量和销售额；（2）实现利润额3 000万元时的产量是多少？

（1）盈亏平衡时的销售量是：

$$Q_0=\frac{F}{P-V}=\frac{5\ 000}{15-5}=500\text{（件）}$$

盈亏平衡时的销售额是：

$$S_0=PQ_0=15\times500=7\ 500\text{（万元）}$$

（2）实现利润额3 000万元时的产量是：

$$Q_0=\frac{F+I}{P-V}=\frac{5\ 000+3\ 000}{15-5}=800\text{（台）}$$

3. 以损益期望值为标准的决策。这一决策多应用于风险型决策，它是以损益期望值大小来选择行动方案，这种方法也叫“决策损益表法”。

【实例应用】 东方食品厂对某种新产品的批量生产需要在三种备选方案中做出决策，它与销路的好坏有关，各种情况的收益和损失如表3－3所示。

表3－3　生产批量决策损益表　　单位：万元

自然状态 / 损益 / 行动方案	产品销路			损益期望值
	好	一般	坏	
	概率0.3	概率0.5	概率0.2	
大批量生产（方案Ⅰ）	21	12	9	14.1
中批量生产（方案Ⅱ）	16	15	10	14.3
小批量生产（方案Ⅲ）	14	13	13	13.3

第一步，计算各方案的损益期望值：

方案Ⅰ $=21\times0.3+12\times0.5+9\times0.2=14.1$（万元）

方案Ⅱ $=16\times0.3+15\times0.5+10\times0.2=14.3$（万元）

方案Ⅲ $=14\times0.3+13\times0.5+13\times0.2=13.3$（万元）

第二步，比较各方案的损益期望值，得出结论：中批量生产即方案Ⅱ是最优的方案。

4. 决策树法。这种方法是指有不同种方案，每种方案又会有几种可能出现的情况，因而会产生不同的决策效果，在进行决策时，利用树枝图形的方式进行分析选优。

决策树由结点和分枝所组成。结点有三种：一是决策结点，用符号“□”表示；二是方案结点亦称“行为结点”，用符号“○”表示；三是结果结点亦称“行为终点”，用符号“△”表示。分枝有两种：从决策结点引出的分枝称为“方案分枝”；从方案结点引出的分枝称为“概率分枝”。

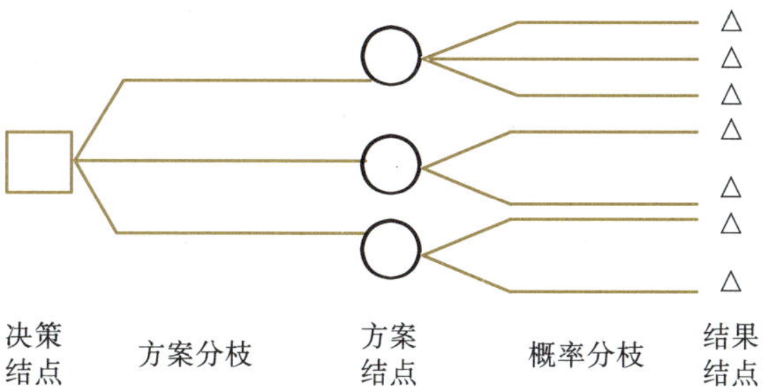

图 3－3

绘制决策图的步骤，一般是由决策点开始，自左向右展开；而计算期望值，则是由右向左逆向进行，然后按期望值的大小来选择合理的决策方案。舍弃的方案用两条平行短线截断，称为“剪枝”。

每个方案结点（行为结点）应汇总该方案所有行为的期望值，各方案的期望值 V_j 的计算公式为：

$$V_j = \sum_{i,j=1}^{n} E_{ij}P_i$$

式中，V_j 为在 j 方案结点的期望值；E_{ij} 为在 i 自然状态下第 j 方案条件下的经济收益；P_i 为在 i 自然状态下发生的概率；$E_{ij}P_i$ 为在 i 自然状态下 j 方案行为终点的期望值。

把计算所得的 V_j 值记在行为结点“○”中，然后比较各方案的 V_j 值。如最终经济效果用产值或利润等指标表示时，V_j 值最大的方案即为最佳方案；如用成本、费用表示时，V_j 值最小者即为最佳方案。

以上例决策损益的数字，来说明决策树法的应用。把计算期望值的结果用图 3－4 表示。

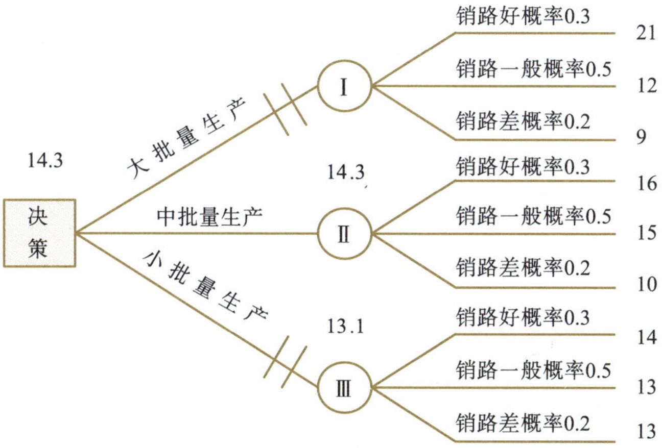

图 3－4　产品批量决策树

决策树法的关键在于行动方案可能性（概率）的估计，这种估计在某些场合是可通过对历史资料的统计来得出的，但在更多的情况下，是由决策者凭自己的经验、知识等来判断。因而在客观依据不足时，这种方法就有较大的局限性。

【活动 3－2】

活动内容：组织学生对企业进行调研，收集有关经营决策的资料和相关数据。

活动目标：根据企业的不同情况和决策的内容，使学生能够正确运用如下方法：决策的定性分析方法；以最小最大损益值为标准的决策；量本利分析法决策；决策树法进行有关决策。

案 例

“野马”决策成功

1960 年，爱奥库卡升任美国福特公司副总裁兼总经理。他观察到 60 年代一股以青年人为代表的社会革新力量正在形成，它将对美国社会、经济产生难以估量的影响。爱奥库卡认为，设计新车型时，应该把青年人的需求放在第一位。在他的精心组织下，经过多次改进，1962 年底这种新车最后定型。它看起来像一部运动车，鼻子长、尾部短，满足了青年人喜欢运动和刺激的心理。更重要的是，这种车的售价相当便宜，只有 2 500 美元左右，一般青年人都能买得起。最后这种车还取了一个令青年人遐想的名字——野马。1964 年 4 月纽约世界博览会期间，“野马”正式面市。在此之前，福特公司大肆造市，掀起了一股“野马”热。在第一年的销售活动中，顾客买走了 41.9 万辆“野马”，创下全美汽车制造业的最高纪录。“野马”的问世和巨大成功显示了爱奥库卡杰出的经营决策才能。从此，他便扬名美国企业界，并荣任福特汽车公司总裁。

项目三　企业经营计划

【学习目标】

□　了解经营计划的内容，掌握经营计划的编制、执行和控制方法。

一、企业经营计划的内容

企业经营计划，是指按照企业的经营决策所确定的方案对企业生产经营活动及其所需的各种资源从时间和空间上做出的具体统筹的安排；是经营战略和经营决策的具体实施。合理的经营计划有助于保证经营决策实施的科学、可靠及有效。现代企业生产经营管理的具体工作必须从计划开始并终于计划。

企业经营计划的内容与计划期限和形式有关。经营计划按计划期限不同，可划分为长期、年（季）度和月度计划；按计划内容可划分为产品销售、生产、成本、财务等一系列计划；按计划的形式可划分为单项计划和综合计划。因为现代经营重点在于“明天”，经营计划应以长期计划为主，形式则可采取综合形式，以便能够统筹安排和协调各方面的活动。

（一）长期经营计划

长期经营计划是指企业5年以上的长远发展规划。它是确定企业未来的发展方向、发展规模和发展水平的战略规划，是具有战略指导作用的纲领性文件。它使企业员工有长期的奋斗目标，工作安排更有远见，这对于产品开发、技术改造等项工作，尤其重要。在市场经济条件下，企业把经营战略决策放在重要地位，则长期计划也更为重要。

就企业长期经营计划的内容来看，由于期限长、涉及面广，某些因素事先难以预测准确，在编制方法上，可以“先短后长”、“远粗近细”。一般说来，其内容主要包括：

1. 生产规划，一般规定着产品发展方向和生产规模。它是企业生产经营的发展方向；是长期计划的核心，关系到企业的生存和发展；是提高企业对社会需求的适应能力的关键。主要内容包括：产品发展方向、产量、品种、质量、新产品开发、生产规模等。

2. 主要经济技术指标规划，包括盈利水平、产品成本水平、劳动生产率等。

3. 生产技术发展规划，主要包括科学研究及其项目的安排、新技术、新材料、新工艺、新设备的采用、引进和推广、生产机械化水平的提高等。

4. 技术创新和基本建设规划。包括技术创新内容和基本建设项目。

5. 生产组织、安全设施、环境保护等改进规划，包括生产组织的改进、组织结构与员工人数变化的规划等；劳动保护、安全生产与环境治理和保护等改进规划。

6. 人力开发规划，包括企业人才的挖掘和选拔、员工岗位培训，文化、技术、管理水平的提高，科技人员和管理人员的知识更新、继续教育。

7. 员工生活福利提高规划，主要是员工精神与物质生活改善和提高规划。

（二）年（季）度经营计划

企业的年度经营计划是计划年度生产经营活动的纲领。它以长期经营计划为指导，又是长期经营计划预定的目标在当年（季）度的具体化和补充。

年度经营计划的内容比较多，它有利润计划、销售计划、品种计划、科研计划、企业改造计划、生产计划、物资供应计划、劳动工资计划、成本计划、资金计划、财务计划等等。各项计划的相互关系如图4－5所示。年度计划的编制程序是以市场需求预测为依据，首先安排销售、生产计划，然后安排其他计划，要进行销、产、供、资金等方面的平衡。这个计划直接和社会、市场及用户需求相联系，它是一种决策计划，在内容及表现形式上有更大的灵活性。

（三）月度作业计划

月度作业计划是年（季）度经营计划的具体执行计划，是组织日常生产经营活动的依据。月度作业计划一般是由产品产量、机修、动力、销售、运输、物资供应、成本、利润、资金等计划所组成。

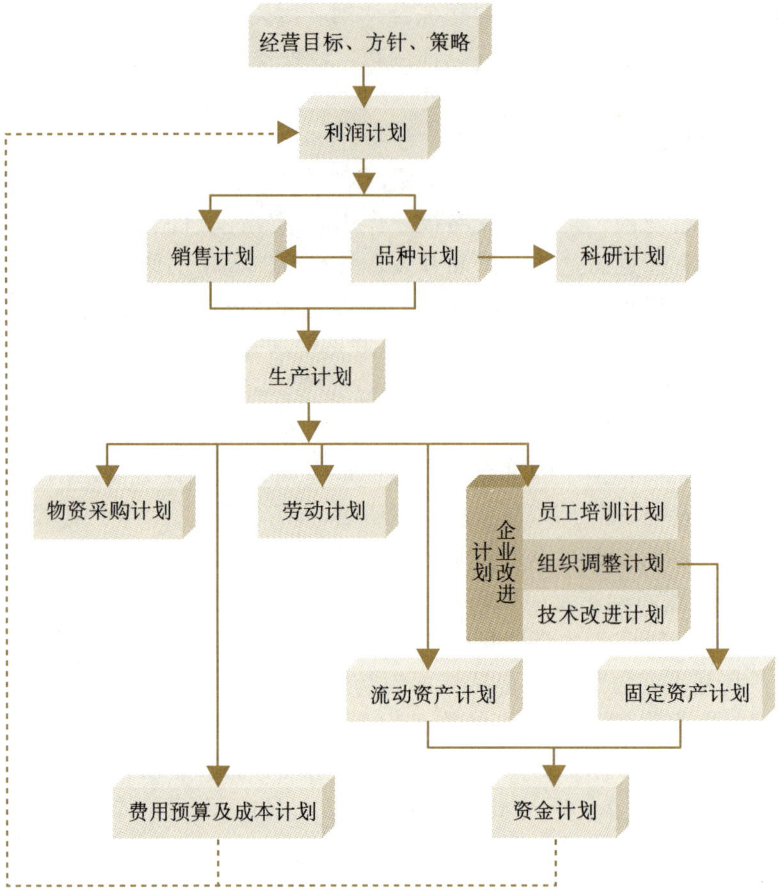

图 3－5

思考：

（1）企业长期经营计划的内容主要有哪些？年度经营计划的核心计划是什么？

（2）企业长期经营计划、年度经营计划、月度作业计划三者之间的关系如何？

二、经营计划的编制

企业经营计划无论是长期的，还是短期的，也无论是单项的，还是综合的，一般都要根据企业经营决策的要求及生产与经营的可能来编制。

（一）编制经营计划的原则

1. 适应社会需要，讲求经济效益的原则。企业经营计划的编制必须根据社会需要，对市场和企业未来的经营环境进行调查和预测，对企业的经营能力进行分析评价，对不同的可行性方案进行分析、比较、择优，把提高企业经济效益作为经营计划的核心，根据市场需求制定企业经营计划，处理好企业经济效益与社会经济效益的关系。

2. 实事求是，综合平衡的原则。计划工作中讲究实事求是，就是要从企业实际出发，量力而行，要对所确定的各项计划指标做到既要积极先进，又要稳妥可靠。

3. 严肃性与应变性相结合的原则。计划必须保持严肃性，计划一旦编制，必须严格执行。同时，因计划是规划未来的行动，必须具有适应未来和各种主客观条件变化的能力，在具体计划指标上要留有一定的应变能力。计划的应变性与严肃性并不矛盾，没有应变性，就难以发挥计划的指导作用。

（二）编制经营计划需掌握的资料

长期经营计划编制所需掌握的情报资料主要有：企业宏观环境和微观环境的调查和预测资料，如党和国家的方针、政策、科技发展方向和水平、市场需求情况等；企业经营能力分析资料，如原材料和能源供应情况、财力资源、生产能力、技术力量、产品获利能力和竞争能力等。

年度经营计划编制所需掌握的资料主要有：企业长期计划规定的年度指标、供销合同、协作合同；市场调查和预测资料；上期计划的预计完成情况；人力、物力、财力资源的保证程度；各类技术标准和技术文件；各类技术经济定额等。

（三）编制经营计划的步骤（以年度计划为例）

年度计划的编制大体分为四个步骤：

第一步，制定年度经营目标。

年度经营目标主要指经济效益指标，包括产品品种、质量、消耗、劳动生产率、实现利润、上缴税费等。其中利润指标特别重要，因为它能综合地反映企业经营的最终成果。确定经营目标是企业的重要决策，必须定得先进合理，并适当留有余地，可定出几套不同水平的目标，提请企业管理者反复审议，做出决策。

第二步，下达经营目标。

企业经营总目标初步确定后，即应分解下达到各车间、科室，要求他们根据经营总目标和本单位具体情况提出计划建议书。建议书既有本单位在计划年度技术经济指标应达到的水平，又有实施的条件和措施，还可以对企业总目标及其他具体指标提出意见。

第三步，综合平衡，核定计划指标。

综合平衡主要有：市场需求与生产能力的平衡；生产任务与设备检修的平衡；生产任务与能源、物资供应的平衡；生产与生产技术准备工作的平衡；生产与厂内外运输能力的平衡等等。在综合平衡时必然会有许多矛盾，这需要采取技术组织措施去解决，尽量使平衡的结果能达到经营总目标的要求。在此基础上，即可核定各车间、科室的计划指标。

第四步，制订经营计划。

计划部门编制综合计划，并审核汇总各有关部门编制的专门计划，报请领导批准执行。计划的编制需要较长的时间，为此，企业要合理安排各项计划开始编制的时间，规定有关科室、车间的具体分工和资料供需关系，实现计划编制工作的程序化，形成制度，坚持执行。各项计划原则上都应在计划期开始以前下达到执行单位，并且要为他们留出为执行计划所必须的一定的准备时间。

三、经营计划的执行与控制

（一）经营计划的执行

经营计划的编制，仅仅是计划工作的开始。要实现企业经营计划，须做好以下工作：增强计划观念；把经营计划的各项指标层层分解，落实到部门、车间、班组和个人，同企业推行的各种经济责任制结合起来；调整和修改经营计划等。

经营计划的一些内容不能以数量指标来表示的，例如，创名牌产品、占领市场，以及一些经营策略目标的贯彻执行，可以采取“目标管理”的方式来执行。

知识链接

目标管理及特点和步骤

目标管理是现代管理的一种科学方法，也是实施经营计划管理的一种行之有效的方法。具体来说，目标管理是企业在一定时间内，通过确定总目标和制定方针、分解目标、落实措施来取得经济效益，并达到自我控制的一种管理方法。

第一，强调以目标为中心，实现全面考核。实行目标管理要将企业的总目标，同全体职工的各自工作目标联系在一起，企业中的任何计划都要用总目标衡量。因而目标既是计划执行的依据和成果考核的工具，又是奖励的标准。

第二，它是一种整体性的管理，强调个人目标同组织目标融合一体。企业的总目标要逐级分解，各部门目标都必须以总目标为依据，方向一致，构成一个环环相扣的“目标链”。每个部门、每个人只有共同努力、相互合作、协调一致，才能完成总体系统的目标。

第三，实行“自主管理”和“自我控制”。目标管理是一种自觉性管理，目标是自上而下、上下协商、自行制定的，目标的设立者同时又是目标的执行者。在执行目标过程中，上级一般只作适当指导，更多的是让执行者进行自我控制，因而它能促使企业的员工自觉地去完成各自所担负的责任，充分调动每个人的积极性、主动性和创造性。

实施目标管理是一项细致而全面的工作，需充分调动企业员工的积极性才能完成。从方法上大致可分为四个步骤：即制定目标、分解目标、实施目标和评定成果。目标管理的各个阶段和各项工作是相互联系、相互影响和相辅相成不可分割的整体。

（二）经营计划的调整

计划确定以后，根据计划在执行中反馈的情况，总会有某些变动与调整。

调整修改计划有三种方式：滚动计划法、启用备用计划法、PDCA 计划循环法。

1. 滚动计划法。滚动计划法是一种定期调整修改计划的方法，滚动时间可长可短。长期计划一般按年度滚动；年度计划按季度滚动，每季编制一次计划，每次向前滚动一季，近期的计划部分较细，远期的计划部分较粗。例如，2014 年第四季度编制 2015 年的计划，到 2015 年第一季度则向前滚动一季即编制 2015 年第二、三、四季度及 2016 年第一季度的年度计划，其程序如图 3－6 所示。

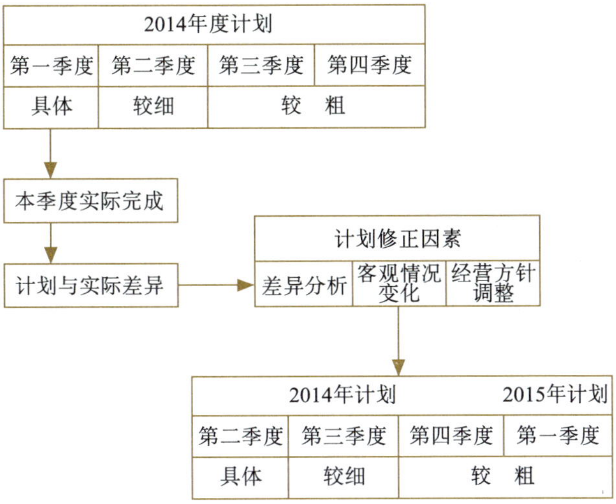

图 3－6

提示：调整修改计划有被动、主动两种情况。计划执行不下去了再被动地加以调整，则可能带来较大损失。所以应当力争主动地调整修改计划。

这种方法改变计划只编制一次的传统做法，可以使计划适应客观条件的变化，又保持计划的连续性，能较长时间起着指导实际的作用。这种方法一般用于品种结构比较稳定的企业，用于生产及销售计划的调整修改。

2. 启用备用计划法。当有些计划的变动因素不表现在产量、销售量或进度等方面，而是涉及到计划的方向、项目以至若干计划目标，滚动计划法就不适用了。在这种情况下，如果计划变动范围适合，可以采取启用备用计划方案进行调整。用这种方法调整关键是确定停止原计划，改用备用计划的时机，掌握调整时机可以避免造成更大的损失。

3. PDCA 计划循环法

PDCA 是英文 plan（计划）、do（执行）、check（检查）、action（总结处理）4 个词的第一个字母的缩写。PDCA 计划循环法就是制定好计划，组织计划有效地实施，对计划实施过程进行跟踪检查，不断总结经验和教训，处理好计划执行中出现的问题。这种程序周而复始，过程不断循环、管理水平不断提高，使计划工作越作越好。如图 3－7 所示。

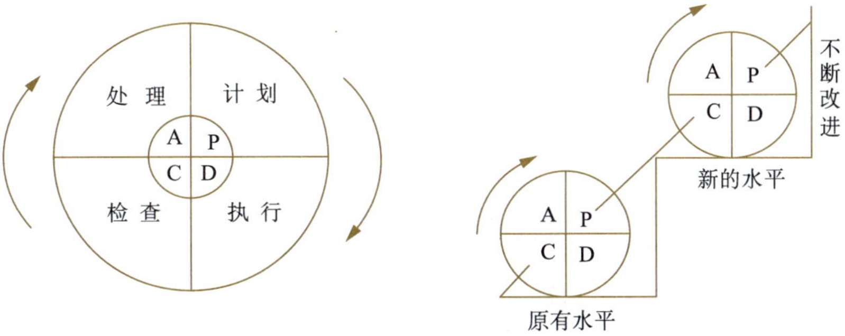

图 3－7

（三）经营计划的控制

计划控制，主要是指管理者为了保证计划执行结果能与计划预期目标一致而采取的行动。从总体来说，包括事前控制和事后控制。控制要有标准，主要的标准是各种定额、限额、加工对象的技术标准、作业计划的期量标准，以及各单位、部门、岗位的计划指标。

1. 事前控制。事前控制就是在生产经营活动发生之前按标准实行控制。例如，各单位、各部门、各种岗位人员的配备、工资支出、费用开支等，都要按定员和费用限额办事，不许超员超支。对车间实行定额领料制，事前按物资消耗定额核定领用限额，不许超额领料。对物资部门的采购人员核定采购资金限额，不许盲目采购、超额动用资金。事前控制是预防浪费、保证计划完成的有效手段。

2. 事后控制。事后控制就是在生产经营活动进行中或结束后将实际情况与标准相比较，发现差异分析原因，采取措施加以处理，总结经验，巩固成绩。在事后控制中，要保持信息畅通，下情能及时上达；要充分利用各种原始记录和核算资料。事后控制对于日后生产经营活动仍具有预防作用，同样是保证计划完成的有效手段。

计划控制的方法，应按管理层次，由上而下、由下而上实施控制。实行三级计划管理的企业、车间、班组都要对计划执行情况进行有效的控制。

班组的控制，必须依靠员工，动员他们对所执行的任务自觉控制，即主动发现和纠正偏差。还要对工人之间、工人与班组之间出现的问题进行协调，并按规定将重要的计划执行情况反馈到车间；车间的控制，以班组自我控制为基础，并根据班组反馈信息下达正确的控制指令；对班组之间、班组与车间之间出现的问题进行协调，还要将重要的计划执行情况反馈到企业。

企业的计划控制，首先对基层反馈上来的计划执行偏差，及时下达纠偏指令；其次要及时协调车间、职能部门之间执行计划中的矛盾，一般作业计划执行由生产部门负责控制，各专业计划由有关责任部门负责控制，对重大的计划执行偏差要及时报告给经理，听取执行经理的纠偏对策。

思考与训练

一、思考题

1. 什么是经营战略？其有何作用？
2. 什么是经营思想？有哪些观点？
3. 企业经营目标应包括的基本内容是什么？
4. 经营战略的宏观、微观环境分析有哪些具体内容？
5. 经营计划的内容有哪些？
6. 目标管理有哪些特点？实施目标管理有哪些步骤？
7. 某企业准备生产一种产品，并对未来5年的销售情况做出了预测，出现高需求的概率为0.3，中需求概率为0.5，低需求概率为0.2。生产这种产品，企业有两个方案可供选择：一是新建一个车间，需投资110万元；二是改建一个车间，需投资50万元。各种自然状态下年利润预测如表3－4所示，该企业可选用哪几种决策方法？分别做出哪种决策？

表3－4 单位：万元

方案 \ 自然状态	高需求	中需求	低需求
	概率0.3	概率0.5	概率0.2
新建	80	40	0
改建	60	30	15

二、实训题

实训1

生产“协和”式超音速民航客机决策失误

1962年，英法航空公司开始合作研制“协和”式超音速民航客机，其特点是快速、豪华、舒适。经过十多年的研制，耗资上亿英镑，终于在1975年研制成功。十几年时间的流逝，情况与最初设计该飞机时发生了很大变化。能源危机、生态危机威胁着地球，乘客和许多航空公司都因此而改变了对民航客机的要求。乘客的要求是票价不要太贵，航空公司的要求是节省能源，多载乘客，噪音小。但“协和”式飞机却不能满足这些要求。一是噪音大，飞行时会产生极大的声响，有时甚至会震碎建筑物上的玻璃。二是燃料耗费高。由于燃料价格增长快，运行费用也相应大大提高。这些情况表明，这种飞机的需求量不会很大，因而不应大批量投入生产。但是，由于公司没有决策运行控制计划，也没有重新进行评审，而且，飞机是由两国合作研制的，雇佣了大量人员参加这项工作，如果中途下马，就要大量解雇人员。后来两国对是否要继续协作研制生产这种飞机发生了争论，但由于缺乏决策运行控制机制，只能勉强将决策继续实施下去。结果，飞机生产出来后卖不出去，原来的宠儿变成了弃儿。

【问题与思考】

1. 英法航空公司的飞机为什么生产出来后卖不出去？
2. 一项决策在确定后，能否最后取得成功的决定因素有哪些？说明根据。

实训2

生产盒式电视录相装置决策成功

1956年，美国的一家公司发明了盒式电视录相装置，可是美国公司只用它来生产一种非常昂贵的广播电台专用设备。而日本索尼的经营者通过分析论证，看到了电视录相装置一旦形成大批量生产，其价格势必降低，许多家庭可以购买得起此种录相装置。这样一来，家用电子产品这个市场就会扩大，如果马上开发研究家用电视录相装置，肯定会获得很好的经济效益和社会效益。由于这一决策的成功，家用电视录相装置的市场一度被日本占领了90%，而美国则长期处于劣势。

【问题与思考】

1. 经营决策正确与否对企业在市场经营中有什么影响？说明根据。
2. 举例说明经营决策正确与否对企业在市场经营中有什么影响？

单元四
企业市场营销管理

引　例

微软公司在1975年成立之初，只是一家默默无闻的小型应用软件开发公司。当时，微软公司在实施多元计划后，开发出一种被称为“多用工具”的软件，这种软件在当时十分先进，强大的功能使其明显优越于其他公司的产品。在产品上市之前的研讨会上，大家都认为这款产品应该就叫做“多用工具”，在包装最显眼的地方标示出来，突出“多用工具”。但罗兰德·汉森极力反对，他是比尔·盖茨从肥皂大王尼多格拉公司挖来的营销副总裁，虽然他对软件一窍不通，但他却是个营销高手。他批评包括比尔·盖茨在内的专家根本不懂消费者的心理，他告诫比尔·盖茨，想要公司的产品在市场上站住脚，必须塑造自己的品牌，他主张微软公司所有的产品都应该只使用一个品牌——“微软”。

两种意见各有道理，软件设计师认为“多用工具”能够紧紧抓住用户的好奇心，而“微软”这个名字默默无闻，消费者并不一定认可，导致这款产品强大的功能不被人重视，很可能对销售造成巨大的影响。罗兰德·汉森则认为“微软”这个品牌虽然暂时不为大家所熟悉，但时间一长，“微软”就会家喻户晓，而如果微软公司每一个新产品都取不同的名字，消费者记住的只是“多用工具”产品名称，而对公司名称却难以留下深刻的印象。

那么，这款具有强大新功能的产品后来叫了什么名字呢？

项目一　企业市场营销概述

【学习目标】

□　了解市场分类、特点，掌握市场营销的概念、观念、内容。

一、市场分类及其特点

在市场经济条件下，企业必须按照市场需求来组织安排生产经营活动。**所谓市场是指具有特定需要和欲望，通过交换来满足现实购买者和潜在购买者需求的总和。**市场包括三个主要因素，即有某种需要的人、能满足这种需要的购买能力和购买欲望。市场这三个因素是相互制约、缺一不可的，只有三者结合起来，才能构成现实的市场，才能决定市场的规模和容量。可以用公式表示为：

市场 = 人口 + 购买能力 + 购买欲望

根据市场交换对象的性质和用途的不同，市场可以划分为：消费品市场、工业品市场、技术市场、劳务市场、旅游市场、房地产市场、金融市场等。以下主要介绍消费品市场和工业品市场。

案 例

分析市场，抢占商机

20 世纪 70 年代末，日本电视机生产厂家通过分析中国的人口、购买力和购买欲望，发现中国市场的潜在规模和容量非常大，于是果断地将黑白电视机打入中国市场，不久就获得了成功。当然，诸多方面的改进也是其成功的秘诀所在：中国民用电压与日本不同，必须将 110 伏改为 220 伏；中国若干地区电压不稳，电视机要装稳压装置；为适应中国消费者特点，电视机耗电量要低，音量要大；根据中国居民住房情况，以 12 英寸黑白电视机为主……。当时，欧洲某国电视机厂商也来中国调查，却认为中国人均收入过低，市场潜力不大，结果贻误了商机。

（一）消费品市场

消费品市场是指为了满足消费者个人和社会集团非生产性需要而购买商品的市场。消费品市场在整个市场中占有非常重要的地位，它是其他一切市场存在的基础，对实现企业的经营目标有着重大的作用。其特点主要有：

（1）消费者人数众多，涉及面广。

（2）消费者购买多属小型购买，交易量小，但购买频率高。

（3）消费者购买的流动性大，购买行为变化大。

（4）消费者的需求差异性大，消费需求因人、环境、职业、文化、收入、民族、价值观等变化而变化。

（5）消费者购买属于非专家购买，购买者大多缺乏商品专业知识，消费需求可诱导。

（二）工业品市场

工业品市场是指企业为了满足生产上的需要，实现再生产的目的而购买商品的市场。主要对象是企业生产单位。其特点主要有：

（1）购买者数目少，交易规模较大，分布相对集中，产销固定。

（2）生产者对商品的要求属于“引发需求”即生产资料的需求依赖于最后消费品的需

求情况，工业品的销售与消费品的生产密切相关。

（3）工业品需求弹性较小，购买技术性强，多属理智型专家购买。

二、市场营销的概念和作用

（一）市场营销的概念

市场营销，就是企业为实现其经营目标，在科学分析经营环境的基础上，将市场需要的商品和服务提供给消费者（顾客）的一系列经营活动。

企业应面向市场，向消费者（顾客）提供适当的产品和服务，以适当的价格、时间、地点来满足消费者的需求，只有消费者的需求得到了满足，企业才能生存和发展，才能实现其经营目标。所以，企业市场营销能力的大小是决定企业成功的核心和关键。

思考：市场营销等同于推销吗？为什么？

（二）市场营销的作用

1. 市场营销能更好满足消费者的需求，实现企业的经营目的。市场营销不是简单地推销或销售企业的产品，重要的是了解消费者的需求，按消费者的需求生产经营适销对路的产品和提供服务，满足消费者的现实需求、潜在需求等各种不同的需求。市场营销必须以消费者需求为起点和终点，才能有效地获得利润，实现企业的经营目的。

2. 市场营销能指导企业生产的安排。在市场营销过程中，可以把消费者需求及市场有关环境的变化信息不断地反馈给企业的决策系统，为企业生产经营安排提供可靠的依据。根据市场需求情况，能使企业决定生产的产品品种、质量、性能、成本、价格、供货时间等各方面与市场需要相适应。

3. 市场营销能促使企业不断提高管理水平和经济效益，充分发挥其综合性管理的重要职能。企业管理是一个系统工程，而市场营销管理则是各项管理的核心和关键。企业只有充分认识、了解市场，才能掌握市场经营规律。企业的各项管理工作围绕市场营销而展开，市场营销管理工作要求企业各方面的管理水平不断提高，以适应企业的现代管理的需要。

三、市场营销的内容

1. 市场调研工作。企业市场营销的基础工作就是市场调研工作，进行市场调查和市场预测，掌握市场需求状况及其变化趋势，了解市场供给情况，掌握竞争对手的动向和竞争变化趋势，积累销售基础资料，搞好市场营销情况统计。根据市场信息和历史统计资料，进行市场预测。

2. 目标市场选择工作。在市场调研的基础上，对市场情况进行全面分析，细分市场确定企业的目标市场；制定开辟、占领和扩大市场的经营战略和策略。

3. 产品的销售工作。根据市场调查取得的需求信息，及时向技术开发和生产制造部门，提出开发和生产适销对路的新产品建议，企业同时制定有关产品开发的战略和整体产品设计、产品的定价、选择销售方式和销售渠道。

4. 产品的促销工作。确定适合企业产品特点和经营实力的各种有效促销手段。如人员推销、广告、营业推广、公共关系等具体的促销实施策略。

5. 物流管理工作。物流管理是市场营销的基础工作之一，市场营销要求物流管理主要做好两方面的工作：一是组织管理好产品的入库、存储、保管、出库和库存控制等项具体工作，二是根据销售的实际需要作好产品运输工作，通过物流管理工作保证销售产品的供需平衡。

6. 客户服务管理工作。客户服务管理工作在市场营销工作中是非常重要的，首先，要热情地承接客户的订货，与其签订合同，加强合同的管理，认真地履行合同，做好售前、售中、售后的各种服务工作，制定有效的客户服务战略。其次，做好客户关系管理工作，对客户有关信息进行搜集、整理、分析、研究，区分出重点客户和一般客户，并根据客户的不同需求，调整企业的销售业务流程，为客户提供优质的、多样化的、差异化的产品和服务，以保证客户较高的满意度和保持对本企业和产品的忠诚度。

思考：营销观念与推销观念的区别在哪里？

四、市场营销观念

市场营销观念是指企业在市场营销活动中的指导思想，也称“经营哲学”。市场营销观念概括了一个企业的经营观点和经营思维方式，集中表现了企业以什么经营思想去开展生产经营活动，确立企业的经营行为模式。市场营销观念的正确与否直接关系到营销活动的成败和企业的兴衰。

相关链接

传统的市场营销观念与现代市场营销观念的主要区别

- 传统的市场营销观念：市场营销的中心是企业，消费者处于次要地位，企业以生产、推销产品为主，重生产、轻营销，以产定销。
- 现代的市场营销观念：市场营销的中心是消费者，要以消费者需求为导向，以产品适销对路为核心，以销定产，开展整体市场营销活动。

（一）现代的市场营销观念

1. 市场营销观念。市场营销观念是：企业以市场需求为导向，消费者需要什么就开发、生产、销售什么产品。市场营销观念把消费者的需求作为企业生产经营的出发点，按消费者的需求去组织企业的生产经营，强调消费者至上，想消费者之所想，急消费者之所急。

在市场营销观念的指导下，企业主动地进行市场调查，预测消费者需求发展变化的趋势，掌握消费者的多样化、个性化的需求，积极开发和研制消费者所需要的新产品。企业的主要目标不是追求短期的销售量的增长，而是着重长期的市场占领和不断提高市场占有率，争取消费者满意度的最大化，在消费者满意中扩大市场，实现企业的最大利润回报。

2. 社会营销观念。这是在市场营销观念的基础上出现的新观念，是市场营销观念的发展。市场营销观念是处理企业与消费者关系的正确观念。但是，市场营销观念虽然满足了消费者目前的需要，却忽视了其长远利益和社会利益。一些企业为了满足消费者的短期利益而导致了资源浪费，环境污染，生态破坏，严重地破坏了人类赖以生存的环境，给社会的长远发展带来了严重威胁。这些，使人们认识到单纯的市场营销观念也存在着缺陷。在 20 世纪 70 年代，社会营销观念应运而生。

案 例

人性营销——“猫”说了算

有一次，有国王让两个工匠比赛雕刻老鼠，第一个工匠雕刻得栩栩如生，第二个工匠雕刻的老鼠则不是很像。当国王准备宣布第一个工匠获胜时，第二个工匠提议让猫来鉴别谁雕刻的老鼠最好。结果，猫喜欢第二个工匠雕刻的老鼠，因为它是用鱼骨雕刻的。

企业间的市场竞争也是如此。那些成功的企业并不一定是技术水平最高的，但却是最了解“猫”的需求的。企业的最终目的，是满足客户的需求。只有理解猫的心态，用猫（客户）的视角去观察什么样的老鼠（产品）为其最爱，用猫的行为方式去营销这只“老鼠”，才能让客户第一时间喜欢上这只“老鼠”。这便是人性营销的精髓。

所谓社会营销观念就是企业在生产经营中不仅要满足消费者的目前利益，而且要满足消费者的长远利益和社会利益，实现消费者、社会、企业三方利益的统一。如汽车制造厂生产出尾气排放达到要求的汽车，既满足了消费者的需要，又符合社会的长远利益，同时又使企业获利。

【活动4－1】

活动内容：

组织学生实际参观考察一个生产企业，了解企业市场营销的基本情况，对企业的市场营销情况进行分析。企业的市场营销情况如何，属于哪类营销观念？企业是否以消费者需求为中心？企业是如何进行市场营销的？

活动目标：

使学生对市场营销在企业管理中的重要意义有一定的认识，理解市场营销和市场营销观念的概念。

（二）现代营销观念的新发展

随着市场营销观念和社会营销观念的确定以及社会经济的不断发展，现代营销观念也在深化和发展。具体表现形式是：

1. 大市场营销观念，是指企业为了成功地进入贸易壁垒很高的封闭型或保护型的市场，需要协调使用经济、心理、政治和公共关系的手段，以赢得可以阻止企业进入市场的个人或团体的合作与支持的市场营销策略。

2. 整体市场营销观念，是指企业从长远利益出发，企业的市场营销活动应包括构成影响企业营销环境所有的重要行为者，包括供应商、分销商、最终顾客、政府、同盟者、竞争者、传媒、公众等。整体市场营销观念是对市场营销观念的进一步完善，强调企业应该重视长远利益。

3. 服务营销观念，是指企业在营销过程中，不仅提供物美价廉、适销对路的产品，而且还要求提供最佳的与营销有关的各种服务。服务营销观念有利于树立企业的良好形象，提高消费者的满意度，增强企业的核心竞争力。

4. 其他营销观念。包括：绿色营销观念、网络营销观念、循环经济观念、明智消费观念等。

知识链接

绿色营销的兴起和实质

1987 年，联合国环境与发展委员会发表了题为《我们共同的未来》的宣言，绿色营销观念由此诞生；1992 年，联合国环境与发展大会通过的《21 世纪议程》中强调，“要不断改变现行政策，实行生态与经济的协调发展”，为绿色营销理论推行奠定了基础。

绿色营销强调企业在进行市场营销活动时，要努力把经济效益与环境效益结合起来，尽量保持人与环境的和谐，不断改善人类的生存环境。

项目二　市场开拓与市场细分

【学习目标】

□ 掌握市场细分的概念、意义、步骤以及影响市场细分的因素，在市场细分的基础上学会选择目标市场和进行市场开拓。

一、市场细分

（一）市场细分的概念

市场是广泛多样而复杂的，任何一个企业面对一个大市场，都不可能满足该市场所有消费者的所有需求。这是因为：一方面，消费者的需求复杂多变，各人、各地区的需求差异很大；另一方面，一个企业的能力总是有限的，很难“包打天下”。所以企业必须根据自身的特点、优势，集中力量占领适当的、力所能及的目标市场。而企业要有效地选择目标市场，就必须对市场进行细分。

市场细分，就是从消费者需求出发，用一定的标准根据消费欲望与消费需求的差异把总体市场划分为若干个具有相同消费需求的消费者群体，每个消费者群体就组成一个细分市场。企业对整体市场经过细分之后，即可以从中确定一个或几个子市场作为自己的经营对象，也称做企业的“目标市场”。

（二）市场细分的意义

1. 市场细分有利于掌握不同消费者的需求特点，正确地进行产品开发和市场开发。不同消费者的对产品的功能、质量、价格、包装、服务等，会提出不同的要求。企业通过市场细分可以掌握不同消费者的特殊需求，有的放矢地进行产品开发和市场开发。

2. 市场细分有利于掌握市场分布情况，发现市场机会，提高市场占有率。因为企业通过市场细分，可以了解不同购买群体的需求情况和目前的满足程度，企业在满足程度低的子市场上，发现适合本企业的市场机会，这对中小企业尤为重要，可以使其见缝插针、拾遗补缺，在市场竞争中得以生存和发展。

3. 市场细分有利于企业确定重点目标市场。企业通过市场细分，可以确定哪些消费者（用户）是企业的主要市场，哪些是次要市场。主要市场是否能够巩固和扩大，次要市场将来能否增加需求，经过分析后，就能把企业在今后一定时期的重点目标市场确定下来，掌握企业的主攻方向，明确企业的经营重点。

4. 市场细分有利于企业用最少的经营费用取得最大的经营效益。因为企业通过市场细分，可以根据目标市场需求的变化，及时、正确地调整产品结构和市场营销组合，集中使用企业的资源，以最少的经营费用取得最大的经营效益。

案 例

杭州牙膏厂的重新崛起

20 世纪 80 年代，我国因牙膏产业发展过剩而爆发了全国性的牙膏大战，牙膏行业中约有 2/3 的企业亏损或经营困难，杭州牙膏厂便是其中的一家。后来，该企业应用市场细分，发现儿童牙膏市场是一个潜力巨大且几乎处于空白状态的市场，于是果断决策，开发出品牌为“小白兔”的儿童牙膏，迅速占领了儿童牙膏市场。当年扭亏为盈，且连续多年盈利。

（三）影响市场细分的因素

要正确地细分市场，首先必须了解影响市场细分的因素。由于消费品和工业品的购买者不同，因此市场细分的标准也就有所不同。

1. 影响消费品市场细分的因素。

（1）地理环境因素。地理环境主要包括：区域、气候、地形、城镇大小、交通条件、人口密度等。这些因素在很大程度上影响着消费者的差异性。如根据区域、气候的因素把服装市场划分为南方热带服装市场、北方寒带服装市场等。

（2）人口因素。这是影响消费品市场细分的主要因素，因为人口是构成市场最主要的因素。主要包括有：性别、年龄、人口老龄化、家庭人口多少等。如根据人口因素把服装市场划分为青年服装市场、中年服装市场、老年服装市场等。

（3）社会环境因素。社会环境因素主要包括：职业、文化程度、宗教信仰、民族、风俗习惯。这些因素构成消费者需求的差异，也是市场细分的标准之一。如根据风俗习惯因素把餐饮市场划分为粤菜、川菜、鲁菜、淮阳菜等。

（4）经济因素。主要是指收入水平，特别是收入中的可支配收入和可任意支配收入的多少，往往是决定购买不同消费品的重要因素。如根据经济收入水平因素把市场划分为高档产品市场、中档产品市场、低档产品市场等。

（5）购买因素。主要包括：消费者购买动机、购买习惯、购买状态、购买频率、对价格的敏感程度、对品牌的忠诚度等。如根据购买习惯因素把市场划分为便利品市场、选购品市场等。

（6）消费者的心理、性格因素。在地理环境和人口状况基本相同的条件下，消费者的心理、性格等因素也会构成其消费需求的差异。如有的求名、求廉、追求时髦等。因此，消费者的心理、性格也是细分市场的因素之一。

2. 影响工业品市场细分的因素。

（1）用户的性质。指企业的类别，这是影响工业品市场细分的基本因素。如工业可分为冶金、电力、燃料、化工、机械、纺织、食品等行业。按行业类别进行市场细分主要是分析本企业的产品对何种工业可能具有最大的价值，何种工业最需要本企业的产品。

（2）用户的规模。同一性质不同规模的用户对同一生产资料购买量有大有小，即有大用户单位与小用户单位之分，企业对大用户、小用户可采用不同的营销策略。

（3）用户的地理位置。一个国家和地区的工业布局是根据自然条件、交通条件、气候和历史传统等因素形成的，企业可以根据自己的技术、设备等状况按用户的地理位置来选择目标市场。

（4）产品的最终用户。不同的最终用户对产品有不同的需求，这可以作为企业细分市场的标准之一。如晶体管制造商可将市场按最终用户的不同分为军用、工业用、民用等。

（四）市场细分的要求

为了使经过细分后的市场能成为企业有效的目标市场，市场细分应做到具有可衡量性、可接受性、效益性、稳定性和动态性。

1. 可衡量性，是指细分市场的标准和细分后的市场是可衡量的。即细分的标准必须清楚明确，容易辨别，市场的容量、规模、潜力能够计量和测算。

2. 可接受性，是指经过细分的市场，企业现有的可利用人力、物力、财力可以有能力去占领。消费者能有效地了解企业的产品，并能通过各种销售渠道购买到产品。

3. 效益性，是指在细分后企业选中的目标市场有适当的规模和发展潜力，可以取得良好的经济效益。能保证规模与发展相适应，不仅要保证企业短期内盈利，还必须使企业保持较长时期的经济效益和发展潜力。

4. 稳定性和动态性，企业细分市场所选定的目标市场还应做到保持一定的稳定性，使企业制定较长期的市场营销策略，不致遭受市场突然变化带来的风险；但随着影响市场细分的主要因素发生变化，企业的细分市场标准也要随之变化，使市场细分在一定条件下呈现出动态性。

（五）市场细分的步骤

第一步，选定产品市场范围，确定目标市场。选定产品市场范围就是明确企业的任务、目标，以市场未满足需求为依据，来确定企业的产品目标市场。

第二步，分析消费者的需求，按市场细分的标准进行细分市场。分析消费者的需求时可以从其基本需求、不同需求、共同需求等几个方面的需求特性进行分析，分析消费者需求的差异，找到若干个具有相同需求特性的消费者群。在需求分析中，要注意现实和潜在消费者，特别是注重对潜在消费者需求特性的分析。

第三步，为细分市场定名。根据消费者的不同特点，划分为相应的细分市场，并赋予一定的名称，从名称上体现消费者群，即目标市场的需求特性，如服装市场中的“城市青年高档女时装”。

第四步，进一步认识各细分市场的特性，对细分市场进一步进行细分或合并。由于市场因素具有动态性，因此对已经细分的市场的不同需求和不同的购买行为做进一步的分析，了解进入细分市场的新因素，重新划分和命名细分市场，使企业不断地适应市场的变化。

第五步，选择和确定目标市场。根据已经细分市场的大小、潜力、获利水平、企业的适应能力等因素，选择和确定目标市场。

二、目标市场的选择

市场细分使企业掌握了市场分布情况和挖掘市场机会，之后，企业要对细分的市场进行评估，确定准备为哪些细分市场服务，也就是确定企业的目标市场。

（一）目标市场的条件

目标市场是那些既能发挥本企业优势，又能满足消费者需求，并能取得良好经济效益的产品销售市场。成为目标市场的条件主要有以下几个方面：

（1）消费者的数量足够并且具有购买力。这是形成目标市场的首要条件。

（2）消费者的需求还处于不满足状态。

（3）市场未被竞争者完全控制，或没有竞争者，市场竞争不激烈。

（4）本企业在这个市场上具有明显的优势。

（5）社会、经济、政治和自然条件等方面的发展变化，能够给目标市场的不断扩展带来更多有利条件，而不会造成障碍和突变。

（二）目标市场的选择步骤

第一步，确定企业的营销目标。这是选择目标市场的前提，是企业决定生产什么、销售什么、为谁生产的问题。所以企业必须首先确定从事何种产品或劳务的营销。

第二步，目标市场的评估和确定。市场细分后，企业面对着许多细分市场，企业究竟选择哪一个或几个子市场作为自己企业的目标市场，这就要对目标市场进行评估。目标市场评估就是结合企业的实际条件，企业可以进入和有能力经营的细分市场，同时对各个细分市场的容量和较长时期企业的销售量进行估计和预测。通过对目标市场的评估，从中选出最有市场潜力和最有经济价值的细分市场确定为企业的目标市场。

（三）选择目标市场的注意事项

1. 市场面的多与少、大与小。企业大、实力强，则可以选择市场容量大一些、细分市场多一些的方案；反之可以选择市场容量小一些、细分市场少一些的方案。

2. 重点市场和一般市场。任何企业在选择若干目标市场时都要确定重点市场，并集中企业的人力、财力、物力对其进行开发、巩固，在保证重点市场的前提下兼顾一般市场。

3. 本地市场和外地市场。企业大、实力强，则可以同时选择本地市场和外地市场；企业小、实力弱的可以根据市场的竞争状况，选择适宜企业进入和发展的本地市场或外地市场。

4. 当前市场和长远市场。企业必须经营好当前市场，完成企业的近期销售目标；同时关心和重视长远市场的培育，做好长远市场的规划和布局。

测 试

结合实际谈谈选择目标市场应该注意哪些方面？

（四）目标市场的策略

1. 目标市场策略类型。

（1）无差异市场营销策略，是指企业在市场细分之后，不考虑细分市场的个性，只重视市场的共性，推出单一的产品或服务来满足消费者需求的一种目标市场策略。如盐业企业生产食盐时认为消费者的需求是无差异的，因此，生产出单一食用精盐品种来满足消费者的共同需求。

（2）差异市场营销策略，是指企业从许多细分市场中选择两个以上或更多的细分市场作为目标市场，设计不同的产品和服务，有针对性地开展营销活动，来满足消费者需求的一种目标市场策略。例如，糖业生产企业针对不同需要，生产白糖、红糖、姜糖、阿胶糖等。

（3）密集性市场营销策略，是指企业集中全部力量，以一个或少数性质相同的子市场作为目标市场，实行专业化生产和销售，使企业在一个较小的市场上得到较大的市场占有率。例如，食品厂专门生产无糖食品。

2. 选择目标市场营销策略类型的决定因素。

（1）企业资源能力。如果企业实力雄厚，管理水平高，根据产品的不同特征可以采用差异市场营销策略或密集性市场营销策略；如果企业资源不足，最好采用密集性市场营销策略。

（2）产品特点。产品差别性不大，如大米、食用油等，可以采用无差异市场营销策略；如果产品的需求差异性大，如服装、食品等，可以采用差异市场营销策略或密集性市场营销策略。

（3）市场特点。如果消费者的市场需求和爱好比较接近，购买行为对销售没有大的差别，可以采用无差异市场营销策略；相反，如果市场需求的差异性大，消费者挑选性强，可以采用差异市场营销策略或密集性市场营销策略。

（4）产品生命周期。产品投入期，市场竞争对手少，可以采用无差异市场营销策略；产品进入成熟期，市场竞争激烈，就应该可以采用差异市场营销策略，以利于开拓新市场，扩大产品的销售，或者采用密集性市场营销策略，以保持原有市场，延长产品生命周期。

（5）竞争对手的营销策略。如果竞争对手实力强大，并且实行了无差异市场营销策略，一般来说，可以反其道而行之，采用差异市场营销策略或密集性市场营销策略。如果竞争对手实行了差异市场营销策略，则应顺其道而行之，进一步实行更大的差异市场营销策略或密集性市场营销策略。

案 例

雀巢公司的差异性目标市场策略

瑞士雀巢公司为了适应不同消费者的口味，针对四种消费者制作了不同的咖啡品种：为特殊口味的消费者制作的金牌咖啡；为嗜好重口味的消费者制作的特浓咖啡；为满足爱喝咖啡却嫌弃咖啡因的消费者制作的不含咖啡因但又保留了咖啡原味的特制咖啡；为那些喝不惯苦涩咖啡的人制作的用玉米糖、植物油、乳脂等合成的咖啡知己，冲在咖啡中，让人感到甜润适口。

三、市场开拓

（一）传统市场开拓策略

确定了目标市场，并不等于是企业市场的实现。要把目标市场变成企业已经占领的现实市场，还须制定开发市场的策略。具体包括：

1. 产品市场定位策略。产品市场定位是指企业为了实现特定的经营目标，根据目标市场上的需求特点、竞争对手情况、企业自身条件，为企业及其产品在该市场上确定一个适当位置，有目的地树立本企业产品形象和特性的过程。根据本企业产品在市场上的竞争状况，具体有以下几种策略：

（1）避强策略。企业在产品市场定位时避开强大的竞争对手，选择那些不为强大对手注意的目标市场，投放本企业产品，树立本企业产品形象，站稳脚跟，扩大影响。这种策略风险小，成功率高。

（2）雷同策略。企业在产品市场定位时采取与竞争对手相同的策略。采取雷同策略的条件主要是：本企业的实力雄厚、目标市场的需求量很大。

（3）超强策略。企业产品市场定位时不仅选择与强手相同的市场定位，而且要超过竞争对手，使本企业产品处于更强有力的竞争地位，树立本企业比竞争对手更好的产品形象，更高的市场占有率。

2. 进入市场空间策略。在企业选择多个目标市场的情况下，进入市场顺序有以下几种：

（1）先近后远策略。先进入本地目标市场，然后逐步进入到外地或比较远的目标市场；

（2）先远后近策略。先进入到外地或比较远的目标市场，然后进入本地目标市场；

（3）齐头并进策略。如果企业的实力雄厚、产品独具特色，吸引力大的情况下，可以本地、外地的目标市场一起进入。

3. 进入市场时间策略。在目标市场确定之后，什么时间进入目标市场，根据企业面临的不同情况有以下几种：

（1）提早进入市场。企业可以抢先将本企业的新产品进入目标市场，先入为主，抢占市场。

（2）较晚进入市场。在竞争对手迟迟没有新产品投入市场，本企业的老产品市场销路又很好的情况下，本企业的新产品可以较晚一点投放目标市场，以便使老产品为企业做更多贡献。

（3）适中进入市场。根据消费者购买力的情况选择本企业产品的投放时机。在消费者已经有足够的购买力的条件下，新产品适时投放市场，容易畅销。

（二）新形式下的市场开拓

在市场经济快速发展的今天，国内、国际市场的竞争更为激烈，特别是在高新技术、网络信息技术迅速发展的今天，市场的开发、占领、扩大难度加大，企业必须认真地研究国内、国际市场开拓的新思路、新方法、新对策。在新形式下，市场开拓的方法主要有：

1. 直复营销，是指企业为了产生可度量的反应和达成交易，使用一种或多种广告媒体以扩大市场所进行的市场营销活动。直复，即直接、回复的意思。它通过电话、邮购、回复卡等，实现企业营销人员直接与消费者双向信息交流和沟通，使企业能够及时地根据消费者的需求信息，做出营销决策，提高营销效率，来满足消费者的需要，从而开辟新的市场。

2. 消费者满意营销，是以顾客为中心，以达到消费者满意为目标而开展市场营销活动。这种营销活动的重点目标是消费者满意度，包括：物质满意、精神满意、社会满意。由于消费者的满意度高，从而会提升其对本企业的忠诚度，进而会扩大企业的市场。

3. 品牌营销，是企业利用自主品牌，发挥其品牌特性识别、促销作用、形象树立和产品增值等功能，吸引和满足消费者的需要，提高消费者的满意度和忠诚度，以达到巩固和扩大企业市场目的的市场营销活动。品牌是企业的无形资产，是企业的自主知识产权，品牌营销能更好地树立企业形象，创企业品牌效应，营造品牌优势，提高企业的核心竞争力，特别是在新形势下对企业开发、占领、扩大市场有着非常重要的现实意义和作用。

4. 关系营销，是企业把消费者看作是有多重利益关系、多层需要、存在潜在价值的对象，不断去发现和满足消费者新需求，帮助消费者实现和扩大价值，与消费者建立一种长期的良好关系基础，培育长远市场的营销活动。关系营销必须通过各种信息媒体，尤其是信息网络，建立与消费者的信息沟通，进行双向交流，增进了解，这是关系营销的本质特征。企业在与消费者的交流沟通中掌握其需求，可以有针对性地进行产品和服务的开发、生产、经营，满足消费者的新需求，并把消费者变成企业的长期朋友和合作的伙伴，巩固现有市场，培育企业的长期市场。

5. 文化营销，是指企业以提高消费者满意度为追求，以员工共识的价值观为基础，寻求消费者所接受的价值信念，确立企业品牌文化的市场营销活动。开展文化营销，首先企业要培育和创造全体员工共识的核心价值观，将其凝结在品牌中，通过为消费者提供的产品和服务传递给消费者。其次，企业在产品的开发设计中，不断提升产品文化内涵，使消费者在使用产品和服务的过程中潜移默化地感受品牌文化的熏陶，提升消费者的文化品位。通过文化营销，使消费者购买产品后获得产品文化，满足消费者的审美心理需求，达到实现企业以文促销的目的。

6. 绿色营销，是指企业在生产经营过程中确立环境保护、生态平衡的意识，从产品的设计、生产、营销、废弃物的处理方式，直到产品消费过程中，按照有利于环境保护、生态平衡，实现企业可持续发展的、长远性的方式进行市场开拓的市场营销活动。

首先，企业应确立绿色生产观念和绿色营销观念；其次，企业要积极开发、生产和营销有利于保护生态环境的绿色技术和绿色产品；再次，企业要搜集有关环保法律法规和环保政策信息，掌握消费者绿色需求的信息，满足消费者对绿色技术和绿色产品的需求，实现企业、消费者和社会三者之间利益的统一与和谐；最后，企业要实施绿色营销组合，以绿色和环保在市场竞争中取胜。

7. 整合营销，是使企业兼顾企业、消费者和社会三方共同利益，更好地协调企业内、外系统的关系和活动，以动态的观念，重视消费者的特点，努力把各种营销技巧、营销手段相互结合优势互补，发现潜在的市场，创造新的市场，具有长远性的市场营销活动。

"整合"即综合、结合为一体的意思。整合营销要做到：

（1）要求整合营销理念，确立兼顾企业、消费者和社会三方利益，协调企业内、外系统的关系和活动。

（2）以消费者为导向，整合各种营销技巧、营销手段，形成合力，为实现企业的营销目标服务。

（3）整合企业各部门的力量，协同作战，满足消费者的需求，给消费者创造实实在在的价值和利益。

（4）进行动态的产品定位、市场定位、形象定位，主动地满足消费者动态变化的需求，努力发现潜在的市场，创造新的市场。

（5）整合营销要强调产品的整体概念。

8. 网络营销，是指企业以因特网为核心，利用计算机处理信息，进行市场环境分析、营销情报、物流流程管理、辅助营销决策，开展电子商务活动，实现营销目标所做出的长远性的市场营销活动。以因特网为核心支持的网络市场营销将成为现代市场营销的主流。

【活动 4－2】

活动内容：

在活动 4－1 组织学生实际参观考察一个生产企业的基础上，了解企业市场营销的基本情况，对企业的市场细分情况进行分析。企业的市场细分情况如何，有根据的提出市场细分的改进意见。

活动目标：

使学生理解市场细分的目的，并基本掌握市场细分的方法。

项目三　企业市场营销策略

【学习目标】

□　掌握企业市场营销的产品、价格、销售渠道、促销以及国际市场营销的策略。

一、产品策略

（一）产品整体概念

所谓产品，是指能提供给市场满足人们某种欲望和需要的商品及服务。它包括五个层次：

1. 核心利益层次。是指产品能够提供给消费者的基本效用或益处，是消费者真正想要购买的基本效用或益处。如消费者购买手表最基本的效用是准确地计时；购买手机最基本的效用是即时通讯。

2. 有形产品层次。它是核心产品借以实现的形式，即向市场提供的产品实体和服务的形象。在市场上的表现形式主要为产品的质量水平、外观特色、式样、商标和包装等。如消费者购买服装除了要求遮体御寒外，还要求质量水平、外观特色、式样、商标和包装等。

3. 期望产品层次。不同的消费者可能对产品的要求不一样，因此产品的设计和开发必须满足顾客这种个性化的消费需求。这种顾客在购买产品前对所购产品的质量、使用方便程度、特点等方面的期望值，就是期望产品。

4. 延伸产品层次。是指消费者在购买和使用产品过程中所能获得的产品以外的利益。如产品知识介绍、使用技术培训、维护与修理及销售前后的各种服务和保证等。

5. 潜在产品层次。是在延伸产品层次之外，由企业提供的能满足顾客潜在需求的产品层次，它主要是产品的一种增值服务。在高新技术发展日益迅猛时代，有许多潜在需求和利益还没有被顾客认识到，这需要企业通过引导和支持更好地满足顾客的潜在需求。

提示：消费者购买商品的实质是为了满足自己的某种欲望，而不是商品本身。企业在向市场提供产品时，要首先考虑消费者购买商品时所追求的核心利益——满足自己的某种欲望。

（二）产品组合策略

企业根据市场需求和自身条件来决定其生产经营范围，往往不可能只生产和销售一种产品，通常是由多种产品组成它的生产经营范围。**所谓产品组合，是指企业生产和经营的全部产品的结构。**产品组合的基本因素有产品广度、深度和关联性。

- 产品广度也叫产品线，是指一个企业生产经营产品系列数目的多少，即具有相同的使用功能，而规格型号不同的一组类似的产品项目。产品项目是同一产品系列中的价格、型号等属性有别的不同产品。
- 产品深度是指在各个产品线中的产品项目的多少。
- 产品关联性是指各产品线之间，在最终用途、生产条件、分销渠道或其他方面的相关程度。

产品组合策略，是指企业根据目标市场的需求，对产品组合的广度、深度和密度所做出的决策。主要有：

1. 扩大产品组合策略，这种策略主要是增加产品组合的深度和广度，即企业根据市场需求和自身实力等情况，增加产品线和产品项目，以扩大经营范围，适应多种需求，增强企业经营的稳定性，分散企业风险。

2. 缩减产品组合策略，就是企业根据实际经营情况收缩和削减产品线、产品项目。这种策略可以使企业集中力量以较少的产品获取较多的利润。

3. 高档产品策略和低档产品策略，高档产品策略就是增加高档、高价产品项目，以提高现有企业产品的声望，增加产品的销量，如海尔集团的高档产品策略的应用。低档产品策略，就是在高档产品线中增加廉价低档商品项目，利用高档名牌产品声誉吸引购买力较低的顾客，慕名购买这种低档价廉的商品。

（三）产品寿命周期策略

产品寿命周期有投入期、成长期、成熟期、衰退期四个不同阶段。企业要根据不同时期的特点，在营销中采用不同的市场策略。

1. 投入期的市场策略。这时期企业市场策略的重点在于如何使产品及早扩散出去，被消费者所接受。可采用多种形式开展促销活动，以加强消费者对新产品的认识，增强其购买欲望；也可采用适宜的价格策略，使产品容易进入市场，其中一般产品宜采用低价策略，新奇产品也可采用高价策略；还可利用多种渠道，尽快打开产品销路；同时应加强市场调查，注意信息反馈，了解消费者意见，进一步完善产品结构，提高产品质量。

2. 成长期的市场策略。这时期企业可进一步提高产品质量，在产品性能、式样、包装等方面努力改进，以提高产品的竞争能力；也可广泛开拓销售渠道，建立经销制度，扩展市场；改变广告宣传的重点，从介绍产品转向建立产品形象，突出品牌、商标的宣传，力争创出名牌；在大量生产的基础上，选择适当时机，尽可能降低价格，进一步吸引顾客，防止竞争者进入。

3. 成熟期的市场策略。这时期企业可通过增加产品的功能和用途来增加消费量；同时可扩大服务项目，以进一步吸引老用户和争取新用户；进一步研究消费心理，增强产品的吸引力，如改进产品的外观式样、包装设计、提高产品的艺术性等。扩大销售渠道，寻求新市场也是成熟期的市场策略之一。

4. 衰退期的市场策略。这一阶段产品将被新的产品取代而趋于淘汰，企业应有预见地"转"，即转移目标市场，改变销地，开拓销路；或有计划地"撤"，没有市场销量的迅速撤掉产品线，还有一定销量的逐步减少其产量，有计划地撤出市场。

相关资料

以销售增长率来判断产品的生命周期

国外的一些营销学者提出了界定产品生命周期各阶段的经验数据：在导入期，销售增长率不稳定；增长率大于10%进入成长期；增长率在 -10%和10%之间为成熟期；如果消费增长率小于 -10%时，则进入衰退期。

（四）产品商标策略

商标是企业生产经营的商品和服务的标记，经商标管理部门注册登记后享有名称和标志的专用权。商标一经注册就受到法律的保护。

商标可表示商品的出处，方便顾客识别购买和区别不同的生产者；具有促进商品销售和维护生产者利益的作用；商标也是商品质量的象征，通过商标可以监督企业保持和提高商品质量；商标还是广告促销的一种手段；商标还可起到创立品牌产品的作用，能在市场竞争中占有优势并能给企业带来较大的经济效益。

产品商标策略主要有：

1. 有商标与无商标策略。市场销售的大多数商品都使用商标。一般来说，没有商标的商品难以取得消费者的信任，但如电力、钢材等无差异性的商品也可以不使用商标。

2. 生产者与销售者的商标策略。一般商品在市场销售中均使用生产者商标，有利于推动生产企业的品牌，并树立其形象和良好的信誉。但是在市场销售商品也可以使用销售者的商标，采用销售者的商标时，往往是销售企业有良好信誉和企业实力强于生产企业。

3. 统一商标与单一商标策略。统一商标策略是企业将全部产品使用同一个商标，能节省商标费用，容易使产品进入目标市场，扩大企业声誉。采用统一商标策略的往往是该商标在市场上已获得一定的声誉，而且产品的价格，品质相近。单一商标策略就是企业的各种产品分别采用不同的商标。这有利于充分体现产品的个性，吸引消费者，对不同质量和价格高低的商品起到互不相扰作用，使消费者感到货价相称，个别产品失败，不会影响其他产品。

4. 更换与推展商标策略。更换商标策略就是企业完全放弃原有的商标，更换新的商标。采用更换商标策略主要是商标不能反映商品特点，商标陈旧，原商品信誉不好，需改进商品，重新树立形象。推展商标策略是企业随着产品的更新换代等原因逐渐改变商标，最后推出新商标，也称渐变商标。

（五）产品包装策略

包装是利用适当材料、容器和加工技术，对产品进行保护，使商品在运输和贮存过程中不受损坏，便于销售和使用。包装是商品的重要组成部分。

提示：商品一般都要有不同形式的包装，而且包装本身也是一种重要的促销宣传，因此，企业既要做好商品的包装，又要讲究包装的策略。

产品包装策略主要有：

1. 类似包装策略。指企业生产的各种不同产品，在包装外型上采用相同的图案，近似的色彩、共同的特征，使消费者见到包装就联想到这是同一家企业的产品。这种策略可以节省包装成本，易于推出新产品。

2. 系列包装策略。指企业根据消费者需要，将多种相关的，不同类型规格的产品组合在同一包装内。采用该策略有利于扩大商品销售，为消费者使用和购买提供方便。

3. 复用包装或多用途包装策略。复用包装是指包装可以重复使用；多用途包装就是包装商品使用完后，其包装可做他用，此种策略刺激消费者购买欲。

4. 差异包装策略。指根据消费者的使用习惯和产品性质，按产品的质量、重量、数量设计多种不同的包装。这一策略可满足消费者的不同需要，方便消费，扩大销量。

5. 附赠品包装策略。指包装物内附有赠券、物品或用包装本身可换新品等，吸引消费者购买，使用此策略时要注意有关法律、法规，不能随便使用。

6. 改变包装策略。是企业对原包装进行改进或更新，如旧改新，大改小、小改大等。改变包装适宜于原产品包装陈旧、缺乏吸引力时使用。

7. 礼品包装策略。根据消费者走亲访友、节日馈赠亲友的习惯，将包装按礼品规格设计，以产生美好的祝愿。

案 例

“爱情饮料”和“谜语罐头”

台湾地区有家饮料公司在产品销路不好时，独具匠心地在每包饮料包装上印上一则动人的爱情故事，并美其名曰“爱情饮料”。包装一改，马上吸引了众多青年男女争相饮用，结果该公司的饮料销量猛增。无独有偶，美国有家罐头厂在产品积压严重时，也别出心裁地推出罐头盖上印有谜语、罐头内印有谜底的“谜语罐头”，迎合了人们求知好奇的心理，结果产品销路大开。

“爱情饮料”和“谜语罐头”之所以取得成功，其精明之处就在于抓住了消费者求新求异的心理，以新颖独特的创意引起了消费者的兴趣，进而激发了消费者的购买欲望。比起时下有奖销售、降价让利之类的传统方式，“爱情饮料”和“谜语罐头”的方法更显得技高一筹。饮料注入“爱情”，罐头装入“谜语”，这种崭新的创意、奇特的做法，值得企业学习和借鉴。

“爱情饮料”和“谜语罐头”的取胜至少给企业带来三个启示：一是企业在抓好产品内在质量的同时，必须注重产品的外在包装形象，努力做到独树一帜；二是企业必须给产品取一个易记、有趣、新奇的好名称；三是企业应尽可能地增加产品的文化附加值，努力增加消费者乐于接受的文化气息。

【活动 4 -3】

活动内容：

在活动 4 -1 组织学生实际参观考察一个生产企业的基础上，了解企业产品的基本情况，分别对企业的产品组合、产品市场寿命周期、产品的商标、包装等策略应用情况进行分析，是否存在不足之处，有根据的提出改进意见。

活动目标：

使学生理解产品的整体概念，并基本掌握产品策略的实际应用。

二、价格策略

（一）价格构成及影响价格的因素

在市场经济条件下，价格是企业各种市场营销策略中最重要、最活跃的因素，带有强烈的竞争性和多因素的综合性，企业必须给予充分的重视。

提示：价格在理论上的构成：价格 = 成本 + 税金 + 合理费用 + 利润。

由于价格不是一个独立的因素，它要受到企业营销等其他因素的影响，所以企业定价时必须考虑影响价格的各种因素，运用多种策略与方法灵活地确定价格。影响价格的因素主要有：

1. 产品成本因素。产品成本包括生产成本、储运成本和销售成本。产品成本是定价的基点，也是企业经济核算盈亏的临界点。定价大于成本企业就能获利，反之则亏本。产品定价必须补偿成本，这是保证企业再生产的基本条件。

2. 市场价格水平。在市场经济条件下，企业对产品定价的直接依据是市场价格水平。即以市场价格中线来确定其产品高于或低于市场价格的幅度。随着市场价格的变化做出相应的调整。

3. 产品供求状况。在其他因素不变的情况下，产品供求状况对价格具有直接的影响，当市场对产品的需求量大于供给量时，价格就会出现上升趋势，相反的情况则会出现下降的趋势。

4. 需求价格弹性因素。需求价格弹性是产品受市场价格变化而影响其需求的敏感程度。需求弹性的大小和该产品的可代替性有关。可代替性大的产品，需求弹性大，需求量受价格变动影响大；可代替性小的产品其需求弹性较小，需求量受价格变动影响小。所以企业定价时需考虑某些产品的需求弹性因素。

5. 产品寿命周期因素。产品处于不同寿命周期阶段应定价不同，这是因为不同寿命周期阶段产品生产所耗费的劳动不同，市场环境情况也不同。

6. 竞争对手因素。市场竞争情况对企业确定产品价格有很大影响，企业定价的高低是与竞争对手的产品、服务和价格综合比较的结果。当竞争对手较弱时，企业的价格可以订得高些；当竞争双方（多方）大体旗鼓相当时，竞争因素只能作定价时的参考标准。

7. 心理因素。产品定价要考虑顾客心理状态，采取相应的策略。收入低的人一般购买中、低档产品，且存在着买便宜货的心理，因此，对低档产品，厂家定价应该低些；反之对高收入者使用的高档产品定价则可高一些。

思考：结合实际谈谈影响价格的因素主要有哪些？为什么一件衣服定价99.6元比定价100元好卖？

（二）定价目标

企业定价目标，是指各企业在对其生产经营的产品制定价格时所要达到的目的和标准，它是进行价格决策的依据。由企业生产经营的目的来决定企业定价的目标，主要有以下几种情况：

1. 以获得企业长远利润最大为定价目标。这种定价目标是指企业制定价格时，要使价格适当，使产品在较长时间畅销，长期的目标总利润达到最高。企业不能只顾眼前利益，把价位定得过高，失去市场，达不到预期的最大利润。反之，价格过低也不一定达到此目的。

2. 以获得企业当前最大利润为定价目标。这种定价目标是把产品价格定得较高，使企业在短期内实现利润最多。选择这一目标的前提条件是企业生产技术和产品质量在市场上居领先地位，无竞争者或竞争者弱，商品供不应求。这一定价目标要慎重选择，认真分析其目标实现的可能性。

3. 以获得平均利润为定价目标。企业定价时以获得社会平均利润为标准，采用这种定价目标的企业经营生产和销售都处于中等水平，没有突出的优势。

4. 以保持和扩大市场占有率为定价目标。市场占有率反映企业开拓市场的经营成果，企业选择这一定价目标，价格不能定得过高；同时企业必须有潜在的生产经营能力，能降低单位成本；产品的需求弹性大，可通过降价增加产品销量。

5. 以获取理想投资利润率为定价目标。这种定价目标主要是根据投资额的大小，期望得到一定利润率来确定产品价格。也就是说，根据投资盈利率来确定利润标准，再根据利润标准来确定产品价格，用这样的产品定价来确保企业投资效益目标。

（三）定价策略

企业在市场营销活动中，应综合地考虑影响价格的各种因素，灵活地运用各种定价策略，吸引顾客，刺激购买，扩大产品的销路，以实现定价目标和企业的营销目标。具体定价策略主要有：

1. 新产品定价策略。当企业的新产品上市、竞争对手还没有同样的产品跟上时，企业有两种价格策略可选择：

（1）高价策略。就是新产品一上市就把价格定得较高，以便在短期内获得最大的利润。如圆珠笔在美国刚上市时，雷诺公司把市场的零售价格定为 20 美元，使公司在短期内获得了数百万美元的利润。

（2）低价策略。就是把新产品价格定得很低，使新产品在短期内最大限度地渗入市场，迅速打开市场销路，扩大市场占有率，而不求短期收回投资。

2. 差别定价策略。就是根据需求中的某项差别而制定不同的价格。主要有：

（1）细分市场差价。即同一种产品，在不同细分市场上产品价格不同。这是从顾客的潜在需求的可能性考虑的，对顾客今后购买有不同的估计。

（2）式样差价。即同一种产品，由于式样的不同，虽然成本没有差异，但价格有一定的差别。因为顾客认为“价高质必优"，这对流行产品很有用。

（3）时空差价。即同一种产品，在不同地点、不同时间、不同的交易形式下，可采用不同的价格。

3. 折扣定价策略，就是通过减少一部分价格以争取顾客。经常使用的有：

（1）现金折扣。就是企业给当场付清货款的一种优惠价，实质上是一种变相降价，鼓励顾客提早付款。

（2）数量折扣。这是根据经销产品数量大小给予不同的折扣。主要是鼓励大批量、长期的订货。数量折扣形式有两种，即：一次性折扣，量大多折；累计性折扣，即长期的进货数量折扣。

（3）季节性折扣。即季节性的产品生产或经销对销售淡季的买主，给予折扣价。

（4）业务折扣。即根据各类中间商在市场营销中担负的不同功能给予不同的折扣，如批发商、零售商折扣不同。

4. 心理定价策略，企业在制定产品价格时，根据不同的消费者心理，实行不同的价格策略。主要有：

（1）尾数定价。企业给产品定价时要有零头结尾，消费者认为价格计算准确、便宜，非常容易接受。如一斤蔬菜定价在 0.98 元，而不是 1 元。

（2）整数定价。这是企业给产品定价时要取整数，不要有零头。这种策略适用高档商品，因为价格是辨别质量高低的“指示器”，消费者心理认为价格越高质量越好，如钢琴、首饰等。

（3）声望定价。一些有声誉的老店和名牌产品，在消费者心理有信任感，价格可以定得高一些，高价同时能形成一个良好的产品质量形象。但用这种策略必须慎重。

（4）招徕定价。企业有意将少数几种商品的价格定得很低，甚至可以低于成本，以招徕顾客，以此来吸引顾客购买其他商品，扩大销售。

【活动4－4】

活动内容：

在活动4－1组织学生实际参观考察一个生产企业的基础上，了解企业产品价格制定的基本情况，对企业的产品价格制定进行分析，提出你的价格制定意见。

活动目标：

使学生了解产品价格制定的影响因素、目标，并基本掌握定价的策略。

三、销售渠道策略

（一）销售渠道的概念和类型

销售渠道，是指产品从生产领域向消费领域转移时所经过的通道。销售渠道的起点是生产企业，终点是消费者。连结他们的中间环节就是中间商。

在企业营销过程中，销售渠道所起的作用就是有效地将产品从生产者转移到用户中，销售渠道是联系生产和消费的桥梁，只有渠道畅通，产品才能顺利完成交易，实现企业的经营目标。

销售渠道的结构类型主要有消费品渠道和生产资料渠道两种。

1. 消费品销售渠道，如图4－1所示。

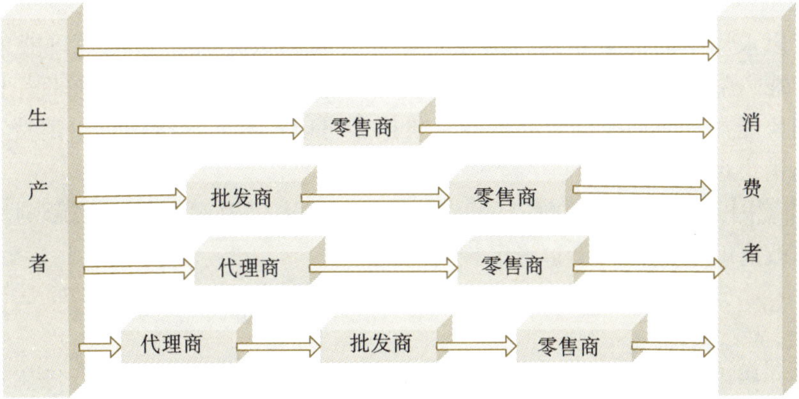

图4－1

2. 生产资料销售渠道，如图4－2所示。

（二）影响销售渠道选择的因素

任何一个企业要在经营上取得成功，就必须在了解营销环境的前提下，正确地选择其产品的销售渠道。企业使用哪一种或哪几种类型的销售渠道，不是由企业主观愿望决定的，而首先要考虑影响销售渠道类型的因素。

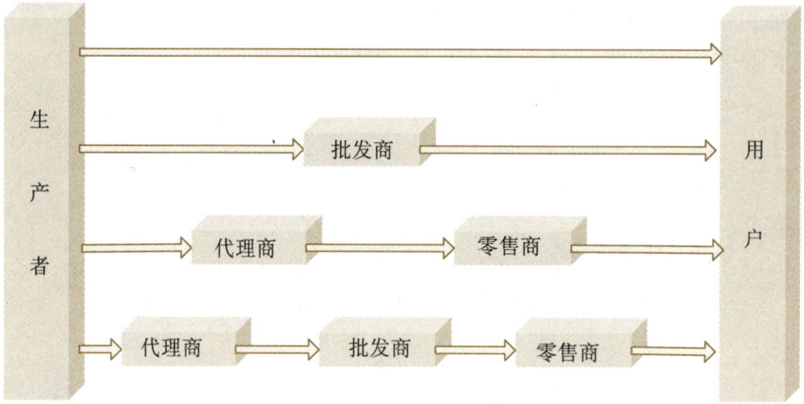

图 4－2

1. 产品因素。一般来说，产品的价值越低，渠道就应越长，经过的中间商就越多；反之，渠道就越短或采用直接渠道。产品自然属性稳定的可以考虑使用中间商较多的长渠道，相反易腐、易烂，易毁、易过时的商品应用直接渠道或短渠道。体积过大或过重的产品，宜采用直接渠道或短渠道以减少运转时间、次数、费用；相反，体积小、重量轻的产品，则可使用长渠道。技术性能高而又要求售前技术指导和售后技术服务的产品，适用于选用短渠道，特别是企业自销，有利于开展技术服务。

2. 市场因素。一般来说，目标市场的顾客和潜在顾客分布集中的适宜采用直接销售渠道，反之可采用间接的渠道。市场容量大，产品销售量大，可以大量使用中间商；如果市场容量小，可采用直接供货和较短的销售渠道。

3. 企业自身因素。如果企业财力资源雄厚并有较好的信誉，可以自己组织销售队伍进行销售，也可以采用中间商去销售；但企业的实力及信誉不强，企业则只能依赖中间商销售。企业管理能力强，有一定的营销经验和技巧，可以采用短渠道来加强商品销售。如果企业有较强的销售能力，能够控制商品的零售价格，可以把商品直接销售给消费者或用户，就应采用较短的销售渠道。

4. 政府环境因素。主要是指政府的政策、法令和法律因素对渠道的影响。渠道成员的业务行为要与政府的政策、法律、规定相吻合。

（三）销售渠道策略

企业为了开拓市场，实现经营目标，在确定渠道类型的基础上，要选择好具体的渠道策略。一般渠道策略有：

1. 广泛性销售渠道策略。也称普遍性或密集性销售渠道策略。即企业通过许多批发商、代理商、零售商推销其商品。对一般消费品和生产资料中的经常耗用品或标准品就可以采取这种渠道策略，使消费者可以随时随地购买到这些产品。

2. 选择性销售渠道策略。它是生产企业在某一市场（地区）、同一渠道环节、层次上有选择地确定一部分中间商推销其产品。消费品中的选购品、工业生产用的零配件，由于消费者与用户常对某种品牌的产品发生偏好，因此这类产品尤其适用选择性销售渠道，这种渠道策略使生产者与中间商之间的配合较为密切协调。

3. 独家专营性渠道策略。即生产企业在一定地区、一定时间内，只选择一家中间商推销其产品。独家专营性渠道策略适用于特殊商品，或技术性、专用性很强且需要售后技术服务的工业产品以及需要指导其操作方法的机械设备。企业和中间商双方通过签订独家经营合同，规定中间商不得再销售其他竞争者的产品，企业在同一地区也不再选择其他中间商。这种渠道容易控制产品的销售价格，同时在广告和其他促销活动的作用下，使企业和中间商紧密合作，能大大提高推销效率与经营的积极性。缺点是市场面太窄，可能失去很多潜在顾客。

知识链接

销售渠道的新变化——渠道体制由金字塔式向扁平化方向转变

传统的销售渠道呈金字塔式的体制，因其强大的辐射能力，为企业占领市场发挥出了巨大的作用。但是，在供过于求、竞争激烈的市场营销环境下，传统的渠道存在着许多不可克服的缺点：一是厂家难以有效地控制销售渠道；二是多层结构有碍于效率的提高，且臃肿的渠道不利于形成产品的价格竞争优势；三是单项式、多层次的信息流通不能准确、及时反馈，这样不但会错失商机，而且还会造成人员和时间上的浪费；四是厂家的销售政策不能得到有效地执行落实。因而，许多企业正在将销售渠道改为扁平化的结构，即销售渠道越来越短、销售网点则越来越多。销售渠道短，增加了企业对渠道的控制力；销售网点多，则增加了产品的销售量。如一些企业由多层次的批发环节变为一层批发，即厂家—经销商—零售商；一些企业还在大城市设置配送中心直接向零售商供货。

四、促销策略

促销是以人员或非人员的方法，说服、激励和帮助顾客购买某项商品和服务，从而实现和扩大企业产品销售的工作。

（一）广告促销

广告是通过一定的媒介向消费者传递有关产品或服务的销售信息，是推销产品的一种非人员促销手段。其主要作用有：沟通信息，促进销售；介绍商品，指导消费；树立良好形象，开拓市场；有助于提高管理水平，增强竞争能力。

广告按所选宣传媒体的不同，可以分为：报纸广告、杂志广告、广播广告、电视广告、霓虹灯、招贴画、广告牌、幻灯广告等。

广告策略是市场营销策略的重要组成部分。运用广告策略要做好以下工作：

1. 制订广告计划。企业应围绕整体市场营销计划来制订广告计划。

2. 选择广告代理机构。要选择具有设计、制作同类广告的丰富经验、媒体畅通、与企业实力大体相当的广告代理公司。

3. 选择广告媒体。选择广告媒体时要充分考虑产品的种类和特点、产品的销售范围、目标消费者接触媒体的习惯、广告的目的和内容、媒体成本等对广告的影响，选择符合上述几方面要求的媒体作为本企业的广告媒体。

4. 广告效果的检查与评价。广告效果的检查和评价有利于企业今后更好地选择广告媒体，在达到广告目的的前提下提高经济效益。

提示： 广告内容要真实、不夸张、不虚构、不能欺骗顾客；广告还要有特色、不落俗套、美观大方、有吸引力。

（二）人员促销

人员促销，是指企业派出推销人员或委派专职推销机构，向目标市场的顾客介绍、示范和推销产品的经营活动。

人员推销与其他促销方式相比，有其不可替代的作用，是一种重要的促销方式。首先，推销人员与顾客直接接触，其推销有很大的灵活性，可根据消费者的态度、需求、意见及时调整自己的态度，以适应消费者的变化，有针对性地采取相应的策略；其次，人员推销不仅可以使产品销售变成现实，同时可以与顾客建立长期的友谊关系，对促进销售有深远的意义；再次，人员推销由于直接接触，能较快地消除顾客的疑虑，迅速地促成购买行为的发生，实现企业的产品销售。但人员推销会使企业差旅费和有关杂费支出增加，销售成本上升。

企业采用人员促销策略，应做好销售人员的选择和培训工作。

1. 销售人员的选择。企业的产品销售人员是与消费者直接接触的人员，他们是企业的代表，可以针对顾客提出的疑问，立即给予恰当的答复；在产品使用方面，是用户的顾问；在掌握信息方面，是企业的“哨兵”；在开拓市场的活动方面，是企业的“先锋”。销售人员工作的好坏对企业有着极大的影响。企业对于销售人员的选择。要求通常包括：

（1）销售人员必须对自己的工作抱有高度的责任感，善于服务，勇于进取，想方设法地去完成和超额完成企业的销售任务。

（2）销售人员在向顾客推销产品时，应态度从容，谈吐文雅，谦恭有礼，诚恳耐心，具有良好的服务精神。

（3）销售人员应尽可能多地了解顾客的爱好和职业特点、经济情况和社会地位，采取灵活、多样的推销方法。

（4）销售人员必须了解产品的性能、结构、使用方法以及材质等，并实事求是地介绍给顾客。

2. 销售人员的培训，是提高原有销售人员业务水平及新上岗销售人员素质的主要途径。培训内容主要有：（1）产品知识；（2）企业知识；（3）市场知识；（4）推销技巧。

（三）其他促销形式

1. 营业推广，**是一种辅助性的、以唤起短期需求为目的的各种促销形式所组成的活动。**营业推广的形式主要有：对消费者的营业推广，如赠品、赠券、价格折扣、展销、服务促销等形式。对中间商的营业推广，如各种折扣、代销等。对推销人员的营业推广，如红利提成、特别推销金、推销竞赛等。

2. 公共关系，**是指企业为了使社会广大公众对本企业及本企业产品引起好感，在社会上树立企业信誉，选用各种传播手段，向广大公众制造舆论，并进行公开宣传的促销方式。**

公共关系的特点是：

(1) 公共关系是企业与其他相关社会公众之间的联系，不是个人之间的关系；

(2) 公共关系是一种信息沟通活动，它只能动用信息沟通的手段来协调组织与公众的关系；

(3) 公共关系的主要目的是树立企业及产品的信誉和形象；

(4) 公共关系活动是企业整体营销活动的重要组成部分。

提示：公共关系的活动方式主要是利用新闻媒介宣传、赞助，支持各项公益活动，参加各种社会活动，提供各种特种服务等。

【活动 4－5】

活动内容：

在活动 4－1 组织学生实际参观考察一个生产企业的基础上，了解企业市场营销中的销售渠道、促销等基本情况，分析企业的实际销售渠道选择、采取的促销方法，提出分析意见。

活动目标：

使学生知道销售渠道的选择的重要意义，并学会应用促销的基本方法。

思考与训练

一、简答题

1. 什么是市场营销？它有哪些作用？
2. 消费品市场的特点是什么？
3. 简述消费品、工业品市场细分的标准。
4. 什么是产品组合策略？具体内容有哪些？
5. 简述产品在不同的寿命周期分别采用的营销策略。
6. 影响价格的因素有哪些？
7. 企业定价策略有哪几种形式？
8. 影响销售渠道选择的因素有哪些？
9. 广告的作用是什么？它与人员推销有何不同？

二、实训题

实训 1

天津利民食品厂在全国糖果市场普遍销售不畅的情况下，认真研究了不同地区居民的口味特点。他们发现，在各个城市中，奶糖滞销，但对巧克力的需求日益增长；而在农村，水果糖大受欢迎，尤其是小块水果糖销路非常好；南方各省大多欢迎包装精致的糖果，而北方人则对散装糖情有独钟。该厂根据这些特点，在每个局部市场上均投消费者所好。由此，拉开了全国的营销网络，该厂的利润也节节攀升。

【问题与思考】

1. 天津利民食品厂是采用什么市场营销策略？理论根据是什么？

2. 请你考察一个企业的实际情况，参照天津利民食品厂的做法进行实际的市场营销指导，并详细列出指导根据。

实训 2

妙士乳业是一家创立于 1992 年的民营企业，经过十余年业绩的快速增长，由区域品牌发展到全国性品牌，先后建立了八家生产基地，基本上完成了全国市场战略布局，设立十余家销售公司，搭建起强大的销售网络。总部也由保定迁至北京。

妙士成立之初，资源极度匮乏，既无国有企业背景，也无强势资本注入，且身处消费水平不高的城市。在经过了细致的市场调研后，妙士发现了餐厅奶的巨大市场空白，且妙士系列产品以乳酸菌饮料为主、屋顶装为主要包装形式，符合就餐饮用乳饮料的需求。经过反复的分析与评估，妙士果断地放弃传统道路，确定了企业的细分市场与发展方向，“以餐店为主要终端，开创了牛奶饮料上餐桌的先河”。这一发展策略经受了市场的考验，经过了十余年的努力与积累，妙士几乎成为餐厅奶的代名词，在餐饮渠道拥有绝对优势，令其他传统餐饮奶难以逾越。

试想，如果按传统的销售模式，以零售和送奶上门为主要营销手段的话，仅凭借当年的综合实力，妙士恐怕无法取得这样的成绩。

【问题与思考】

1. 妙士当时为什么能取得成功？

2. 妙士的市场是什么？它运用了哪一种目标市场营销策略？

模块三
企业生产管理

单元五
企业技术创新管理

引 例

20 年前，科龙公司用 9 万元创业，经过几十年的滚动发展，如今已有员工 3 万人，其中技术人员占员工总数的 15% 以上；产业涉及五大方面，拥有 13 亿元注册资本，年均增长速度达 35% 以上。公司生产的容声牌冰箱、科龙牌空调和三洋科龙牌冷柜享誉全国并出口海外，在消费者心目中拥有很高的声望。科龙公司创造的骄人业绩，成为 20 世纪 90 年代中国家电行业飞速发展的一个缩影，给了世界一次次惊叹。

科龙人之所以自己取得这样的成绩，就是靠加快自己的技术创新、提高产品的技术含量、提高产品的档次，以此来应对竞争。在激烈的市场竞争中，科龙人不断集中独特的技术，开发优质新产品、提高技术含量、加快技术更新、引导新潮流成了科龙精粹的一大特色。在国内首创电子除臭的旋转功能的是科龙容声；在国内首先开发出无氟电冰箱，率先推出全自动除霜功能的是科龙容声；首家推出大圆弧门，太空流线型冰箱外观的是科龙容声；花费 3000 万日元，从日本引进风靡世界的热转式冰箱外观，又一次带动我国冰箱外观革命和产业升级的还是科龙容声……科龙凭着不断的技术创新，在激烈的市场竞争中站稳了脚跟，并且得到了持续不断的发展。现在，科龙又在日本创建了一家电器研究所。研究所的所长坦率地说，如果真正掌握好一些关键技术，科龙占据国际冰箱市场的主流地位将很有希望。

从科龙的发展历程我们可以看到，技术创新确实是企业的生命之源，对于新经济企业发展具有极为重要的意义。

项目一　企业技术创新

【学习目标】

□　掌握技术创新的概念、特点、类型和技术创新的对象。

一、什么是技术创新

技术创新，是指以市场为导向，以提高企业竞争力为目标，从新产品或新工艺设想的产生到市场应用整个过程的一系列活动的总和。它包括设想的产生、研究、开发、引进技术、商业化生产技术到扩散的一系列企业活动。技术创新不仅关注技术的创造和技术水平的进步程度，更关注企业将其应用到经济活动中，并取得市场成功，融科技进步和经济活动于一体。这也是技术创新和发明创造的重要区别，因为发明创造只是一种新的思想方案、技术，只有取得市场成功才是技术创新，如图 5－1 所示。

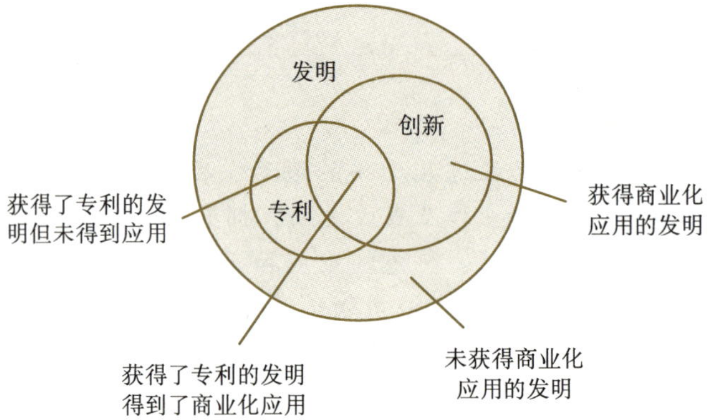

图 5－1　发明、创新及专利之间的关系

目前，更广义的技术创新不仅包括新产品、新工艺的应用，还包括老产品改进、技术引进和技术改造。因为这些都是企业将新的技术成果应用到经济活动中，能为企业带来更大的经济效益，使企业更好地生存和发展。

知识链接

技术创新、专利、发明之间的关系

技术创新是指以市场为导向，以提高企业竞争力为目标，从新产品或新工艺设想的产生到市场应用整个过程的一系列活动的总和；专利是获得享有专利权的发明和创新；发明是一种新的思想方案、技术，它的范围大于且涵盖了技术创新和专利。

【活动 5－1】

活动内容：

了解当地某家企业技术创新情况，结合上述内容理解发明、专利、创新之间的关系。

活动目标：

使学生掌握技术创新对企业的重要性，结合实际提出创新的设想。

二、技术创新的特点和类型

（一）技术创新的特点

1. 技术创新强调市场实现程度和获得经济效益大小，这也是检验技术创新是否成功的标准。

2. 技术创新的过程是一个系统工程。从新产品、新工艺的研究、开发、技术引进等创新成果的商业化，到取得市场成功的全过程是一个系统工程。

3. 技术创新的主体是企业，而不是个人。因为技术创新是一个系统工程，一个人是很难完成从技术创新的研究开发直至创新成果的商业化的全过程。

4. 技术创新具有一定的风险性。因为技术创新面临的技术环境、市场环境等方面的不确定性，所以决定了技术创新风险性。

（二）技术创新的类型

1. 开发式技术创新。开发式技术创新就是企业把研究的科技成果转为可销售的产品或可推广应用的新工艺，并使其商业化。

2. 引进式技术创新。企业为了尽快进行技术创新，缩短研究、开发时间，减小风险，可有计划、有选择地引进外国先进科学技术成果，用于企业生产的各个领域，用先进的技术改造落后的技术。如引进外国先进的科学技术、一些主要设备、先进工艺等。引进新技术创新的重点是切实做好消化、吸收，为我所用，增强企业技术创新能力。

三、技术创新的对象

（一）产品创新

产品创新，是指对产品的原理、结构、用途、性能、原材料等方面进行创新，生产出能满足市场（消费者）新的需求的产品。产品创新是为了适应社会不断变化发展的需求，生产满足消费者所需要的新产品，也是企业生存和发展的重要条件。

产品创新的具体类型包括：新产品开发和老产品改进；同时根据产品创新的程度可以划分为重大创新和渐进式创新。**重大创新**是指在产品的用途及应用原理等方面发生显著变化的产品创新；**渐进式创新**是指在产品的技术原理等方面没有发生重大变化的情况下，根据市场的需要对现有产品的某些功能进行扩展和技术上的改进与创新。

（二）生产工艺和操作技术创新

生产工艺和操作技术创新是指运用新的科技成果，对产品加工制造方法、操作技术和生产过程程序等进行改进和革新。生产工艺和操作技术的创新对企业不断地提高劳动生产效率、保证和提高产品质量、减少劳动消耗、降低成本、改善劳动条件、促进企业生产发展有着重要意义。生产工艺和操作技术创新包括：产品的加工工艺方法的革新、生产者的操作技术的提高、生产过程的程序改进、工艺装备的改善等。

（三）设备和工具创新

设备和工具是企业的生产手段，是现代生产的重要物资技术基础。对企业设备和工具进行创新，是提高企业生产现代化水平的重要环节。**设备和工具创新主要包括设计制造各种先进的新的专用设备和工具，以及对企业现有的设备和工具进行局部改造和更新。**即使设备和工具适应企业生产的发展和不断提高劳动生产效率，保证和提高产品质量。

（四）能源和原材料创新

能源和原材料创新就是寻找新能源和新原材料，开发代用材料；同时企业应从生产、工艺、设备改造等方面着手，提高能源与原材料的利用率，降低消耗。能源是企业实现产品生产的重要条件，原材料是构成产品生产的主要物质要素。能源和原材料在企业的生产过程中把它们的自身价值转移到了产品中，成为产品价值的组成部分。因此能源和原材料用量多少、质量好坏，对产品的价值和使用价值都有重要影响，是降低成本的重要途径。

（五）生产环境和安全生产创新

生产环境和安全生产创新是指企业在生产过程中，有效地利用各种先进技术，使之建立良好的生产环境，消除污染、改善员工的劳动条件、防止职业病、保障安全生产。

思考：你如何理解技术创新在企业生存和发展等方面的实际意义？技术创新的类型和对象是什么？

四、技术创新的管理

（一）技术创新的组织

为了更好地进行技术创新，企业需要建立相应的组织来确保技术创新的有效实施。技术创新的组织形式常见的有技术创新小组、新事业发展部、企业技术中心、虚拟创新组织等。

1. 技术创新小组。技术创新小组也叫项目小组，是为完成某一项创新项目而成立的一种创新组织。一般是属于临时性的创新组织，小组的成员要根据创新项目的需要进行挑选而组成，在企业最高领导的授权下，技术创新小组有明确的创新目标、任务、职能和分工。

2. 新事业发展部。新事业发展部是大企业为了开创全新事业而单独设立的创新组织形式，全新事业涉及重大产品创新或工艺创新。因为一项意义重大、对企业生存发展具有重要战略性影响的技术创新，需要企业投入更多的人力、物力、财力、信息等资源，技术创新小组已经不能胜任和满足技术创新的要求，必须成立更大的创新组织，即新事业发展部。

3. 企业技术中心。企业技术中心一般是大企业集团中为从事重大关键技术和新一代产品研究开发活动而设立的技术创新专门机构。

4. 虚拟研究中心。**虚拟研究中心是指在企业创新中围绕某一研究目标和内容，利用计算机网络和通讯工具，把所需要的各种研究资源和必要的组织联合在一个新的“柔性中心”中，建立起一个较紧密跨度的时间和空间的联盟。**它可以由不同学科、不同领域、不同行业和部门、不同地区和国别的研究人员、企业家，甚至各类用户组成，其范围和规模可根据需要进行调整。

（二）技术创新的评价

技术创新的评价是指对技术创新的过程及成果，进行全面审查、综合分析和比较鉴别。

1. 技术创新评价的原则有：

（1）技术先进性，经济合理性与生产可行性相结合。

（2）当前需要与长远需要相结合。

（3）局部利益与整体利益相结合。

2. 技术创新评价的内容有：

（1）技术价值的评价，主要是技术的先进性和技术的适用性。

（2）经济价值的评价，如市场竞争力、需要程度、销路，创新成本、利润、价格、回收期等。

（3）社会价值的评价，如创新对环境和生态平衡的影响、劳动就业、合理利用资源等。

3. 技术创新评价方法。

（1）经济评价法。是指将技术创新的收益与预计费用对比。计算公式如下：

$$E=\frac{M}{C}\cdot P$$

式中，E为创新收益率；M为创新预计收益额；C为创新预计费用；P为创新成功概率。

（2）综合评价法。在定量分析的基础上，从系统的整体概念出发，综合各种因素的评价方法。

案　例

保持个性　推陈出新

迪士尼公司在早期推出米老鼠、唐老鸭、古飞狗等脍炙人口的卡通形象后，在连续创造数十年的辉煌战绩之际，如何持续创新便成为制约企业发展的瓶颈。直至今日，我们会发现，在迪士尼动画梦工厂，几乎每天都有新的创意产生，每年都有新的动画大片推出，这些新作品全面汲取原有作品的优势，同时融入了创作者天才的创作灵感与智慧。

迪士尼如何才能做到这一点？其原因就在于，迪士尼在公司内部早已创建了一套“创新知识管理流程”，使创新不再简单体现为毫无依据、凭空想象的过程，而是用一整套经过长期实践、证明行之有效的业务流程、知识管理和创作框架“固化”下来的体系——在整个作品的创作过程中，每一个参与编写剧本、动画设计、采编剪辑、录制合成等工作的人员，都能够在本人负责的环节上借鉴所有整合提炼好的知识资源，并在一定的业务规则指导下，有条不紊地输出智慧。这使得企业的创新动力不再仅仅依赖于个人的魅力与智慧，而是组织整体的协同运作。规范化的业务流程与业务规则看似“腐朽”，但却成为迪士尼不断创新的源泉！

项目二　企业产品创新

【学习目标】

□　掌握产品创新的基本内容，了解新产品的开发类型和老产品改进原则。

产品创新是技术创新的主要内容。**产品创新，是指对产品的原理、结构、用途、性能、原材料等方面进行创新，生产出能满足市场（消费者）新的需求的产品。**产品创新具体内容包括新产品开发和老产品改进。在研究产品创新的时候，首先应掌握产品的寿命周期的基本原理，根据产品的寿命周期的规律和特征，有针对性地、适时地进行产品的改造、创新，这对正确地进行新产品开发、老产品改进有着重要的指导作用。

一、产品寿命周期

（一）产品寿命周期的划分及特征

1. 产品寿命周期的划分。**产品寿命周期，是指从该产品的试制开始，经成批生产投入市场，经过成长发展，直到最后老化被市场淘汰所要经历的过程。**

这一过程可分为如下几个阶段：

- 设想、研究设计、投入市场阶段（投入期）；
- 开辟市场阶段（成长期）；
- 大量生产与大量销售阶段（成熟期）；
- 老化衰亡阶段（衰退期）。

从投入期到衰退期产品的总销售量随着时间而变化，形成一条曲线，产品寿命各阶段的位置，一般是根据产品销售量增长率来判定，如图 5－2 所示。

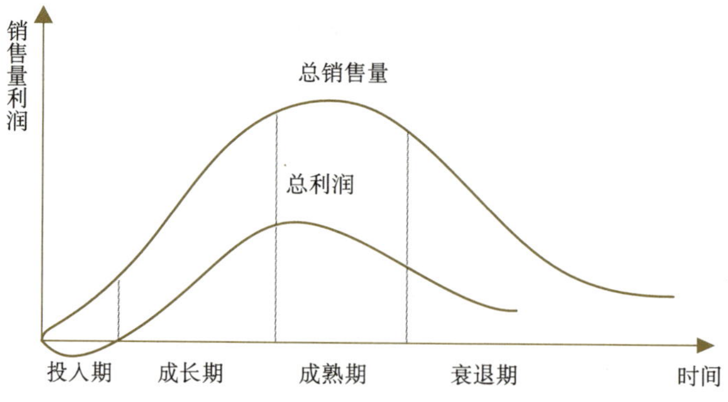

图 5－2　寿命周期示意图

2. 产品寿命周期各时期的特征。

（1）投入期：是产品刚投放市场的时期，这个时期的特点是：人们对产品不了解，产品尚未被用户普遍接受，增长率一般小且不稳定。

（2）成长期：产品经过试销，已被越来越多的用户所认识和接受，因而销售量增长较快，其增长率较高。

（3）成熟期：产品已被用户广泛认识和接受，在市场上已经畅销，其销售量稳定，产品趋于饱和，并开始老化。

（4）衰退期：产品已经陈旧老化，产品在市场上销售量急剧减小或滞销，其增长率已呈负值。

（二）产品寿命周期与企业损益的关系

产品处于寿命周期的不同时期，会给企业的损益带来不同的影响。

1. 在投入期，企业因花费了大量开发费用，此时要将费用收回，但因销售量小，成本高，企业获利甚小，甚至亏损。

2. 在成长期，销售量增长快，且由于产品基本定型，工艺和生产状况稳定，开始进入大批量生产，成本逐渐下降，所以利润增长的幅度也最大。

3. 在成熟期，产品生产工艺已十分成熟，销售量、生产量最大，成本最低，是企业获利最多的时期。

4. 在衰退期，因销量急剧下降、库存积压、销售渠道减少、被迫降价出售等原因，企业获利逐步下降，最低时甚至出现亏损。产品寿命周期与企业损益的关系如图 5－2 所示。

二、新产品开发

（一）新产品的概念及类型

新产品，是指在一定地域内从未试制生产过或原来生产过但在结构、性质、材料、技术特性等某一方面或几个方面有重大改进，能够给消费者（顾客）带来新利益的产品。新产品一般有如下类型：

1. 全新型产品。全新型产品主要是指由于科学技术进步或满足一种新的需要而新发明生产的产品。一般具有新原理、新结构、新技术、新材料等特征。例如第一代 iPhone。

2. 换代型新产品。换代型新产品是指利用科学技术成就将现有产品的某些部分用新技术、新材料代替，使产品增加新性能。例如 iPhone 5。

3. 改进型新产品。改进型新产品不是由于科学技术的进步而导致的产品的重大改革，只是对现有产品的品质、特点、款式、功能等作一定的改变，能够给消费者带来新的利益的产品。例如 iPhone 5S。

4. 引进型新产品。引进型新产品是指这种产品在某一地域内从未生产过，而从其他地区进行技术引进生产的产品。

（二）新产品开发原则

1. 根据社会需要开发新产品。新产品开发目的是使企业为社会提供适销对路的产品、扩大市场占有率，提高经济效益。企业开发的新产品必须不断地满足市场需求，否则企业生产经营活动就无法取得成功。

2. 根据国家的技术经济政策开发新产品。即企业在开发新产品时，必须严格遵守、认真贯彻国家颁布的涉及开发新产品方向的有关经济政策、规范和要求，如能源政策、资源政策、新技术开发政策和标准化、系列化、通用化政策等。

3. 要根据社会效益和经济效益统一的原则开发新产品。开发的新产品应能保证尽可能好的产品使用效果，获得尽可能高的企业经济效益及良好的社会效益。

（三）新产品开发的方向

企业新产品开发的方向有如下几个方面：

1. 高能化，即提高产品性能和扩大产品的用途，达到一机多能、一物多用。

2. 多样化，即产品的品种、形式、规格、花色多样，可以满足各种不同层次消费者的需求。

3. 复合化，即把功能上相互关联的不同单一产品开发为复合产品，如集办公、娱乐为一体的多媒体计算机。

4. 微型化，即改革产品结构，减少产品零部件，使产品小巧轻便，便于操作、携带、运输、安装和使用。

5. 智能化，即把产品使用中复杂的、消费者难以掌握的专业知识，通过智能化的手段使产品易学、易懂、易用，如傻瓜照相机等。

6. 艺术化，即使产品在造型、色彩、质感和包装等方面具有新颖的款式，独特的风格，有强烈的美感和艺术品位。

提示：企业新产品的开发方式有四种方式可以选择：企业独立研制方式；技术协作方式；技术引进方式；仿制方式。

（四）新产品开发的程序

新产品开发是一项复杂的技术管理工作，一般应按以下程序进行：

1. 调查计划阶段。这是新产品开发的首要阶段，这一阶段要做好的工作是：

（1）进行技术调查和市场调查。技术调查是调查有关产品的技术现状与发展趋势，预测未来可能出现的新技术，为制订新产品的技术方案提供依据，并把新技术运用到新产品中去；市场调查就是通过了解国内外市场对产品品种、规格、数量、质量、价格和成套供应等方面的需要，从而根据需要来开发新产品。

案 例

根据消费者的需要生产牛仔裤

美国西部淘金工人因为工作的关系，所穿的裤子经常被磨破，他们迫切需要一种耐磨的裤子。一位聪明的商人发现了这一市场需求，他使用结实的帆布制作了第一条牛仔裤。后来，原本为淘金工人制作的工装裤子，风靡了整个世界。

（2）制订新产品开发方案。首先可根据市场调查和技术调查的结果进行新产品开发方案的构思，然后再从征集到的多个方案中筛选出具备开发条件的方案，最后根据新产品开发目标的要求对未来产品的基本特性和开发条件，进行必要的平衡，从而制订新产品的开发方案。

2. 产品设计。产品设计是从明确设计任务到确定产品具体结构为止的一系列技术工作的总称，是新产品试制的首要环节。在产品设计中，要规定产品的用途和性能；确定产品的结构、形式以及零件的形状、尺寸、重量和加工要求；确定产品所需原料、材料和外购件的名称规格等。产品设计是决定产品质量和企业经济效益的关键环节。

（1）产品设计要求。新产品要具有技术上的先进性，能够满足使用者的要求，使用性能良好，达到高效、低耗、耐用、安全、可靠、美观；要符合资源情况和技术发展水平；要提高产品设计的标准化、系列化、通用化水平；在使用上和制造上都要具有良好的经济效益。

（2）产品设计程序。产品设计的程序一般分为编制技术任务书、技术设计和工作图设计三个阶段。

- 编制技术任务书是设计新产品工作的第一步，它的主要任务是正确选型，说明设计该产品的必要性和现实意义，初步确定产品的规格、总体布置和结构。
- 技术设计是产品的设计定型阶段，主要是确定产品的结构、技术经济指标和主要的零部件。
- 工作图设计是设计工作的最后阶段，它的主要任务是提供所需要的全套图纸和有关制造及使用所需的技术文件和明细表。

3. 生产工艺的准备工作。工艺准备是保证新产品试制和正式投产后达到设计要求，指导工人操作，保证产品质量的一项重要的生产技术准备工作。它包括以下内容：

（1）分析与审查产品图纸的工艺性。对产品图纸进行工艺性的分析与审查，是从工艺的角度检查产品结构的科学性和经济合理性，使所设计的产品在保证产品结构、性能和精度的前提下，尽可能符合本企业制造条件，并力求达到最高的经济效果。

（2）编制工艺方案。工艺方案的主要内容包括：规定新产品试制及过渡到成批或大量生产时应达到的质量指标；确定生产组织形式和工艺路线的安排；规定工艺规程的编制原则；确定关键性工艺的解决方案和试验研究课题；规定工艺装备的设计原则及工艺方案的经济效果分析等。

（3）制定工艺文件，编制工艺规程。工艺文件是指导企业生产活动的基本技术文件，是安排计划、进行生产调度、质量控制、劳动组织和材料供应等工作的主要技术依据。

（4）工艺装备的设计与制造。工艺装备分为标准的、通用的和专用的三大类。标准的和通用的工艺装备由专业厂生产，企业可以订购。而专用的工艺装备，一般由企业自己设计制造。工艺装备的设计，一般由工业部门依据工艺规程来进行。复杂的专用工艺装备要组织设计人员、工艺人员和生产工人一起讨论制定设计方案，经审查批准后再进行设计，然后提交工具车间制造。

4. 新产品的制造和鉴定。新产品图纸和工艺文件制定出来后，能否达到预期的质量标准和经济效果，必须通过产品的试制和鉴定，才能得到证明。

（1）新产品试制。一般分为样品试制和小批试制两个阶段。样品试制的目的在于检验产品的结构、性能及主要工艺的合理性，检查产品设计的可靠性。根据发现的问题修改图纸和技术文件，使产品设计基本定型。小批试制的主要目的在于检查图纸的工艺性，验证全部工艺文件和全部工艺装备，检查在正常的生产工艺条件下所生产产品的性能和质量有什么变化，是否能稳定地出产合格品。

(2) 新产品的鉴定。它是指在样品和小批试制阶段，从技术经济和生产准备等方面，对新产品做出全面评价，确定可否进行下一阶段试制或成批大量生产。

鉴定内容一般包括：技术标准，检查零部件的制造质量、装配质量、磨损情况和材料选用情况，检查样品空运转试验和负荷试验情况。样品的鉴定应由有关管理部门和企业组织的鉴定委员会来进行。

5. 新产品的生产。新产品经过试制、鉴定以后，企业应根据批准的鉴定书，消除产品的缺陷，并听取用户的试用意见，进一步解决存在的问题，然后才能正式投入小批生产或成批生产。

思考：你如何理解新产品的开发对企业生存发展的意义？

三、老产品改进

（一）老产品改进的原则

如果产品的市场寿命周期较短，会使产品无法保持长期的畅销和较高的市场占有率，难以获得较好的经济效益，不利于企业的生存和发展，因此企业应采取有效措施，不断改进老产品，使其“返老还童”。老产品的改进的基本原则有：

第一，改进要有其必要性。即对老产品进行改进时，首先应分析其改进是否必要，即产品在消费者心中是否还有良好的形象和有比较扎实的品牌忠诚度，如果现有的老产品主体不落后，只是部分性能、特色令消费者不满意，但产品的形象较好，品牌知名度较高，则可以考虑进行产品改进。

第二，改进要有其改进的可能性。即有对产品的质量、特性、形态、技术性等方面改进的可行性。

第三，改进要有其经济性。即改进老产品的费用一般应小于改进后而获得的增加利润，使老产品的改进具有良好的经济效益。

（二）老产品改进的主要方式

1. 提高产品质量。即进一步增加老产品的可靠性、耐久性、安全性，提高和增加其使用效果，如照相胶卷提高其感光的清晰度。

2. 增加产品的功能。使老产品增加一些新的功能，进一步提高产品的适用范围。如电风扇增加一个照明灯，既可以吹风又可以照明。

3. 改进产品的外型、包装、装潢和服务，如方便面改袋装为碗装等。

4. 增加产品品种、花色、款式等，如手表可制成各种各样的规格和式样，以满足市场的不同需求。

案 例

餐巾纸上的创新灵感

一天晚上，欧洲生物信息学研究所副所长埃文·比尔尼和同事尼克·戈德曼来到德国汉堡市的一家酒吧消遣。该研究所是欧洲分子生物学实验室的一部分，其职能是管理包括DNA序列和蛋白质结构等数据在内的生物学信息数据库。随着数据存储成本的降低和自动化程度的提高，数据库的存储量每年以几何指数增长，全部硬盘数据的维护工作彼时正使研究所的预算捉襟见肘。

他们开玩笑说，DNA将会是一个很好的选择！因为它非常紧凑、耐用，当然它存储数据的历史也相当悠久——人类从长毛猛犸象骨骼中提取的DNA中获得了数万年前的信息。

突然间，两人都激动不已，在酒吧的餐巾纸上匆匆地记录着。戈德曼后来回忆道："很快，我们两人又要了一扎啤酒，当然少不了要求服务生送来更多的餐巾纸。"

三年后，源自酒吧高脚凳上的灵感终于开花结果——这就是发表在《自然》杂志上的论文。该论文报告称，研究团队在微量DNA中储存了739KB的文档，其中包括154首莎士比亚十四行诗、一张照片、一篇PDF版本的科学论文、马丁·路德·金演讲"我有一个梦想"的片段（长度为26秒）和压缩算法的text文本。

由于存储技术价格高昂、耗时长，而且需要用DNA序列来打开文档，因而不会很快被投入实际应用。但随着人工合成DNA和其测序成本的持续降低，以及计算机工程（在硅芯片上编码的信息量）逐步逼近极限，这种生物学数据存储技术将发挥它应有的作用。

项目三　企业技术引进与技术改造创新

【学习目标】

□ 了解技术引进和技术改造创新的意义，掌握技术引进和技术改造创新的内容、方法。

一、技术引进

技术引进又称"技术输入"，是指企业为提高技术水平，有计划、有选择地引进其他企业先进科学技术成果的一种方式。

（一）技术引进的原则

第一，实事求是，适合厂情。在技术引进工作中，必须从企业的实际出发，充分考虑企业的技术基础、管理水平、资源状况、经济能力等客观情况，分清轻重缓急，有计划、有重点、有选择地引进“适用技术”。

第二，讲求经济效益，择优引进技术。技术引进要以提高经济效益为目的，以经济效益高、技术先进为标准去择优引进技术。

第三，确保消化，力求创新。学习与创新相结合是企业赶超先进水平的必由之路，引进先进技术，应遵循“一学、二用、三做、四创”的原则，要切实地消化、吸收、发展，力求创新，为我所用。

（二）技术引进的组织和管理

1. 组织好技术引进的分析论证工作。在进行技术引进之前，有关部门要组织好由专家参加的技术引进的分析论证工作。根据技术引进的原则，在充分分析技术引进的客观环境条件的基础上，对其引进的必要性、重要性、先进性、可行性等方面进行论证，进行技术引进决策，切忌盲目引进，造成“误引”，导致不必要的损失和浪费。

2. 做好技术引进内容的管理。技术引进的内容很多，总的说来包括“硬件”和“软件”两方面。

（1）“硬件”是指购买设备、器材、仪表、生产线等。硬件引进包括单机引进和成套设备引进两种。

（2）“软件”是指设计、工艺、制造、管理等方面的技术知识。其中一种是有形技术，如技术专利权、发明权、图纸以及其他技术资料等；另一种是无形技术，即在人们头脑中系统化了的专门知识、积累的技术经验等。

（三）技术引进的方式

1. 购买。购买，是国际技术贸易的一种基本形式。它是将产品制造权和制造技术作为商品，实行作价交易和技术转让。

2. 咨询、服务。这是输入方把需要解决的技术问题向输出方提出咨询，输出方向输入方提供相应的经济和技术服务而引进技术的方式。

3. 来料加工。这是一方企业（甲方）向另一方企业（乙方）提供原材料、辅助材料、包装材料以及有关的机器工具、模具等，由乙方加工生产，甲方按照来料的多少、要求加工的程度，向乙方支付加工费及有关费用，加工出来的产品，一般由甲方包销。

4. 合作生产。我国企业和外商分工合作共同生产一套设备（或是一种产品）为合作生产。这种方式带有对等交换技术，取长补短，互惠互利的性质，尤其对那些结构、技术密集的产品，更有利于提高工作效率，尽快出产产品和顺利地掌握所引进的技术。

5. 合作经营与合资经营。合作经营即契约合营，合作的各方不以各自投入的资本的多少来决定合作各方的权利和义务，而是在合作合同中明确规定双方的权利、义务、责任；合资经营即股权式合营，合资经营是以货币计算各方投资的股份比例，并按股份的多少来承担双方的权利、义务、责任。

6. 补偿贸易。补偿贸易即由甲方（输出国）和乙方（输入国）签订一个长期合同或协议，规定甲方对乙方提供贷款，乙方用这笔贷款向甲方购买成套设备或关键设备等，用于开发自然资源或兴建企业，然后用这些项目所生产的产品或双方商定的其他商品偿还贷款本息。

7. 特许专营。**特许专营是指在经营上取得成功的企业，将其商标、商号名称、服务标志、专利使用权、经营管理方法或经验的使用权转让给另一家企业，并获得一定金额特许费的技术转让方式。**

测 试

技术引进的方式主要有哪些？请你举例说明什么是特许专营。

案 例

引进获得新生

福建省南平造纸厂是在国家“一五”期间投建的基础上发展起来的。但进入20世纪末期，由于资源、环保问题，互联网普及给纸质传媒带来的冲击，加之国内外同行的竞争压力，企业一度陷入经营危机。为扭转这种不利局面，新任厂长陈守勤分别从日、美、加、德等国引进先进技术装置，其中包括当今国际上技术最先进的新闻纸机五号纸机，日产新闻纸625吨。新产品投产当天，全国纸业和报业经销商就蜂拥而至，抢订走了15万吨的新闻纸，其中印度贸易公司要求一次性订购4 000吨。技术引进使南洋造纸厂获得新生，当年实现了扭亏为盈。

二、技术改造

企业的技术改造创新，是指把先进的技术成果用于企业生产的各个领域，用先进的技术改造落后的技术，用先进的工艺装备代替落后的工艺装备。

技术改造主要内容有：改进产品设计，促进产品更新换代；采用新的工艺方法、工艺流程，推广先进的操作方法，提高产品质量和经济效益；补充关键设备和试验、检测手段；采用新材料，提高原材料、能源的利用率，开展材料的综合利用；按照工艺布置，环境保护和技术安全的要求，调整工作场地，改造厂房设施，改善劳动条件等。

现代企业应以市场为导向，用先进技术改造传统产业，围绕增加品种、改进质量、提高效益等目标，加强自身技术改造，以提高企业的生产技术水平，达到技术创新的目的。

（一）技术改造的原则

企业技术改造必须从实际情况出发，在正确的原则指导下，以技术进步为前提，讲求社会效益和经济效益。企业技术改造应遵循的基本原则是：

1. 注重以内涵为主的扩大再生产。既注重量的扩大也注重向质的提高；注重设备更新，在打基础和提高技术水平方面下功夫，不断提高各项技术经济指标。

2. 以技术进步为前提。现有企业的技术改造，必须在技术进步的基础上进行，着力于企业技术水平的提高。

3. 讲求社会效益，注重局部的和整体的技术经济效益相结合，当前的与长远的经济效益相结合。

（二）技术改造的作用

1. 企业进行技术改造是扩大再生产的一个重要途径。企业通过技术改造，以提高劳动生产率和生产资料的使用效率、改善生产要素的质量、合理地配置企业资源、促进生产力的提高。

2. 技术改造可以使企业投资少、时间短、收效快、效益高。它所形成的新的生产能力一般比新建同等规模的企业，要少用2/3的资金；改造周期往往缩短一半以上。

3. 通过技术改造，可以迅速改变企业的技术落后面貌，实现企业生产技术现代化。因为技术改造可以改变企业的设备老化、技术陈旧、计量测试手段差、产品落后的状况。用先进的技术设备生产出市场需要的优质产品，降低能源消耗，提高企业的经济效益和社会效益。

4. 企业进行技术改造，是提高企业素质，提升企业市场竞争水平，增强企业生存和发展能力的关键环节。因为技术改造可以使企业迅速地应用科技新成果，提高企业研制开发新产品的创新能力，使企业有能力参与国际贸易和国际市场的竞争。

测 试

企业技术改造应遵循的原则是什么？你如何认识企业技术改造作用？

（三）技术改造的内容

1. 改进产品设计，促进产品升级换代。企业通过技术改造，使企业的技术装备和制造技术更加先进，使企业可以更好地满足市场需要，改进产品设计，提高产品的性能和质量，促进产品升级换代。

2. 改进技术工艺流程，推广先进的操作方法。企业通过技术改造，在产品生产中采用先进的工艺和技术操作方法，确保产品的质量和安全生产，以达到用工少、用料省、效益高、安全可靠的目的。

3. 改进和研制新的工具设备，不断提高企业生产技术装备水平。企业通过技术改造，将技术落后的工具装备，改造为机械化、电气化、自动化、数控化、现代化的工具装备。

4. 降低能源和原材料的消耗，开展综合利用。企业通过技术改造，对那些能源消耗高的设备，采取各种节能措施，杜绝各种原材料浪费现象，提高能源、原材料的利用率；企业还要综合利用废料、废气、废液，从中提取副产品，变废为宝。

5. 改造厂房建筑和公用工程设施。企业对厂房、公用工程设施进行改造，使之适应生产发展的新要求。

（四）技术改造的组织管理

技术改造是一项涉及面广、技术性强的工作，必须进行严密的组织和管理，才能顺利进行并取得预期的效果。

1. 制定技术改造全面规划。技术改造是一项具有战略性的长期任务，必须有计划、有重点、有步骤地进行，企业的技术改造规划，要明确规定企业在一定时期内技术改造的规模，即改什么、怎么改、资金如何筹集、经济效益如何等项内容。

技术改造既要体现企业较长时期奋斗的技术改造长期规划，又要有体现近期安排和具体措施的短期技术改造实施计划，既要有总体改造规划，又要有单项改造计划，做到长短衔接、大小结合，使技术改造分阶段、有步骤地进行。

2. 进行技术改造的可行性研究。技术改造项目的可行性研究，就是指通过调查和科学的预测，对准备进行的改造项目，进行技术、经济上的分析和论证，确认其在技术上是否先进适用，经济上是否合理，并进行方案比较，选择出最佳方案。对一些大型的技术改造项目，其可行性研究一般包括投资机会论证、初步可行性研究、详细可行性研究和经济评价等四个阶段。

3. 技术改造项目的组织实施。技术改造规划制订后，即可组织力量予以实施。首先要组织好设计、施工力量；其次要安排好技术改造所需的资金、设备和材料，抓好日常调度和协调工作，进行严格的检查监督，对完工项目进行检查验收。

（五）技术改造项目经济效益评价

1. 技术改造项目经济效益的计算。它一般同规定的计划指标联系起来，内容包括提高劳动生产率、节约工时、增加产量、提高质量、节约原材料、降低成本等方面。

2. 技术改造项目经济效益的评价。技术改造项目经济效益的评价一般把年度节约额、假定年度节约额、回收期三个指标结合起来评价。

（1）年度节约额，是指从技术改造实施之日到年度终止时的节约额，计算公式如下：

$$\text{年度节约额} = \text{单位产品节约额} \times \text{改造项目实现后到年末的计划产量}$$

（2）假定年度节约额，是指实现技术改造措施后，经过一年所产生的节约额。它是为了使不同的改造措施，在同等的一年时间内可比较经济效果的大小，计算公式如下：

$$\text{假定年度节约额} = \text{单位产品节约额} \times \text{改造项目实现后一年内的计划产量}$$

（3）回收期，是指实现技术改造措施的全部费用，从它的节约额中收回所需的全部时间。技术改造措施费用回收期愈短，效果愈好。计算公式如下：

$$\text{费用回收期（年）} = \frac{\text{实现改造项目的全部费用}}{\text{假定年度节约额}}$$

【活动 5－2】

活动内容：

选取生活中常用的一件物品，进行改造、创新设想。

活动目标：

1. 最大限度地激发自己的想象力，又能使得你的设想具有一定的合理性；
2. 用自己的语言阐明自己的设想，吸收同学讨论中的意见，进一步完善自己的设想。

项目四 知识产权

【学习目标】

□ 明确知识产权的概念、类型及知识产权的基本特征。

一、知识产权及其主要类型

知识产权，是指人类智力劳动产生的智力劳动成果所有权。它是依照各国法律赋予符合条件的著作者、发明者或成果拥有者在一定期限内享有的独占权利。

知识产权一般由两部分组成：版权和工业产权。

版权，即著作权，是指著作权人对其文学、艺术、科学作品享有的署名、发表、使用以及许可他人使用和获得报酬等的权利。

工业产权，是指人们依法对应用于商品生产和流通中的创造发明和显著标记等智力成果，在一定地区和期限内享有的专有权。工业产权包括发明、实用新型、外观设计、商标、服务标记、厂商名称、货源标记或原产地名称等。在我国，工业产权主要指商标专用权和专利权。

按照内容组成，知识产权由人身权利和财产权利两部分构成，也称之为“精神权利”和“经济权利”。

- **人身权利**，是指权利同取得智力成果的人的人身不可分离，是人身关系在法律上的反映。例如，作者在其作品上署名的权利，或对其作品的发表权、修改权等，即为精神权利。
- **财产权**，是指智力成果被法律承认以后，权利人可利用这些智力成果取得报酬或者得到奖励的权利。它是指智力创造性劳动取得的成果，并且是由智力劳动者对其成果依法享有的一种权利。

知识链接

- 2015 年 4 月 16 日国务院新闻办召开的发布会上，国家知识产权局局长申长雨介绍，2014 年我国共受理发明专利、实用新型和外观设计申请 236.1 万件，其中发明专利 92.8 万件，同比增长 12%，申请量连续 4 年居世界第一。
- 知识产权法律制度主要由著作权法、专利法、商标法、反不正当竞争法等若干法律、行政法规或规章、司法解释和相关国际条约等共同构成。

二、知识产权的基本特征

不同的知识产权具有各自的一些特征，同时也具有共性的一面。

（一）无体财产权

知识产权是无体财产权，它与有体财产权相比，在权能上具有以下四点区别：

1. 知识产权人对知识产品不发生有形控制的占有。

2. 在使用权能方面，由于知识产品的无体性，使得对同一知识产品可以同时为许多人使用，彼此互不排斥，而且对知识产品的使用不发生有形的损耗。

3. 收益权能方面，知识产权人只能通过知识产品的法定孳息获得收益，不存在天然孳息收益。

4. 在处分权能方面，不发生消灭知识产品的事实处分，知识产品不可能有因实物形态的消费而导致其本身消灭的情形。

（二）专有性

专有性即知识产权所具有的排他性和绝对性，有以下两方面含义：

1. 知识产权人对其权利客体——知识产品享有独占权、垄断权，对于同一项知识产品，在一定地域范围内，不允许有两个以上相同属性的知识产权并存。

2. 知识产权人对其知识产品的这种专有权受法律的严格保护，权利人以外的任何人均不得侵犯这种权利，未经权利人许可或者法律规定的特殊情况，任何人不得随意使用受保护的知识产权。

（三）时间性

时间性是知识产权异于物权的又一个重要的特征。它是指知识产权中财产权利受法律保护的时间不是无限的，而是有一定的期限——保护期或有效期，知识产权只有在有效期内才受法律的保护，期限届满，该知识产权即丧失了专有性，成为整个社会的共同财富，任何单位和个人都可以无偿使用，而不产生侵权问题。知识产权的时间性主要针对知识产权中的财产权部分，而不针对人身权部分（特殊情况除外，如著作权中的发表权）。某些知识产权如商业秘密权的保护期就无时间限制。

（四）地域性

地域性是指在某一国家或地区取得的知识产权只能在该国或该地区范围内发生法律效力，除签有国际公约或者双边互惠协定外，一般不发生域外效力。例如，某人从中国带一个相机到美国，在美国该相机仍然受到法律的保护，不存在所有权的地域性问题。而知识产权则不同，按照我国法律取得的著作权不一定会在美国受到保护，除非根据国际公约或双边互惠协定而受到保护。

（五）法律确认性

法律确认性具体有以下两层含义：

1. 知识产品要获得知识产权，首先要由法律作出直接的规定，否则即使是知识产品，也不能受到知识产权法律制度的保护。

2. 知识产品要想取得知识产权，除著作权以外，要逐一申请并获得批准。

知识链接

日本人的专利之道

美国一家企业在日本申请了一个专利，日本人立即对其加以研究，将专利产品换了颜色申请了一个外观设计专利。结果，该颜色的产品在日本市场上比美国产品好销，迫使美国人要么“以大换小”进行交叉许可，要么让出市场收取许可费。日本人由于熟悉该国民族风情，只动了一个小脑筋就以“以小换大”的策略占了美国人的大便宜。这个事例道出了一个道理，中国的企业也可在别人专利的基础上进行改进，哪怕是局部的小改进，只要能产生较大的市场效应，就能变被动为主动，与外国企业的专利进行合理、合法的竞争。

思考测试:

什么是知识产权？知识产权的内容包括哪些？

思考与训练

一、简答题

1. 什么是技术创新？为什么要进行技术创新？
2. 技术创新的特点和类型有哪些？
3. 技术创新的对象是什么？如何进行技术创新的管理？
4. 产品寿命周期及其各阶段的特点是什么？
5. 什么是新产品？新产品的类型包括哪些？
6. 新产品开发的原则、方向、程序如何？
7. 老产品改进的原则、方式如何？
8. 技术引进的原则、作用是什么？方式有哪些？
9. 技术改造的作用、原则和内容是什么？

二、实训题

实训 1

为“e”化企业打造创新竞争力

联想的服务在业内有口皆碑，这与其推出“阳光服务”行动密不可分。所谓“阳光服务”，就是联想为广大客户提供涵盖 IT 产品售前、售中、售后全程专业化服务的统一服务品牌。联想的服务模式定位为“阳光直通车”：既能给客户带来方便的“一站式解决”，同时又能对服务过程进行全程化的监控。在阳光服务的背后，凸显的是联想丰富的知识资源、规范的知识流程和强有力的知识管理能力。

一个客户，需要咨询产品使用中出现的问题，无论他是登录联想的网站或拨打阳光热线，服务系统都会自动搜索产品信息和客户信息，把任务提交给相应的专业人员。围绕着客户的问题，工程师可以搜索“服务知识库”，寻找分门别类的解决方案。工程师如果发现客户的“病症”可以从知识库中找出合适的药方，客户的问题即可迎刃而解。如果工程师判断需要上门服务，系统还会自动为客户寻找相应的客户服务代表，调配离客户地域最近的阳光工程师实施服务。如果工程师遇到的是“疑难病症”，系统也会立即提供公司内部可调用的专家资源，支持工程师通过先进的CIT系统向专家求助来最终解决客户的问题。联想在服务方面体现的创新竞争力，应当归功于公司内建立起的一套“服务知识管理系统”，即每一个员工都有责任把与客户接触过程中遇到的服务问题及解决方法，输入到既定格式的“阳光服务知识库”中。这样，当专业人员遇到客户的问题时，他所提供的服务之所以与众不同，是背后融合了数千名业务专家的智慧。服务知识管理，让联想的“阳光直通车”彻底打破了旧有的客户服务难、东奔西走、耗力费神的模式，也让客户真正体验到来自联想无所不在、无微不至的服务关怀。

【问题与思考】

1. 联想创新竞争力的打造过程对你有什么启示？
2. 什么才是联想企业获得持续竞争力的基础？

实训2

J牌小麦啤酒生命周期延长策略

国内某知名啤酒集团针对啤酒消费者对啤酒口味需求日益趋于柔和、淡爽的特点，积极利用公司的人才、市场、技术、品牌优势，进行小麦啤酒研究，成功地利用其专利科技成果开发出具有国内领先水平的J牌小麦啤酒。这种啤酒泡沫更加洁白细腻、口味更加清爽柔和，更加迎合啤酒消费者的口味需求，一上市，便在低迷的啤酒市场上掀起一场J牌小麦啤酒的消费热潮。

一、J牌小麦啤酒的基本状况

J牌啤酒公司认为，小麦啤酒作为一个概念产品和创新产品，要想很快获得大份额的市场、迅速取得市场优势，就必须对产品进行一个准确的定位。J牌集团把小麦啤酒定位于零售价2元/瓶的中档产品，以500毫升专利异型瓶包装销往城市，630毫升普通瓶包装销往农村。合理的价位、精美的包装、全新的口味、高密度的宣传，使J牌小麦啤酒上市后迅速风靡市场，当年销量超过10万吨，成为J牌集团一个新的经济增长点。由于上市初期准确的市场定位，J牌小麦啤酒迅速从投入期过渡到高速成长期。

高涨的市场需求和可观的利润回报使一些中小啤酒企业纷纷跟风上马生产小麦啤酒。一时间市场上出现了五六个品牌的小麦啤酒，而且基本上外包装都是抄袭J牌小麦啤酒，酒体仍然是普通啤酒，口感较差，但凭借1元左右的超低价格，在农村及乡镇市场迅速铺开，这很快造成小麦啤酒市场竞争秩序严重混乱，J牌小麦啤酒的形象遭到严重损害，市场份额也严重下滑，形势非常严峻。J牌小麦啤酒一部分市场因此而从高速成长期迅速进入了成熟期，销量止步不前，而一部分市场由于杂牌小麦啤酒低劣质量的严重影响，消费者对小麦啤酒不再信任，J牌小麦啤酒销量也急剧下滑，产品提前进入了衰退期。

二、J牌小麦啤酒的战略抉择

面对严峻的市场形势，企业是选择维持策略，尽量延长产品的成熟期和衰退期最后被市场自然淘汰，还是选择放弃小麦啤酒市场策略，开发新产品投放其他的目标市场？决策者经过冷静的思考和深入的市场调查后认为：小麦啤酒是一个技术壁垒非常强的创新产品，竞争对手在短期内很难掌握此项技术，也就无法缩短与J牌小麦啤酒之间的质量差异；小麦啤酒的口味迎合了当今啤酒消费者的流行口味，整个市场有较强的成长性，市场前景是非常广阔的。所以选择维持与放弃策略都是一种退缩和逃避，失去自己投入巨大的心血打下的市场实在可惜，应该采取积极有效的措施，调整营销策略，提升J牌小麦啤酒的品牌形象和活力，使其获得新生，重新回到成长期或直接过渡到新一轮的生命周期，重新成为小麦啤酒的市场引领者。

通过该公司准确的市场判断和快速有效的资源整合，使得J牌小麦啤酒化险为夷，重新夺回了失去的市场，J牌小麦啤酒焕发出强大的生命活力，重新进入高速成长期，开始了新一轮的生命周期循环。

【问题与思考】

1. 分析J牌小麦啤酒的优势与劣势。
2. 如果你是公司的决策人，你会采取哪些具体措施来延长J牌小麦啤酒的生命周期？

实训3

海尔：自主创新　建立核心竞争力

一直以来，“技术创新”都是中国空调产业发展的最大短板。特别是在最近10年来，中国空调企业凭借“全产业链下的大规模化制造”实力，在全球市场实现了快速崛起后，缺失的“创新短板”让中国空调产业“大而不强”，陷入新一轮的尴尬之中。

一个值得警惕的现象是，早在1998年海尔以变频技术摘得国家科技进步奖，直到2012年格力空调又凭借变频技术获得国家科技进步奖。这意味着在经历了14年的持续升级转型后，不少国内空调企业的技术创新水平还停留在跟随、模仿式创新阶段。

对于已经实现全球一体化竞争的中国空调行业来说，当前正面临着规模化扩张遭遇“经济下行、需求下滑”的严峻挑战，大规模制造的发展模式已经难以为继。在这种形势之下，中国空调业显然需要更多的海尔出现，以自主创新驱动，抛开对规模化制造竞争力的依赖和迷恋，瞄准全球市场和跨国巨头建立“创新引领未来”的商业竞争新秩序。

如何让中国空调业从“制造”走向“创造”，在海尔空调看来，唯有“创新”一条路，必须要完成从核心技术到核心竞争力的新驱动体系建设。回顾海尔空调二十多年的发展史，就是一部“自力更生与整合全球”融合驱动下的创新史。

以变频技术自主创新切入空调业的海尔，早在1993年就研发并生产出中国第一台变频空调。20年间，海尔持续引领了中国变频技术的三次革命性升级。与其他企业不同的是，在海尔空调每一次技术升级的背后，都是基于用户需求最终开创新的用户需求的创新成果。

近年，海尔空调创造的变频空调“最低0.1赫兹、最高150赫兹”运行纪录，正是基于长期以来用户对于空调存在的“温度波动大、耗电量大、制冷制热速度慢”等使用弊端的革命性创新，最终实现空调的“省电60.5%、1分钟冷、3分钟热”等领先成果。

在空调业内人士看来，海尔当年选择从创新难度最大的变频技术入手，正式拉开进军空调业的序幕，正是基于企业“海纳百川”理念下的敢为人先、敢于直面短板、善于自我革新等创新精神的驱动，最终才能在中国空调业完成规模化制胜基础上，开辟“创新领航”的新体系。

【问题与思考】

1. 海尔的创新特点是什么？
2. 从创新的角度分析“制造”与“创造”的区别。

单元六
企业生产管理与质量管理

引　言

对于企业来说，要使经营目标得到实现，就必须有效地开展生产活动，提供社会需要、适销对路的产品或劳务。现代工业生产活动是社会化大生产，如何组织好生产过程，如何安排好生产计划，如何对生产进行控制，又如何适应各方面的变化及时地对它们进行调整……生产管理和产品质量就显得很重要。试想生产计划水平低、作业现场忙乱的企业，能得到好的效益吗？所以，使企业管理者掌握生产管理知识，具有基本生产管理和质量管控的能力，这对搞好企业生产管理，使企业的生产高效地进行，适应变化的市场需求，具有非常重要的意义。

项目一　生产过程的组织

【学习目标】

□　了解企业的生产过程和类型，掌握生产过程组织形成和要求。

一、生产过程及其组织的要求

（一）生产过程

产品的生产过程是指从准备生产该种产品开始（包括生产前的各项技术准备工作），直到把它生产出来为止的全部过程。在某些生产技术条件下，生产过程的进行还需借助自然力的作用，使劳动对象**发生物理或化学的变化，在这种情况下，产品的生产过程就是劳动过程与自然过程的结合。**

【活动6－1】

活动内容：

组织学生深入生产车间，对企业的生产过程形成直观的认识，了解生产过程的特点。

活动目标：

使学生充分了解企业生产过程的组成，以及合理组织生产过程的要求。

（二）生产过程的组成

企业的生产过程一般由四个部分组成，见表6－1。

表6－1

生产过程	生产内容
生产技术准备过程	是指产品在投入生产前所进行的各种技术准备工作过程。如产品设计、工艺设计、工艺装备设计与制造、工人培训等
基本生产过程	是指直接对劳动对象进行加工，使之成为产品的过程。如机械制造企业的铸造、锻造、切削、热处理、装配等
辅助生产过程	是指为了保证基本生产过程的正常进行所必需的各种辅助性生产活动。如动力生产、工具制造、设备维修等
生产服务过程	是指为基本生产和辅助生产所进行的各种生产服务活动。如原材料、半成品、工具的保管与发放、厂内运输等

在上述生产过程的各个组成部分中，基本生产过程占有主导地位，其他生产过程都围绕基本生产过程进行，并为实现基本生产过程创造条件。在这里我们研究生产过程，主要是研究基本生产过程。

基本生产过程按其工艺性质的不同又可分为若干生产阶段（工段）。如机械制造企业，一般分为毛坯铸造、机械加工和装配三个生产阶段。一个生产阶段又由许多个不同的工序组成。

提示：产品的生产过程与产品生产周期不同，产品生产周期是指某一件（或一批）产品，从投料生产到最后制成产品经过的时间。注意这两者又与产品寿命周期不同。

（三）合理组织生产过程的要求

为了使生产过程能够顺利进行，必须合理组织生产过程，使各生产阶段、各工序能够相互衔接、密切配合，尽可能缩短产品的生产周期，提高生产效率和经济效益。

合理组织生产过程必须努力实现下列基本要求：

第一，连续性，指产品在生产过程的各阶段、各工序之间的流动，在时间上是紧密衔接的，产品在生产过程中始终处于连续的运动状态之中。即被加工的对象不是处在进行加工、检验过程，就是处于运输过程中，没有或很少有不必要的停顿和等待时间。生产过程的连续性是提高生产效率、降低生产成本的基础。

第二，比例性，指生产过程的各阶段、各工序之间的生产能力要保持适当的比例关系。也就是说，各个生产环节的工人人数、设备数量、生产面积等，都必须互相适应。生产过程的比例性是保证生产连续性的前提，也是充分利用生产能力、减少人员和设备浪费，提高劳动生产率和设备利用率的前提条件。

第三，均衡性，指企业各个生产环节在产品的投入、加工和产出都能按作业计划有节奏地进行，在一段时间内生产出相等或稳定递增的产品，使各工作环节负荷均匀，不会出现前松后紧、时松时紧的状况。生产过程的均衡性有利于提高产品质量和实现正常的生产秩序。

第四，适应性，指生产过程组织形式的灵活性、可变性，在较短的时间内，能以最少的资源消耗，从一种产品的生产转换为另一种产品的生产，要具有适应市场需求变化的能力。

第五，经济性，指在生产过程的组织中，投入的各种费用应是最少的，整个生产过程的运行是最经济的。

二、生产类型

这里主要介绍按照工作的专业化程度所划分的生产类型，它是影响生产过程组织的一个主要因素。按生产产品的固定性程度（专业化程度）不同，企业生产类型可以分为大量生产、成批生产和单件生产三种类型：

（一）大量生产

大量生产是指经常不断地重复生产同样的产品。其特点是产品固定、品种少、产量大，生产条件稳定，生产重复性高。在通常情况下，每个工作部门都固定加工一道或少数几道工序，工作地专业化水平高，工人的操作熟练程度容易提高，生产过程可采用高效率的专用设备、自动化与半自动化设备以及专用工艺装备，生产过程的机械化、自动化较高，在生产效率、技术水平等方面有一定的优势，但生产的应变能力较差。

（二）成批生产

成批生产是指经常成批地轮换生产几种产品。其特点是产品品种较多，生产的产品相对稳定，每种产品都有一定产量，工作部门成批、轮番地进行生产，一批相同产品加工完了，要进行设备和工装的调整，然后加工另一批其他产品。因此，成批生产的专业化程度和生产的连续性都比大量生产低，生产效率技术水平等方面的优势不如大量生产，但应变能力却得到一定的提高。成批生产又可按照生产规模和生产重复程度分为大批、中批和小批生产。

（三）单件生产

单件生产是指每种产品只做一件或少数几件，做完以后很少再重复生产。其特点是产品品种多，产品生产数量少，生产重复性低，每种产品不重复或不定期重复，工作部门的专业化程度低。因此，在单件生产条件下，所用设备和工艺装备往往不具有通用性，对工人技术和操作水平要求高，生产过程的平行性和连续性差。

在上述的三种生产类型中，大量与大批生产之间、单件与小批生产之间，在经济效果和对生产组织工作的影响方面都是相接近的，所以一般又称为“大量大批”、“成批”、“单件小批”三种类型。

由于不同的生产类型能取得不同的经济效果，企业应尽可能从各个方面去扩大产品生产的批量，提高工作部门的专业化程度。在一定的条件下，企业可以从以下几方面来提高生产效率：

（1）在全面规划、全面安排的原则下，积极发展专业化生产，增大批量。

（2）加强产品标准化、系列化和通用化，扩大标准件、通用件的使用范围。

（3）组织同类产品和零件的集中生产，将结构工艺相似的零件集中起来，采用成组工艺以扩大批量生产。

（4）加强计划工作，合理搭配产品，尽量减少同期产品品种数目。

提示：生产类型的划分往往有以下的情况：企业、车间、工段都各有自己的生产类型。企业的生产类型是属于哪一种，则主要决定于主要车间的生产类型，而主要车间则主要取决于担负着产品最主要工艺工序的生产类型。

三、生产过程的组织形式

企业的生产过程是在一定的空间和时间内进行的，需考虑采取一定的组织形式，以提高生产效率。

（一）生产过程的空间组织

企业必须根据生产的需要，设置一定的空间场所，建立相应的生产单位（车间、工段、班组）进行生产活动，这就是生产过程的空间组织。这些生产单位的设置，通常可采用以下形式：

1. 工艺专业化形式。这是按照生产工艺性质的不同来设置生产单位的一种形式。在工艺专业化的生产单位内，集中同种类型的设备和相同工种的工人，对产品进行相同工艺的加工。如机械制造企业中的机械加工车间、装配车间，机械加工车间中的车工班组、磨工班组等。

优点：由于同类型的设备和相同的工艺加工集中在一起，有利于充分利用设备和对工艺进行专业化管理，能适应产品品种变换的要求。

缺点：是产品需经过多个生产单位的加工，运输路线长，停放、等待时间较多，产品生产周期长，生产单位之间的联系和管理工作比较复杂。

2. 对象专业化形式。这是按照产品（零件、部件）为对象设置生产单位的一种形式。在对象专业化的生产单位内，集中着为制造某种产品所需要的各种不同类型的设备和不同工种的工人，其对产品按工艺加工顺序进行不同工艺方法的加工，把产品生产出来。如汽车制造企业的发动机车间、底盘车间等。

优点：产品在加工过程中，运输路线短、生产周期短、在制品和流动资产占用量少、可采用先进的生产组织形式。

缺点：在产量不大时，难于充分利用生产设备和生产面积，对产品品种变换的适应能力较差。

一般地说，在产品生产不固定、产品种类多、产量少的单件小批企业中，设置生产单位采用工艺专业化形式比较适合。而在产品专业方向固定、产品品种少、产量大的大量大批生产的企业，适宜于按对象专业化形式来组织生产单位。在实际工作中，企业为了适应生产需要，往往把两种形式结合起来，全面分析不同形式的技术经济效果，考虑长远发展和目前生产需要来设置内部生产单位。

（二）生产过程的时间组织

生产过程的时间组织，是指在生产过程中各生产工序之间在时间上的合理衔接与安排，主要研究劳动对象在各工序之间的移动方式。

劳动对象（产品或零件）在各工序之间的移动方式与制造的产品数量有关。例如在机械加工企业，当生产的产品只有一个（件）时，这个产品只能按工艺顺序，在一个一个的工序里依次进行加工。当加工的产品（零件）为一批时，则产品在各工序之间的移动方式，可分为以下三种：

1. 顺序移动方式。顺序移动方式是指整批零件在上一道工序全部加工完了以后，才开始整批集中运送到下一道工序去加工。采用这种移动方式，组织工作比较简便，但因零件是整批在各道工序加工和运送的，造成了等待运输和等待加工的停顿时间较多，因而生产周期长，占用经营资金多。在顺序移动方式下，整批零件的加工时间，可按下列公式计算：

$$T_{顺} = n\sum t$$

式中，T 为整批零件的加工时间；n 为零件的批量；t 为工序的单件加工时间。

2. 平行移动方式。平行移动方式是指每一个零件在一道工序加工完毕后，立即转送到下一道工序加工。零件在工序之间的运送是逐件进行的，各生产环节对整批零件的加工，在时间上是平行进行的。采用这种移动方式，每一个零件停顿、等待的时间很少，因而产品的生产周期最短，但运送次数多、厂内运输费用大、生产组织工作较为复杂。在平行移动方式下，整批零件的加工时间，可按下列公式计算：

$$T_{平} = \sum t + t_L(n-1)$$

式中，t_L 为零件单件加工最长的工序时间。

3. 平行顺序移动方式。平行顺序移动方式是上述两种方式的结合。零件在各个工序的移动有两种情况：一是当前一道工序的单件加工时间大于后一道工序的单件加工时间，前一道工序上完工的零件，并不立即转移到下一道工序，而是积存到一定数量，足以保证后一道工序能连续加工时，才将完工的零件运送到后一道工序；二是当前一道工序的单件加工时间比后一道工序的单件加工时间短或相等时，前一道工序上完工的每一个零件立即运送到后一道工序去加工。

这种移动方式吸取了上述两种方式的优点，使劳动过程中断的时间减少，并可将工人和设备的空闲时间集中起来加以利用。在平行顺序移动方式下，整批零件的加工时间，可按下列公式计算：

$$T_{平顺} = n\sum t - (n-1)\sum t_s$$

式中，$\sum t_s$ 为上下工序之间较短的工序加工时间之和。

【实例应用】 某零件在某机械加工车间的生产批量为 4，先后经过四道工序加工，各道工序的单件加工时间分别为：$t_1=8$ 分钟，$t_2=4$ 分钟，$t_3=16$ 分钟，$t_4=12$ 分钟。试分别按顺序移动方式、平行移动方式和平行顺序移动方式计算一批零件的加工时间。

解：（1）顺序移动方式的加工时间：

$$T_{顺} = n\sum t = 4\times(8+4+16+12) = 160(分钟)$$

（2）平行移动方式的加工时间：

$$T_{平} = \sum t + t_L(n-1)$$
$$=(8+4+16+12)+16\times(4-1)=88\ (分钟)$$

（3）平行顺序移动方式的加工时间：

$$T_{平顺} = n\sum t-(n-1)\sum t_s$$
$$=4\times(8+4+16+12)-(4-1)\times(4+4+12)=100\ (分钟)$$

从三种移动方式可以看出，在不同的移动方式下，产品生产周期不同，组织管理工作的繁简亦不同，因此，在具体选择零件移动方式时，应根据企业各自的特点，结合生产的各种条件进行决定。

【活动 6-2】

活动内容：

根据日常生活经验，设计某一产品的生产过程，按不同的移动方式计算生产周期。

活动目标：

1. 掌握不同移动方式下加工时间或生产周期的计算公式。
2. 对不同移动方式的优缺点进行总结。

四、流水生产

流水生产又称"流水作业"或"流水线生产"，它是对象专业化组织形式的进一步发展，是一种高效率的先进生产组织形式。在流水线中，产品按规定的工艺路线和生产速度，连续不断地通过各个工作部门进行加工，并出产产品。

（一）流水线的特征

1. 流水线上每个工作地都固定地完成一道或几道工序，工作部门的专业化程度高。
2. 各工作部门按照加工产品的工艺顺序排列。
3. 流水线上各道工序的加工时间成相等或倍比关系。
4. 按照规定的节拍出产产品。

相关知识

节拍就是流水线上前后出产两件相同产品的时间间隔。节拍等于计划期有效工作时间除以计划期产量，它是表明流水线出产量大小的指标。

（二）流水线的类型

在企业里，流水线的形式是多种多样的。可分为固定流水线和移动流水线；不变流水线和可变流水线；连续流水线和间断流水线；单一对象流水线和多对象流水线；还可分为手工流水线、机械流水线和自动化流水线等。最高级的形式是自动化流水线。

（三）流水线生产的条件

流水线生产能使生产过程更好地符合连续性、比例性和均衡性的要求，生产的专业化程度高，生产效率高，但也存在较难灵活地适应品种变化和需较多投资的问题。所以，组织流水线生产必须具备以下基本条件：

1. 产品品种稳定，而且是市场长期大量需要的产品。

2. 产品结构比较先进、设计基本定型、工艺方法比较先进和稳定。

3. 组成生产过程的各道工序能够合并或分解，能满足工序同步化的要求。

具备了上述的条件并通过可行性研究后，才能进行流水线的组织和设计。

项目二　生产计划和生产作业计划

【学习目标】

□　掌握年度生产计划中主要指标的确定及其优化，认识如何对生产作业进行控制。

一、年度生产计划的主要指标及其确定

（一）年度生产计划的主要指标

年度生产计划是企业经营计划的重要组成部分，它规定着企业在计划期内应当完成的生产任务和进度。年度生产计划中的主要指标有：产品品种、产品产量、产品质量和产值等。这些指标对满足社会的需求和企业的生存发展具有非常重要的意义。

1. 产品品种指标。产品品种指标是指企业在计划期内计划生产产品的名称和品种数（包括应当试制完成的新产品）。品种指标是反映企业向社会提供产品品种方面需求的满足程度，同时又反映着企业的生产技术水平和管理水平。

2. 产品产量指标。产品产量指标通常是指企业在计划期内应当生产的合格产品的实物量和工业性劳务量。通常采用实物单位或假定实物单位计算。产量指标反映企业在一定时期内向市场提供的实物数量和企业生产发展的水平，它是企业进行产销平衡、物资平衡、计算劳动生产率、原材料消耗、成本和利润的基础，也是安排生产作业计划、组织日常生产活动的依据。

3. 产品质量指标。产品质量指标是指企业在计划期各种产品质量应达到的水平。它通常采用综合性的质量指标，如合格率、一等品率以及废品率、返修率等。产品质量关系到企业的信誉和产品在市场上的竞争力，产品质量指标也是企业技术水平和管理水平的综合反映。

4. 产值指标。由于不同产品品种的实物产量计量单位不同，需要运用综合形式反映企业生产总成果的价值指标，即产值指标。产值分为商品产值、总产值和净产值三种形式。

（1）商品产值。是指企业在计划期内出产的可供销售的合格产品（或劳务）的价值。它一般按现行价格计算，计算公式如下：

商品产值 = 自备原材料生产的成品价值 + 外销半成品价值 + 用订货者来料生产产品加工价值 + 对外承做的工业性劳务价值

（2）总产值。是用货币形式表现的企业在计划期内应当完成的工作总量。它一般按不变价格计算，计算公式如下：

总产值 = 商品产值 + （期末在制品、半成品、自制工模具的价值 − 期初在制品、半成品、自制工模具的价值） + 订货来料价值

总产值反映企业在一定时期内的生产总规模和总水平，是计算企业的发展速度和劳动生产率的依据。

（3）净产值。是企业在计划期内新创造的价值。它一般按现行价格计算，计算公式如下：

净产值 = 总产值 − 各种物资消耗价值

或 = 工资 + 税金 + 利润 + 其他属于国民收入初次分配性质的支出

上述各种指标之间的关系是十分密切的，产品品种、产量、质量指标在生产计划中居于重要的地位，是计算产值指标的基础，而各项产值指标又是企业生产成果的综合反映。企业编制生产计划时，一般应首先安排产品品种、产量和质量，然后再计算产值。

（二）生产计划指标的确定

编制年度生产计划主要是确定生产指标，企业在确定生产指标之前，必须认真做好市场调研，了解市场需求，同时，根据企业的经营目标和具体条件，把市场需求与企业的实际结合起来，力求争取最好的经济效益。为此，应做好以下几项工作：

1. 进行企业外部和内部情况的调查。企业确定生产计划指标，必须贯彻以需定产、满足社会需要的原则，才能生产出适销对路的产品。所以，企业必须充分掌握外部环境的情况，充分掌握市场的需求；同时，企业还必须摸清内部的情况，如企业的生产能力、技术、劳动力以及物资储备等各方面的条件。在社会需求确定的条件下，企业的生产能力是确定生产计划指标的基础。

生产能力是指在合理的生产组织技术条件下，在一定时期内，企业各生产环节直接参与生产的固定资产，所能生产一定种类和一定质量产品的最大数量，或处理一定原材料的最大数量。

企业生产能力的大小，主要取决于如下三个方面的因素：

（1）生产性固定资产的数量。这是指计划期内所拥有的全部能够用于生产的机器设备、厂房和其他生产用建筑物的数量。机器设备包括正在运转、修理、安装或等待改装的设备，以及因生产任务变化而暂时停止使用的设备。

（2）生产性固定资产的有效工作时间。这是指按照企业现行工作制度计算的机器设备的全部有效工作时间和生产面积的全部利用时间。在连续生产的企业里，机器设备的有效工作时间，一般等于日历时间减去停修时间；在间断生产的企业里，机器设备的有效工作时间，是在日历时间中扣除节日、假日时间之后，按照企业规定的工作班次来计算的，其中还要扣除计划检修停机时间。

（3）生产性固定资产的生产效率。这是指单位机器设备的产量定额或者单位产品的台时定额。

2. 做好综合平衡。企业在掌握了外部和内部情况的基础上，可根据经营目标初步拟订生产计划指标，然后再把它与生产条件进行全面的综合平衡。主要包括：

（1）生产指标与生产能力之间的平衡。主要是测算企业的设备、生产面积所提供的生产能力，然后与生产指标中的品种、产量进行比较，从中发现生产能力的不足和富余的环节，采取措施加以调整，使两者达到平衡。

（2）生产指标与生产技术能力、劳动力、物资供应之间的平衡。企业在计划期内有增加新产品或改造老产品的任务，这就需要测算设备、工艺和工装设计、制造等方面的力量能否适应增加新产品或改造老产品的技术需要。

- 劳动力方面，主要是测算劳动力的数量、工种、技术等级和劳动生产率等与生产任务的要求是否相适应。
- 物料供应方面，主要根据市场采购情况，测算各种物料的可供量、供应期限、库存量等对生产任务的保证程度。通过各方面的测算，采取措施，达到平衡。

（3）生产指标与利润、成本、资金指标之间的平衡。生产指标的变动必然会影响利润、成本、资金指标。企业通过一系列的测算，一方面可以促进降低产品成本，增加适销对路、利润大的品种，从而达到增加产量、提高效益的目的；另一方面，测算出资金数量对生产指标的保证程度，达到既保证生产任务的完成，又尽量少占用资金，实现生产任务与资金之间的平衡。

3. 生产指标优化。企业在确定生产指标时，不但要考虑满足社会的需要，同时还要考虑到使企业获得良好的经济效益。所以，应运用定量分析和定性分析相结合的方法，来确定最优的生产指标。

提示：企业计划制定的效率和质量在很大程度上取决于所采用的方法，除了常规方法之外，还可以运用一些现代计划的方法，如滚动计划法、计划评审技术等，企业可根据实际采用。

二、制订生产作业计则

企业的年度生产计划不仅要确定全年的生产任务，而且还要把全年的生产任务具体安排到季度和月份，即制订企业的生产作业计划。制订生产计划，合理安排产品的产出进度，对确保销售计划和订货合同的完成，有效地运用企业的各种资源有着重要的作用。不同类型、不同生产特点的企业，安排产品生产进度的方式不一样。

1. 生产任务饱满或市场对产品需求量比较稳定的企业，这类企业可实行均衡安排的方式。大体上有以下几种：

（1）平均分配，即把全年的生产任务等量分配，各季、月的平均日产量相等。

（2）分期递增，即产量分期分阶段增长，每隔一段时间平均日产量有所增长，而每一段时期内的平均日产量水平大致相同。

（3）小幅度连续增长。即各季、月的产量逐渐地、小幅度地不断上升，呈梯形状态。

（4）抛物线形递增。即安排产量增长的趋势呈抛物线形状，开始时，增长较快，以后渐趋平稳。对于新产品一般都采用这种方法。

上述几种产量分配方式如图 6－1 所示。

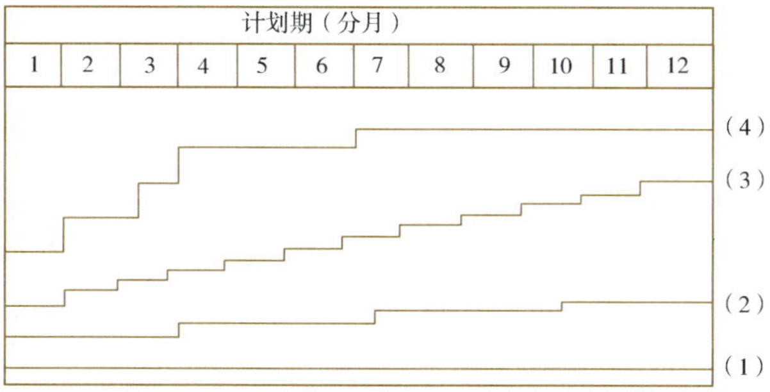

图 6－1

2. 产品的需求具有季节性的企业，这类企业在安排全年生产进度时，有以下方式：

（1）均衡安排。即每个月份的产量基本相等。这样，有的月份产大于销，产品有库存；有的月份销大于产，则可动用库存。这种方式的优点是有利于充分利用人力和设备，有利于产品质量和管理工作的稳定。缺点是成品库存量大，资金占用多。

（2）变动安排。即每个月份的产量随市场销量的变化而变化。这种方式的优点是成品库存量少，对市场的适应性好。缺点是需经常调整人力和设备，不利于产品质量的稳定。

（3）折衷安排。即上述两种方式的结合。为适应市场变化的要求，把全年划分为几个阶段，产品的生产进度分段做出安排。这种方式使产量变动小于变动安排方式，库存水平又低于均衡安排方式。

在多品种生产的企业，产品生产进度安排还要进行品种的合理搭配，既要考虑确保交货期，又要考虑有利于提高企业生产的经济效益。合理搭配产品的品种，一般应首先安排经常生产和产量较大的产品，尽可能在全年内作比较均衡的安排；产量较少或同系列的产品可采用“集中轮番”生产的办法，以简化生产管理工作；同时，新老产品的交替应避免“齐上齐下”，避免生产技术准备工作的忙乱和生产秩序的混乱。

三、生产作业控制

生产作业控制主要是指在生产作业计划执行过程中，对有关产品（零部件）的数量和生产进度进行控制。其主要内容有：生产进度控制、在制品占用量控制和生产调度工作。

（一）生产进度控制

生产进度控制是指对原材料投入生产到成品入库为止的全过程所进行的控制。生产进度控制一般包括投入进度控制、出产进度控制和工序进度控制等。

1. 投入进度控制。指控制产品开始投入的日期、数量和品种是否按计划进行，同时也包括各生产环节、各种原材料、毛坯、零部件的投入是否按期、按量，以及设备、劳动力、技术组织措施项目投入使用日期的控制。

2. 出产进度控制。指对产品、零件的出产日期、出产提前期、出产量、出产均衡性和成套性的控制。

3. 工序进度控制。指对产品、零部件在生产过程中经过的每道加工工序的进度进行的控制。特别是在单件和成批生产的条件下，工序的生产任务经常变化，往往影响按时投入和出产，因而必须加强工序进度控制。

提示：生产进度控制是生产作业控制的关键，是保证生产过程中各环节紧密衔接、零部件成套、按时完成计划任务的手段。

（二）在产品占用量的控制

在产品占用量的控制，是指对生产过程各环节的在产品和半成品的品种、数量进行控制。对在产品占用量实施控制，不仅对实现生产计划有重要作用，而且对减少在产品积压、节约资金、提高经济效益都有重要意义。

在产品占用量的控制主要包括对车间内部各工段、班组和工序之间的在产品控制和各个车间的半成品控制。对在产品进行控制，应建立科学的管理制度，如健全在产品的收发、领用制度，严格执行根据入库单、领料单计划限额收发；合理存放和保管在产品，经常检查在产品占用是否符合定额水平；做好在产品的清点、盘存工作等等。

（三）生产调度工作

生产调度，就是对执行生产作业计划过程中发生的各种问题和可能出现的偏差及时了解、掌握、预防和处理，保证整个生产过程的协调进行。

生产调度工作的主要内容包括：检查、督促和协助有关部门及时做好生产技术准备工作；检查、控制各个生产环节的投入和出产进度，及时发现生产作业计划执行过程中出现的问题，并积极采取措施加以解决；根据生产需要合理调配劳动力，督促有关部门做好材料供应、厂内运输和了解设备的运行情况；做好生产作业计划完成情况的检查、记录、统计分析工作等等。

知识链接

看板管理

看板管理是日本丰田汽车公司创立的一种先进的生产控制技术，是其为寻求生产准时化（在必要的时候，生产必要数量的产品，使库存量最大限度地减少甚至接近于零），在彻底清除无效劳动和浪费的指导思想下创建的。它的理论依据是：工厂生产是为满足用户需要，没有用户的需要，就没有生产的必要。运用“看板”这种信息控制工具，在工厂内形成一个“后工序向前工序领取必要数量的零件，而前工序立即生产被后工序取走的零件数量”的管理方式。

所谓“看板”，又称“传票卡”，它是一张张的卡片，上面填列着制品的名称、编号、前后工序名称、加工地点、运送地点等内容，每张看板固定代表一定数量的制品，例如一张一个或一张十个等。

看板起着以下作用：

1. 它是领货指令、运送指令和生产指令。“没有看板不领货”，后工序根据消耗掉的零件的看板量去向前工序领货；“没有看板不运送”，搬运工人根据看板的数量在工序之间运送零件；“没有看板不生产”，送来多少看板，就生产多少零件。

2. 防止“过量制造”、“过量运送”。看板的数量是限定的，如果后工序有些零件还没有用完，那么能够拿出来向前工序领取零件的看板数量就相应地减少一些，前工序的零件加工量也就相应地减少。

3. 它是“目视管理”的工具。看板与在制品一起存放，只要一看看板的内容，就可清楚地掌握在制品的情况。

看板管理方式形成后工序向前工序取货制，从最后一个工序起，步步向前追溯，直到原材料准备部门，从而大大地减少了不必要的在制品占用量。

以上是看板管理方式的一般原理。看板的形式、种类及其运行方法，企业可结合自身的条件进行设计。同时需注意实行这一管理方式应具备的条件，如一般适用于大量生产的流水线和成批生产，且各工序有稳定的质量保证能力，各项组织供应、服务工作能密切配合的企业。企业在开始实行看板管理时，看板数量可适当放宽一些，随着各项生产条件的逐步提高，可以逐步压缩看板的数量，以促进在制品占用的逐步降低。

项目三　生产设备管理

【学习目标】

□ 懂得如何选择设备，掌握对设备进行经济评价和更新的经济技术分析方法，了解设备的日常管理工作。

一、设备的选择、评价与合理使用

（一）设备的选择

无论是对新建企业的设备配置或对现有企业的设备添置、更新，都需对设备进行选择和评价，这项工作不仅是设备管理的首要环节，也是保证提高企业经济效益的关键。正确选择和评价设备，对于企业促进产品开发、提高产品质量、增强竞争能力、提高设备利用率、降低能源消耗、充分发挥企业投资效益，均有着十分重要的意义。

选择设备时应考虑尽量能满足以下的要求：

- 生产性——设备先进适用，且符合企业发展的需要。
- 可靠性——设备性能可靠，能保证产品质量，故障少。

- 安全性——有利于保证安全生产。
- 节能性——节约能源消耗。
- 耐用性——设备经久耐用。
- 维修性——便于检查、维护和修理。
- 环保性——能够满足环境保护的要求。
- 成套性——设备零部件、随机附件配套。
- 灵活性——能适应加工不同产品、不同工作条件。
- 经济性——设备最初投资费用和使用时的维护费用之和最小，采用该设备带来的节约额大，设备投资回收期短等等。

（二）设备的经济评价

企业应从经济性方面对不同设备购置的方案进行评价，以便在其他条件基本相同情况下，选择经济性最好的设备。经济评价的方法很多，下面主要介绍投资回收期法和费用比较法。

1. 投资回收期法。投资回收期法是通过比较投资回收期长短来选择设备的方法。在预期年净收益相等的情况下，投资回收期的计算公式如下：

投资回收期（年）＝（设备投资额－残值）/年净收益

投资回收期越短越好。一般情况下，回收期低于设备使用寿命 2/1，则此投资方案可考虑。

2. 费用比较法。费用比较法是通过不同设备的费用总支出的比较来评价购置设备方案的。设备的费用可分为两大项：一为投资额；二是使用费。其评价的方法有以下两种：

（1）现值法。通过年金现值系数将以后每年的使用费换算成现值，加上初始的投资费用，得出设备总费用来比较，总费用低的方案为优。

（2）年费法。通过资金偿还系数将设备的初始投资额换算为每年的费用支出，计算出年均总费用来进行比较，同样年均总费用低者方案为优。

（三）设备的合理使用

设备的合理使用，是设备管理中的一个重要环节。正确、合理地使用设备，可以减轻磨损，保持良好的性能，延长设备的使用寿命，提高设备的利用率，发挥其在生产中的作用。合理使用设备要求做到以下几点：

1. 正确配置设备，合理安排生产任务。应根据设备的性能、精度、生产能力、工作条件和使用范围，合理安排设备的加工任务。既要避免“大机小用”造成设备效率的浪费，更要防止“精机粗用”和超负荷、超范围、超性能安排任务。要提高设备的利用率，特别是对精密、大型、稀有设备更要注意。

2. 完善制度管理，严格执行操作规程。正确制定和执行设备的操作规程，是正确使用设备的重要措施。要根据各生产设备的技术要求和使用特征，制定操作规程，达到设备的操作、使用规范化，并采取相应的措施保证这些制度的执行。要严格执行定人定机、凭证操作制度。

3. 加强岗位培训，合理配备操作人员。设备是由人来掌握的，要正确使用和发挥设备的效能，就要求操作者熟悉和掌握设备的结构、性能、工艺加工范围和维护保养等基本知识，做到“三好”（用好、管好、保养好）、“四懂”（懂设备结构、懂性能、懂原理、懂用途）、“四会”（会使用、会保养、会检查、会排除故障）。要加强岗前和在岗培训，进行技术、安全、业务教育。

4. 营造合适的设备运行环境。良好的使用环境，是保证设备正常运转，延长设备使用寿命，保证安全生产的重要条件。不同的设备，对环境和工作条件的要求有所不同。主要有：保持设备工作环境的整洁和正常秩序，安装必要的防尘、防潮、防腐、保暖、降温等装置，配备必要的测量、控制和保险用的仪表装置，对于复杂、精密的机器设备，则应制定更严格的使用要求。

5. 严格建立岗位责任制。设备使用的各项管理工作必须在岗位责任制中得到落实。操作工人的岗位责任制的内容通常包括基本职责、应知应会、权利义务、考核办法四大部分。随着企业管理的深入发展，目前通常将岗位责任制与企业经济效益及经济指标挂钩，并分解落实到人，实行逐项计算。

二、设备的维护保养与修理

（一）设备的维护保养

设备在使用过程中，会发生技术状态的变化，若不及时进行维护保养，就会造成设备的严重磨损，甚至出现事故。对设备进行维护保养的目的，就是为了及时处理设备在使用过程中经常发生的不正常技术状态，维护设备的正常效能，保证设备的正常运行和延长使用寿命。设备维护保养的内容，主要是整齐、清洁、润滑、紧固、调整和安全。

整齐是指工具、工件、附件要有一定的安放位置，防护装置齐全，线路管道完整。清洁是指设备内外要清洁，无油垢、无锈蚀、无碰伤，各部分不漏水、不漏油、不漏气，切削垃圾清除干净。润滑是指要按时加油、擦油，油质要符合要求，加油工具齐全，油路畅通。紧固、调整是指要紧固松动的零件，及时调整各滑动面的配合间隔。安全是指要实行定人定机和交接班制度，操作者要熟悉设备结构，遵守操作规程，合理使用，精心保养，不出事故。

设备保养的类别，按其工作量的大小、难易程度，可以分为日常（例行）保养、一级保养、二级保养。企业应该建立起三级保养制度，三级保养的内容如表 6－2 所示。

表 6－2

保养等级	保养要求	保养时间
日常保养	主要是对设备进行清洁、润滑，紧固易松动的螺丝，检查零部件的状况。其大部分工作在设备的表面进行，通常由操作工人负责执行	日常进行
一级保养	除普遍地对设备进行清洁、润滑、紧固外，还要部分地进行调整。通常是在专职检修工指导下，由操作工人进行	定期进行
二级保养	主要是对设备内部进行清洁、润滑、局部解体检查和调整，以及修复和更换易损零件，这项工作应由专职检修人员承担，操作人员协助配合	定期进行

（二）设备的修理

设备的修理，是修复由于正常或不正常原因而引起的设备的损坏，使其有形磨损得以补偿，恢复设备的效能。

1. 设备修理的类别。设备修理一般分为小修、中修和大修。

（1）小修，是工作量最小的一种修理。它只是修复或更换少量的使用期短的磨损零件，并对设备作局部调整。

（2）中修，是工作量较大的一种修理。它要修复或更换较多的磨损零件，校正设备基准，使设备在精度、性能和生产效率等方面能达到规定的要求。

（3）大修，是工作量最大的一种修理。大修时要全部拆卸设备，修复和更换全部磨损零部件，全面恢复设备原有的精度、性能和效率。

2. 设备的修理方式。常见的设备修理方式主要有：

（1）计划预防修理。在设备运行的过程中根据计划定期地对设备进行小修、中修和大修。

（2）故障修理。在设备出现故障后进行修理，属非计划修理，一般适用于非重点设备。

（3）预防性修理。对重点设备和一般设备的重点部位进行预防性的修理。

（4）预测修理。通过对设备的定期或连续的监测，预测故障的发生率后，有针对性地进行修理。一般用于高、精、尖设备。

对（2）、（3）、（4）这几种修理方式结合运用，可有效提高维修的经济性。

相关资料

重点设备管理法

重点设备管理法是现代管理方法——ABC 管理法在设备管理中的应用。它是按照设备在生产经营中的地位不同，把设备分成重点设备（A 类设备）与非重点设备（B 类设备和 C 类设备），然后加以分别管理的方法。

三、设备的改造与更新

（一）设备的改造

设备的改造包括设备的改装和技术改造。

1. 设备的改装。是对设备的容量、功率、体积、形状加大或改变，以满足加工需求。设备的改装，可节省购置新设备的投资，但不利于促进企业技术进步。

2. 设备的技术改造。是指应用科技新成果对现有设备进行改进，改变其落后的技术状态。例如用计算机技术将旧机床改造为数控机床，在旧设备上装配自动检测报警装置等。通过改造，使其性能基本达到或接近新型设备的水平，而费用支出应低于更新设备的费用。因此，设备的改造应以技术改造为主。

（二）设备的更新

设备更新包括简单更新和技术更新。

1. 设备的简单更新（原型更新）。当原设备已经损坏或在技术上不能继续使用时，用性能、结构相对新的设备去替换。设备的原型更新能够减轻修理工作量和节省维修费用，但不利于促进企业生产技术装备水平的提高。

2. 设备的技术更新。是指用技术上更先进、经济上更合理的新设备来取代在技术上、经济上不宜继续使用的设备。采用技术更新的形式，对迅速提高企业设备的现代化水平，改变“技术落后，设备陈旧”的现象，有着重要的意义。

（三）设备更新的技术经济分析

1. 设备的最优更新期，设备的最优更新期是指设备的最佳更新年限。确定设备的最优更新期是为了使设备更新能达到经济合理、尽快提高企业的生产技术水平。要做好这方面工作，必须对设备三种寿命加以综合的分析。

（1）设备的自然寿命，是指由于物质磨损决定设备的使用寿命，即设备从开始使用直到报废为止所经历的时间。

（2）设备的技术寿命，是指设备从开始使用到因技术落后而需淘汰所经历的时间。科学技术发展越快，设备的技术寿命越短。

（3）设备的经济寿命，是指在设备自然寿命的后期，由于设备的老化，往往需高额使用费来维持设备的运行，在经济上是不合算的，根据设备的使用费用来决定设备是否应更新。这种根据设备使用费用决定的设备寿命，称为经济寿命。

从上述设备的三种寿命可知，设备不一定要等到自然寿命的终结时才更新。随着科学技术的飞速发展，技术寿命、经济寿命往往大大短于设备的自然寿命。在设备更新时，既要考虑到设备的自然寿命和技术寿命，也要考虑到设备的经济寿命，通过综合分析来确定最优更新期。

2. 设备经济寿命计算方法。确定设备经济寿命的方法有两种，一是低劣化数值法，二是面值法。

（1）低劣化数值法。随着设备使用时间增长，设备磨损加剧，技术性能不断下降，设备的维护修理费用以及燃料、动力消耗费用不断增加，这种情况称为“设备低劣化”。低劣化数值法，是假定设备使用后残值为零、设备使用费每年以固定值增加的条件下，以平均年设备费用最低为标准，确定设备经济寿命的一种方法。

（2）面值法。面值法是通过对同类设备使用的有关资料（包括每年提取的折旧费，每年支出的维持费），进行分析计算，求出设备平均使用成本最低的年限，该时间就是设备的经济寿命。

思考测试:

1. 生产计划中有哪些指标？一般应如何确定？
2. 生产作业控制的主要内容是什么？
3. 选择设备时应综合考虑哪些因素？

项目四　质 量 管 理

【学习目标】

□ 领会质量和质量管理的含义；了解ISO9000族标准，掌握质量认证的内容；掌握质量管理的工作方法——PDCA循环，学会基本的质量管理与控制的统计方法。

一、质量和质量管理

（一）质量概念

什么是质量？随着质量管理的发展，在不同时期，人们对质量有不同的认识，赋予质量的内涵也不断地发展。2008版的ISO9000族标准对“质量”做出如下定义：**“一组固有特性满足要求的程度”**。这是迄今为止在世界范围内影响最广泛，也是最广为接受的质量定义。

这一质量概念表明，质量所描述的对象已不仅包括产品、服务，还扩展到了过程活动、组织以及它们的结合；质量的含义也从“符合性”发展为“适用性”，适用性的内涵是要重视顾客，将质量的重心和评定的权力移向顾客，从而形成了“顾客满意”这一新的质量观。

质量是对顾客需要的反映，为了使顾客需要的质量得以实现，就必须对顾客的需要进行变换，将其用理性的、技术的或工程的语言明确地表述出来，这就是**质量特性**。

质量特性有以下几种类型：技术性或理化性的质量特性；心理方面的质量特性；时间方面的质量特性；安全方面的质量特性；社会方面的质量特性。

以有形产品为例，产品的质量特性可从以下几个方面描述：

- 性能。指产品满足使用目的所具备的技术特性。如产品的理化性能，电视机的清晰度，钟表的走时准确等。性能是最基本的质量特性。
- 耐久性。指产品在规定的使用条件下完成规定功能的工作总时间，即产品的使用寿命。如电冰箱、电视机的使用年限。
- 可靠性。指产品在规定的时间和规定的条件下完成规定任务的能力，即产品实现满足使用者要求的能力。如电视机平均无故障工作时间；电冰箱在使用中的无故障率等。
- 安全性。指产品在操作或使用过程中对使用者、周围财产或环境安全、卫生的保证程度。如电器设备的用电安全、食品的食用安全性等。
- 经济性。指产品寿命周期总费用的大小，包括产品的设计、制造费及使用过程的维持费用。产品总费用小则其经济性好，反之，经济性不好。
- 外观。指产品的造型、色泽、包装装潢等的外观质量特性。

提示：产品的价格、包装、交货期、履约、服务等方面的要求，也属于质量的范畴。

（二）质量管理

2008 版的 ISO9000 族标准对“质量管理”一词作了如下定义：**“在质量方面指挥和控制组织的协调的活动。”**指挥和控制在一个企业中与质量有关的活动，通常包括质量方针和质量目标的建立、质量策划、质量控制、质量保证和质量改进。

1. 管理和质量管理。企业为了实现其经营目标，就会对各个方面实行管理，如行政管理、人力资源管理、技术管理、质量管理、营销管理等。质量管理是企业各项管理内容中的一项，质量管理应与其他管理相结合。企业的质量目标与其他目标相辅相成。

2. 质量策划。质量策划就是通过制定质量目标，并规定必要的运行过程和调配好相关资源，来保证质量目标的实现。

质量策划的主要内容是制定质量目标。质量策划的类型有很多，包括的类型主要有质量管理体系策划、产品及过程策划、产品的设计开发策划等。企业管理者应运用数据分析的方法，进行识别、分析和做出正确的质量策划，并通过实施，确保企业质量目标的实现。

3. 质量控制。质量控制就是要努力去满足质量要求。质量控制的主要内容是制定一系列过程的控制要求并加以实施，如文件和记录控制、设备和工作环境控制、设计开发控制、采购控制、生产控制、检验控制等。其目的是为了使产品、过程或体系的固有特性满足规定的质量要求。

质量控制贯穿于产品形成和体系运行的全过程。每一过程都有输入、转换和输出三个环节，通过对三个环节实施有效控制，对产品质量有影响的各个过程才能处于受控状态，稳定持续地提供符合规定质量要求的产品。质量控制不是质量检验，质量检验是质量控制中的必不可少的重要组成部分。

提示：质量控制包含了质量检验，同时是质量保证的前提。质量保证和质量控制两者的区别在于目的不同。

4. 质量保证。质量保证就是致力于提供质量要求应得到满足的信任。质量保证的主要内容是提供客观证据证实已经达到规定的质量要求的各项活动，目的是取得顾客和其他相关方的信任。

5. 质量改进。质量改进是指不断增强满足质量要求的能力。它应该是质量管理永恒的主题。质量改进的范围很广，包括产品的性能改进、质量体系的改进等。

相关资料

QC 小组

日本在推行全面质量管理的过程中，注意发挥企业员工的作用，在车间、科室组织起由技术人员、现场操作人员、管理人员参加的质量管理小组（简称 QC 小组），围绕本部门的质量问题开展活动，及时解决存在的问题，起到了很好的作用。

二、全面质量管理

（一）全面质量管理的概念

全面质量管理最先在美国出现，后来在日本得到发扬，经过几十年的发展，其管理思想、观念、手段和方法得到逐步的丰富和完善，形成一门科学。

国际标准化组织给全面质量管理（TQM）所下的定义是：**“一个组织以质量为中心，以全员参与为基础，目的在于通过让顾客满意和本组织所有成员及社会受益而达到长期成功的管理途径”。**

全面质量管理强调的是对一个企业进行质量管理的途径，是组织全员参与的一种质量管理形式，除了这种途径以外还有别的管理途径；质量概念不仅包括产品质量，而且还包括全部管理目标，如提高产品质量、缩短生产周期、降低采购成本等；全面质量管理的思想是以全面质量管理为中心，全员参与为基础，目的是追求组织的持久成功，使顾客、社会、员工、供方或合作伙伴等相关方持续满意和受益。

相关资料

全面质量管理“四个一切”的观点：一切为用户服务；一切以预防为主；一切用数据说话；一切按 PDCA 循环办事。

（二）全面质量管理“三全一多”的管理思想

推行全面质量管理，必须要满足“三全一多”的基本要求，即：全范围的质量管理、全过程的质量管理、全员的质量管理、多种方法的质量管理。

1. 全范围的质量管理。全面质量管理不但对产品质量，还要对与产品质量关联的各项工作质量，如生产和采购质量、交货期质量、售后服务质量等进行管理。

质量不仅包括交付给顾客的最终产品质量，还包括在形成产品过程的工序质量。因此，质量管理中的“用户”不只是产品出厂后的直接用户，而且包括企业内部前后工序，提倡树立“下道工序是上道工序的用户”意识。

2. 全过程的质量管理。任何产品的质量，都有一个产生、形成和实现的过程。这个过程由多个相互联系、相互影响的环节所组成，每一个环节都或轻或重地影响着最终的质量状况。要保证和提高产品质量，就必须把影响质量的所有环节和因素都控制起来。因此，全面质量管理的范围包括了从市场调研、设计开发、生产作业、销售、售后服务等全部有关过程。

3. 全员的质量管理。企业中任何一个环节、岗位的责任者的工作质量都会对产品质量有着直接或间接的影响，产品质量是组织各方面、各部门、各环节工作质量的综合反映。产品质量人人有责，因此全面质量管理要求人人关心产品质量、人人做好本职工作、全员参与质量管理，这样才能生产出顾客满意的产品。

4. 多种方法的质量管理。影响产品质量的因素很多，包括人员、物料、技术、设备、管理、内部环境、市场环境等因素。要把一系列的因素系统地控制起来，就必须根据不同因素对产品质量产生的影响，运用多种多样的现代化管理方法来解决质量问题，进行质量管理。如管理方法、经济分析方法、生产技术方法、数理统计方法。

测 试

（1）产品的质量特性是从几个方面来体现的？

（2）你如何理解全面质量管理思想，全面质量管理在企业质量未来中的现实意义是什么？

相关链接

ISO9000 族质量标准与质量认证

ISO 是国际标准化组织的英文简称，是世界上最大、最权威的国际标准化专门机构。它的主要活动是制定国际标准，协调世界范围内的标准化工作。ISO 通过它的 2 800 多个技术机构（其中技术委员会有 185 个）开展技术活动，所发布的标准称为“ISO 标准”。ISO9000 族质量标准，是由 ISO 的第 176 个技术委员会（TC176）所制定的标准的统称。

TC176 即 ISO 中第 176 个技术委员会，它成立于 1980 年，全称是“质量保证技术委员会”，1987 年又更名为“质量管理和质量保证技术委员会”。TC176 专门负责制定质量管理和质量保证技术的标准。

三、产品质量成本分析

质量管理，不仅要研究如何控制质量、提高和保证质量，而且还要进行产品的质量成本分析，以提高企业的经济效益。

（一）质量成本的含义

质量成本是在 20 世纪 60 年代出现的成本概念。**它是指为保证、提高产品质量而支出的一切费用和因质量问题而产生的一切费用的总和。**它反映质量管理活动和改善质量而产生的效果之间的关系。

为保证、提高产品质量而支付的费用 = 质量鉴定成本 + 预防成本

因质量问题而产生的费用 = 内部事故成本 + 外部事故成本

质量成本项目构成如图 6 – 2 所示。

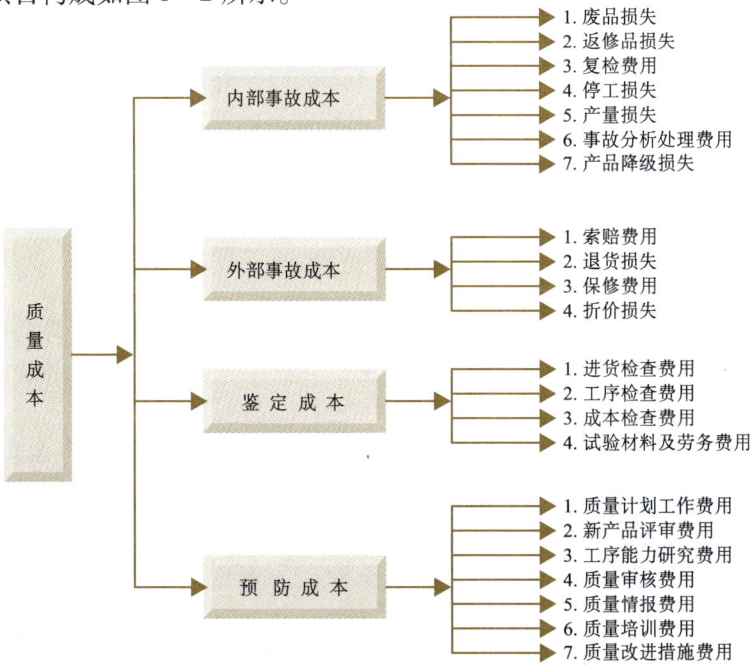

图 6 – 2　质量成本项目构成

（二）质量成本的分析

质量成本中的事故成本、鉴定成本与预防成本之间的关系，如图 6－3 所示。

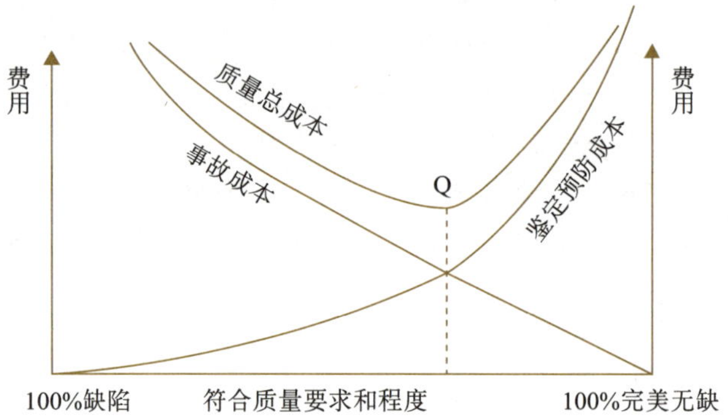

图 6－3

从图 6－3 中可以看出，随着鉴定和预防成本的增加，产品质量水平随之提高，内外部事故成本降低，总质量成本也下降。但是，当鉴定和预防成本的增加超过了一定限度（Q 点），尽管质量水平继续提高，事故成本继续下降，但总的质量成本却随之上升。质量总成本曲线上的最低点 Q，即为最佳质量成本。

相关资料

质量成本的构成比例：在分析质量成本时，主要是分析内部事故成本、外部事故成本、鉴定成本、预防成本的构成变化是否恰当。国外一些统计资料表明，当质量成本处于最适宜区时，质量成本项目的构成比例为：内、外部事故成本占 50% 左右，鉴定成本占 40% 左右，预防成本占 10% 左右。

一般说来，对质量成本的管理，重点应放在降低内、外部事故成本上面；而恰当地增加一些预防成本（特别是对一些精度或可靠性要求特别高的产品来说），就能有效地降低事故成本，确保产品质量。此外，质量成本还应与设计产品质量水平一起进行分析。

案　例

精益求精

奔驰汽车公司“精益求精”的质量原则。一百多年来，“精益求精”一直是奔驰汽车公司的经营宗旨。在整个生产、经营过程中，在产品构思、工艺设计、样品研制、批量生产直至售后服务，“精益求精”四个字一直贯穿始终。

为保证产品质量，真正做到不合格的零部件坚决不用、不合格的成品坚决不出厂，在奔驰公司，从上到下形成了一个质量控制、监督网，各厂、车间、班组层层设立了质量保证机构，派专人检验质量。在奔驰汽车公司的工厂中，单一个引擎就要经过 42 道检验。随着专业化协作的加强，奔驰公司许多零部件由协作厂提供，而零部件的质量直接影响到汽车的质量，为此，奔驰公司检查协作厂商所提供零配件的工作人员有 1 300 多名，并规定：如果一箱里有一个零件不合格就全部退货。由于长期严格坚持这一制度，协作厂商都能自觉地提高零部件质量。为帮助协作厂共同提高质量，奔驰公司也经常组织技术力量对协作厂开展技术咨询服务。坚持精益求精的原则还体现在奔驰汽车公司高质量的售后服务上。

四、质量管理的方法

（一）质量管理的工作方法——PDCA 循环

全面质量管理要求质量管理的全部活动都按照 PDCA 循环来运转。PDCA 是英语 Plan（计划）、Do（实施）、Check（检查）、Action（处理）首位字母的缩写。采用这一循环，可使质量管理活动规范化，提高有效性。

PDCA 循环的内容包括四个阶段、八个步骤，见表 6－3。

表 6－3

阶段	步骤	内　容
计划阶段	第一步骤	分析现状，找出存在的质量问题
	第二步骤	分析产生质量问题的各种原因或影响因素
	第三步骤	从各种原因中找出影响质量的主要原因
	第四步骤	针对影响质量的主要原因，制定技术组织措施方案，提出措施执行计划和预计效果，并具体落实执行者、时间、进度、地点、部门和完成方法
实施阶段	第五步骤	就是将制定的计划和措施，具体组织实施和执行
检查阶段	第六步骤	把执行的结果与预定的目标对比，检查计划招待情况是否达到预期的效果，哪些做对了，哪些做错了；成功的经验是什么，失败的教训是什么，原因在哪里，都一一找出来
处理阶段	第七步骤	总结经验教训，巩固成绩，处理差错。把成功的经验肯定下来，制定成标准，以便再做时有所遵循；失败的教训也要加以总结整理，记录在案，力戒以后再度发生
	第八步骤	把没有解决的遗留问题转入下一个管理循环去解决

PDCA 循环的四个阶段、八个步骤是紧密衔接的，像轮子一样不断向前转动，每循环一次，质量及管理都得到相应的提高。PDCA 循环如图 6－4 所示。

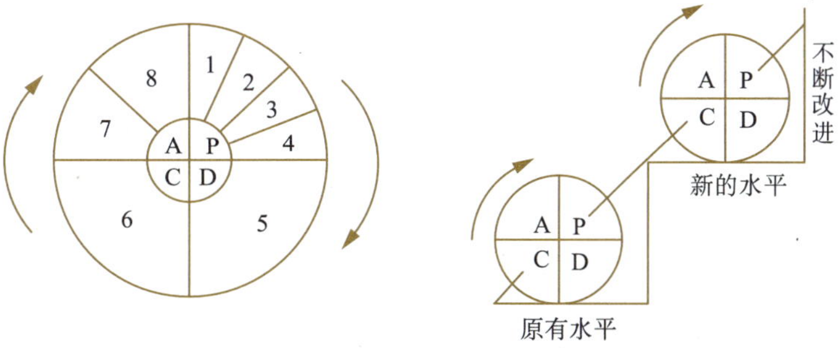

图 6－4

（二）质量控制的统计方法

质量控制的统计方法是以一般统计和数理统计理论为基础，利用测量数据、统计图表等手段来控制产品质量的方法。

1. 分类法。分类法又称“分层法”，是整理数据的一种基本方法。这种方法就是把搜集到的数据按照一定的标志，把性质相同的归集在一起。通过分类，可从错综复杂的数据中理出头绪，把影响质量的原因和责任划分清楚，以便解决质量问题。

质量数据的分类一般可以按以下标志进行：按不同时间分；按不同操作人员分；按使用不同的设备分；按不同批次的原材料分；按不同操作方法分；按不同的检测手段分等。

【实例应用】 某班组某日生产中出现了20件不合格品。如果不进行分类，就很难进一步掌握质量存在的问题，但如果对它按时间、操作者、设备进行分类（见表6－4），就很容易掌握不合格品产生的原因了。

表6－4　　某班组不合格品分类表　　单位：件

时间		操作者	设备	数据（不合格品）	
×日	上午	甲	A	8	10
		乙	B	2	
	下午	丙	A	7	10
		丁	B	3	

从表6－4可以得知，不合格品主要是A设备生产出来的。可以针对A设备进一步分析产生问题的原因并加以解决。

2. 排列图法。产品质量的影响因素很多，画出影响因素排列图，可以帮助我们清楚地看出影响产品质量的主要问题，以便集中力量加以解决。

排列图是由两个纵坐标、一条横轴、若干个直方形和一条曲线组成。左边的纵坐标表示频数（如不合格品的件数、次数等）；右边的纵坐标表示频率（以百分比表示）；横坐标以直方形表示出产生质量问题的各个因素，直方形的高度反映出该因素对质量影响的大小，它们按影响质量程度的大小，从左至右排列；曲线表示各因素影响的累计百分数，这条曲线也称“巴雷特曲线”，如图6－5所示。

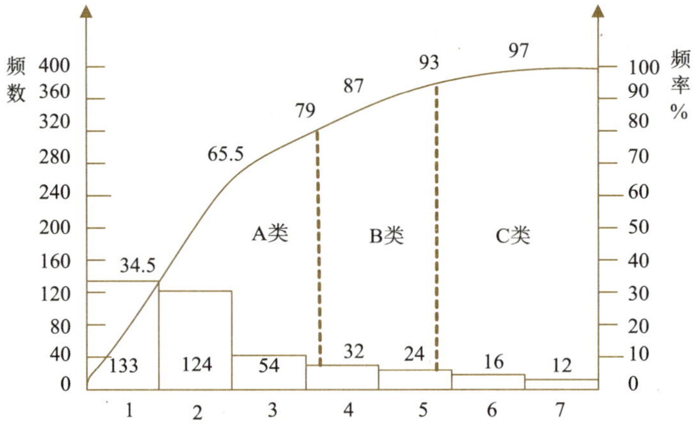

图6－5

【实例应用】 某厂某机械加工车间某月共发生400个不合格品，有关数据经整理和计算如表6－5所示。根据表6－5，可画出排列图（见图6－6）。

表 6－5　　某零件加工不合格统计表

序号	原因	不合格品个数	比重（%）	累计百分比（%）
1	毛坯质量	138	34.5	34.5
2	操作者技术不熟练	124	31	65.5
3	设备精度差	54	13.5	79
4	刀具刃磨角度选择不当	32	8	87
5	工夹具质量	24	6	93
6	量仪卡具	16	4	97
7	其他原因	12	3	100
	合计	400	100	

用排列图分析影响产品质量的因素，通常按累计百分数把质量问题分为三类：质量问题占0～80%的为A类，是主要因素；质量问题占80%～90%的为B类，是次要因素；质量问题占90%～100%的是为C类，是一般因素。A类因素是应主要解决的质量问题的因素，应集中力量把它解决好，这样就可以大大地降低不合格率。对于B类因素的质量问题也要给予充分的重视，C类因素的质量问题可以一般解决。

制作排列图应注意：主要因素最好是一两个，至多三个，否则就失去抓住关键的意义。不太重要的项目列为“其他”栏内，“其他”栏一般放在横轴的末端。在采取措施之后，画出排列图进行对比，分析采取措施后解决问题的实际效果。

3. 因果分析图法。因果分析图又称“树枝图”或“鱼刺图”。它能把造成某一质量问题的各种原因系统地、清晰地在图中展示出来，以便对症下药，采取措施去解决。因果分析图的基本形式如图6－6所示。

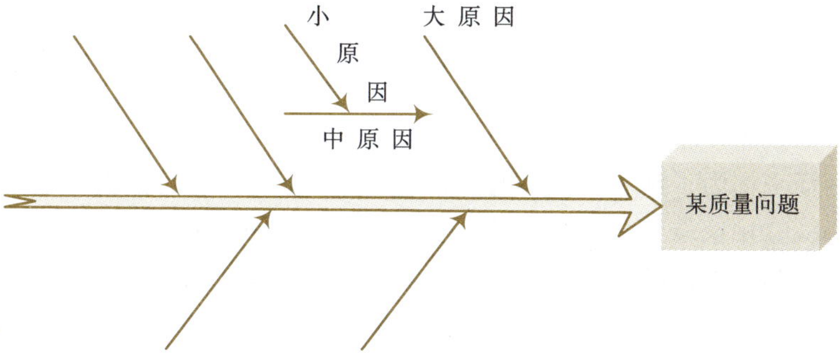

图6－6

分析造成某一质量问题的原因，可采取管理人员、专业人员和工人三结合的方法，详尽分析，寻根究底，直至能采取具体措施解决为止。造成质量问题的各种原因可归结为五个大方面：人、机（器）、物（材料）、方法（工艺）、环境（五大原因）。

把各方面的原因整理之后，就可画出因果分析图。图6－7是因果分析图的一个实例。因果分析图绘制完成之后，应根据各种原因制定解决的措施。

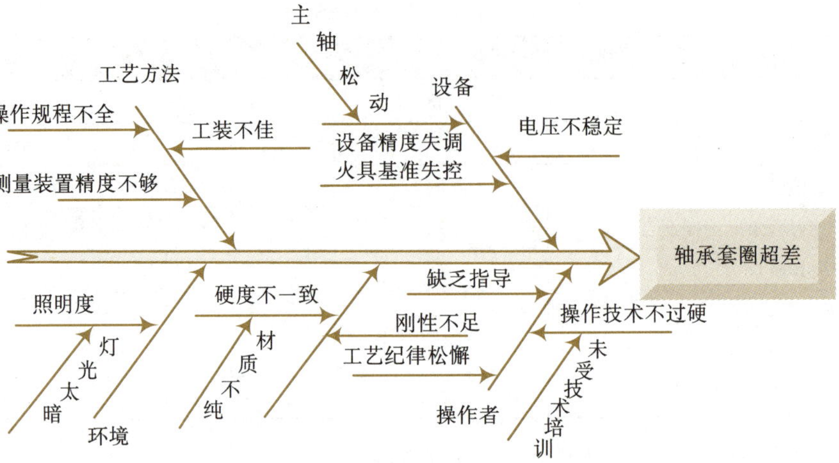

图 6－7

4. 控制图法

控制图又称“管理图”，它是用来进行工序质量控制，分析和判断工序质量是否处于稳定状态的一种重要方法，对预防不合格品发生起着重要的作用。控制图的基本形式如图 6－8 所示。

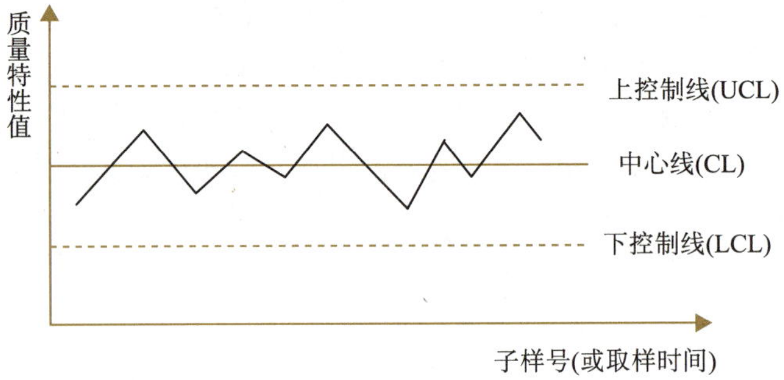

图 6－8

控制图中的横坐标为子样号（或取样时间），纵坐标为质量特性值（如长度、重量等），中间一条叫中心线，用实线表示，上下各有一条虚线，分别为上、下控制线。在生产过程中，定期地抽样，测量各样品的质量特性值，将测得的数据用点描在图上。如果数据点落在控制界限之内，并且排列无缺陷，则表明生产过程正常，不会产生不合格品；如果数据点超出控制界限，或数据点虽未跳出控制界限，但排列有缺陷，则表明会出质量问题；如连续 7 个以上的数据点逐渐上升、下降、在中心线的同一侧排列或数据点呈周期性变动排列，都表明生产过程异常，必须及时查明原因并予以消除。

思考测试：

1. 简述 PDCA 循环四个阶段、八个步骤的内容。
2. 分类法、排列图法、因果分析图法的作用分别是什么？
3. 影响产品质量主要有哪些因素？

思考与训练

一、思考题

1. 企业的生产过程一般由哪些部分组成？
2. 合理组织生产过程应符合哪些基本要求？
3. 生产计划中有哪些指标？一般应如何确定？
4. 生产作业控制的主要内容是什么？
5. 质量管理包括哪些方面的管理活动？
6. 全面质量管理有哪些管理思想？
7. 有人认为，提高产品质量主要靠质量检验来进行。你同意这种观点吗？
8. 简述 PDCA 循环四个阶段、八个步骤的内容。
9. 分类法、排列图法、因果分析图法的作用分别是什么？
10. 影响产品质量主要有哪些因素？因果分析图把它们归结为哪些方面？
11. 某钢笔厂对一段时期生产的钢笔检验出 500 支不良品，有关数据如下表所示，试画出排列图，确定影响钢笔质量的主要因素。

不合格原因	支数
夹着力差	235
镀锚不牢	130
吸水量差	52
间歇书写不佳	42
漏水	15
连续书写不佳	14
笔尖不圆滑	14
合计	500

二、训练题

实训 1

某零件在某机械加工车间的生产批量为 5，先后经过五道工序加工，各道工序的单件加工时间分别为：$t_1=8$ 分钟，$t_2=4$ 分钟，$t_3=16$ 分钟，$t_4=12$ 分钟，$t_5=18$ 分钟。

试分别按顺序移动方式、平行移动方式和平行顺序移动方式计算一批零件的加工时间。

实训 2

神奇的“5S”管理

一、接受5S挑战

K公司与香港某公司洽谈合资项目，在引进新的数字印刷设备和工艺的同时，改造公司的印刷信息系统。但谈判并不顺利，对方对K公司的管理提出很多在侯总看来太过“挑剔”的意见，如车间和仓库里的纸张、油墨、工具的摆放不整齐，地面不清洁……

后来，对方还执意将“引入现代企业生产现场管理的5S活动”作为一个必要条件写进合同。刚开始，公司侯总经理觉得港方有点“小题大做”，“不就是打扫卫生，把环境搞得优美一些”吗，与现代管理根本就不沾边。不过，为了合资能顺利进行，侯总还是满口答应下来。

二、“鸡毛蒜皮”的震撼

从字面上说，5S是指5个以日语单词的罗马注音“S”为开头的词汇，分别是：清理、整顿、清扫、清洁、素养。这5个词听起来非常简单，刚开始大家很不以为然。

几天后，港方派来了指导5S实施的Mac先生。Mac先生通过实地调查，用大量现场照片和调查材料，使K公司的领导和员工受到一次强烈的震撼。

Mac发现，印制车间地面上总是堆放着不同类型的纸张，有在用的，也有“不知道谁搬过来的”；废弃的油墨躺在角落，拆下的锟筒沾满油腻；要找到一件合适的工具得费很大的周折。仓库里的情况也好不到哪里。

Mac先生还检查了侯总引以为荣的MIS系统，发现电脑系统里面的文件同样混乱不堪。“在这种情况下”，Mac先生直率地问侯总：“你如何确保产品的质量？如何确信电脑里的数据是真实的？如何增强员工的荣誉感和使命感？”

三、两大步骤

Mac把推进5S的工作分为两大步骤，首先是推进前三个“S”，即清理、整顿、清扫。

随着3S的逐步深入，车间和办公室的窗户擦干净了，卫生死角消失，文件柜、电脑系统的文件、目录也有了全新的面貌，人们的心情似乎比过去好多了。

当然这远不是5S管理的全部。按Mac的建议，公司开始了推进5S管理的第二步，推行后面两个“S”：清洁，素养。后两个“S”是公司文化的集中体现，很难想象，客户会对一个到处是垃圾的公司产生信任感；也很难想象，员工会在一个纪律松弛、环境不佳、浪费随处可见的工作环境中产生巨大的责任心，并确保生产质量和劳动效率；更不用说在一个“脏、乱、差”的企业中，信息系统会发生巨大作用。

四、“零”报告

几个月后，公司似乎“焕发了青春”，带给侯总的是一系列“零报告”：发货差错率为零，设备故障率为零，事故率为零，客户投诉率为零，员工缺勤率为零，浪费为零……。

侯总带领客户参观时，在参观者啧啧有声的称赞中，侯总感到，引进一套先进设备的背后，原来有如此浅显又深奥的修养“工夫”。

【问题与思考】

1. 5S 所表达的意思看上去非常简单，但为什么对 K 公司会产生如此大的影响？

2. 联系本章所学的内容，你觉得以上案例对你有什么启示？

实训 3

得利斯集团的质量管理

山东得利斯集团公司的管理者们认为，产品质量是生产出来的。要保证产品质量，必须坚持把质量问题解决在产品生产过程中，并且要求员工在生产过程中树立“换位意识”。

所谓“换位意识”，就是上道工序把下道工序当用户，下道工序把上道工序当卖主，以上道工序的产品质量保证下一道工序的产品质量，直至保证最终产品的质量。为此，他们为各道工序制定了严格而详细的作业标准的同时（例如对原料肉的质量进行检验；对有问题的原料肉及时处理；按照分割肉的时间先后顺序提运；运送过程中如何严格防止原料肉的污染；绞肉工序作业；原料肉的按比例搭配；以及整个加工过程）都要求作“换位”，确保下一道工序的质量要求。

得利斯集团公司就是用这种“换位意识”在上道工序与下道工序间建立了双保证机制，从而保证了产品的质量。

【问题与思考】

得利斯集团为什么要求员工在生产过程中树立“换位意识”？

模块四

企业生产要素管理

单元七

人力资源管理

引　言

宝洁公司董事长说过："如果你把我们的资金、厂房及品牌留下，把我们的人带走，我们的公司会垮掉；相反，如果你拿走我们的资金、厂房及品牌，而留下我们的人，10 年内我们将重建一切。"

重视人才并重视培养和发展人才，是宝洁公司为全世界同行所尊敬的主要原因之一。公司每年都从全国一流大学招聘优秀的大学毕业生，并经过独具特色的培训发展把他们培养成一流的管理人才。不遗余力地培训和发展员工是宝洁公司未来事业成功的关键。

宝洁（中国）公司人力资源部经理张伟给出了这样一个公式：

人才 = 观念 + 方法 + 投入

项目一　人力资源管理的内容和程序

【学习目标】

□　掌握人力资源管理的概念、特点和内容；了解企业人员招聘与培训的流程；学会对员工的激励及工作绩效的评价。

一、人力资源管理的概念和内容

（一）人力资源及其特点

人力资源是指在一定区域范围内能够为社会创造物质财富和精神财富、具有体力劳动和脑力劳动能力的人口的总和。人力资源是构成企业核心竞争力的战略资源，是企业最重要的资源，具有以下特点：

1. 人力资源具有能动性。自然资源、物质资源等资源在其被开发过程中完全处于被动地位，而人力资源的开发与利用，是通过拥有者自身的活动来完成的，具有能动性。

2. 人力资源具有资本性。人力作为一种资源，它具有资本的属性，与一般的物质资本有共同之处，它一方面是个人、企业和社会等投资的产物，另一方面能在一定时期内为投资者带来源源不断的收益。

3. 人力资源具有内耗性。自然资源往往是数量越多越好，形成一定规模后，作用越来越大。而人力资源若不能合理开发和利用，他们之间就会出现内耗现象。

4. 人力资源的开发具有持续性。人力资源能够实现自我补偿、自我更新、持续开发。这就要求人力资源的开发与管理要注重人的终身学习与教育，加强培训与开发，不断提高员工的知识水平与技能。

5. 人力资源的使用具有时效性和再生性。人力资源存在于人的生命之中，其开发与利用都会受到时间方面的限制。如得不到及时适当的利用，所具有的能力就会随着时间的流逝而降低甚至丧失。人力资源在一定时期内可不断重复使用，而不会像其他物质资源那样发生损耗，因此，人力资源具有再生性的特点。

提示：人力资源的其他属性：人力资源还具有社会性和生物性。人总是处于一定的社会关系中，受所处社会环境及人际关系的影响。生物性与时效性、再生性密切相关。

（二）人力资源管理的概念

人力资源管理是指运用科学的方法，以人力资源规划和工作分析为基础，对企业所需的人力资源进行招聘、培训与开发，对员工的绩效、薪酬以及劳动关系等环节进行管理，实现人力资源的合理配置，最终实现企业目标和员工价值的过程。

测 试

人力资源管理与传统的人事管理的区别是什么？

（三）人力资源管理的内容和程序

人力资源管理主要包括的内容如表 7－1 所示。

表 7－1

管理项目	管 理 内 容
工作分析	是搜集、分析、整理关于企业工作信息的一个系统性的程序
人力资源规划	根据企业的发展战略和经营计划，制定企业人力资源招聘、调配、培训、解聘及发展计划等必要的政策和措施，以使人力资源的供求得到平衡，保证企业目标的实现
员工招聘与解职	在招聘过程中，需要采用科学的方法和手段对所需要的人员进行评估和选择；解职与招聘一样是企业人力资源管理的重要工作内容和组成部分
员工培训	根据员工的技术水平和素质的差异进行不同的员工培训，分别培训其所需要的知识、技术、能力和工作态度等，进一步开发员工的潜能，使之胜任现任工作及将来的职务
职业生涯管理	人力资源管理部门有责任鼓励和关心员工的个人发展，帮助其制定个人职业生涯发展计划，并及时进行监督和考察

续表

管理项目	管理内容
绩效考核	考核的目的在于激励员工继续恰当的行为，并改正不恰当的行为。可以为有关部门提供员工晋升、提薪、降级、解职等决策依据
薪酬管理	从员工的资历、岗位、实际表现和工作业绩等方面，制定相应的、具有吸引力的工资、福利等薪酬标准和制度
劳动关系	依法实施各种劳动安全和劳动保护制度，确保劳动过程中的员工安全和身心健康，避免各种有害因素对劳动者的伤害，建立正常、和谐、融洽、健康的劳动关系

二、人员招聘与培训

（一）工作分析

工作分析是对企业中某一特定工作或职务的任务、职责、权利、隶属关系、工作条件等相关信息进行搜集和分析，做出明确规定，并确认完成工作所需要的能力和资质的过程。

工作分析是人力资源规划以及其他一切人力资源管理活动的基础。工作分析包括职务描述和任职说明两方面。

相关链接

工作分析所要回答的基本问题可以概括为七个方面，即 6W + 1H 模式：做什么（What）、为什么（Why）、用谁（Who）、何时（When）、在哪里（Where）、为谁（For Who）和如何做（How）。

（二）招聘

招聘是企业根据人力资源规划和工作分析的要求，通过发布招募信息和科学的甄选，使企业获得所需的合格人选，并把他们安排到合适的岗位工作的过程。

企业招聘员工有内部招聘和外部招聘两种，内部招聘应先于外部招聘。

- **内部招聘，**是从企业内部选拔合适的人才来补充空缺或新增的职位。内部招聘可以加速人员的岗位适应性，简化程序，减少招聘、录用时的人力、财力等资源支出，也减少了培训时间和培训费用。
- **外部招聘，**是从企业外部获得所需的人员。通过外部招聘，企业可以补充获得现有企业不具备的有着新思想、新技术的员工。

招聘工作的主要内容有：

（1）制订招聘计划，明确招聘的人数、范围、标准和方法，估算招聘时间及成本等。

（2）要对招聘计划、人力需求及资料进行确认，经综合平衡，报领导审批。

（3）采取引荐、推荐、广告等方法吸引应聘者。

（4）根据岗位职责要求和应聘者的情况进行甄选、试用、评估反馈，直到正式录用签订合同。

相关链接

解职选择

选　择	描　　述
解雇	永久性非自愿终止雇佣关系
临时解雇	暂时非自愿终止：可能只有几天，也可能几年
摩擦性解职	自愿辞职或正常退休
转岗	横向或向下调配雇员：虽不能降低成本但可减少岗位的供求不平衡
减少工作时间	雇员每周工作几小时，或将其工作置于兼职水平
提前退休	鼓励年老的和较高级的雇员于正常退休年龄之前退休

（三）筛选和录用

为了对应聘者的知识水平、能力、专业素质和个性特征等方面有比较全面和深入的了解，企业应借助不同的方式来筛选出合适的人选。录用则是企业经过筛选之后的聘用决定。

1. 筛选。筛选过程通常由人力资源部门和用人部门共同完成，其步骤如下：

（1）评价求职申请表和简历。通过对申请表和简历的分析进行初步筛选，对不符合企业招聘条件的申请者，应该在初步筛选中予以剔除；对于有希望的候选人应记录下来，以备面试。

（2）进行面试、笔试。通过对应聘者进行面试、笔试，可以对他们的知识、能力、技能等条件，以及个性品质、职业倾向、动机和需求等方面加以评定，从中选出企业所需要的人才。

（3）背景调查。背景调查就是核实求职者申请材料个人简历等与实际是否相符，以获得求职者更全面的信息。

2. 录用。录用是招聘工作的决定性阶段，包括做出录用决策、安排体检、实际录用等方面的工作。录用决策主要是对筛选评价过程中获取的信息进行综合评价与分析，确定每一个人的能力特点，根据预先设计的人员录用标准进行挑选，从而选择合适人员的过程。

体检主要的作用有：确定求职者是否符合岗位的身体要求；建立求职者的健康记录；降低缺勤率和事故；体检资料可以被用于确定某些体力、能力特性是否与员工绩效水平相联系的研究。

（四）人员培训

培训就是企业有计划地对员工传授其完成本职工作所必需的基本知识和技能，或改变员工的价值观，形成与企业目标、文化相一致的工作态度和行为的活动过程。

1. 培训的基本过程。培训过程由五个步骤构成，见图 7－1。

2. 岗前培训。这是新聘用的员工了解、认识、融入企业，直至成为企业一员不可或缺的程序。目的是提高员工的素质，使之走上工作岗位后能适应岗位的需要，尽快地融合到企业工作中去。岗前培训分为两大类：企业文化教育培训和岗位业务培训。前者包括企业规章制度、企业概况、产品知识、行为规范等；后者包括业务知识、技能和管理实务的培训等。

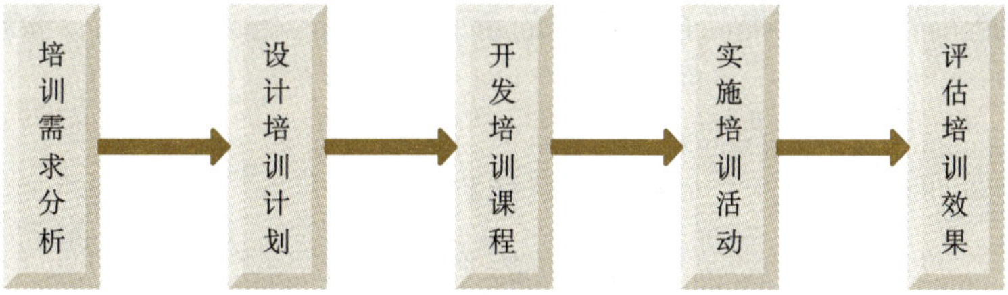

图 7－1　培训的基本步骤

3. 在职培训。在职培训是为了提高员工的工作技能、工作绩效，或出于员工转岗、晋升、取得岗位资格等需要而进行的培训，是员工在工作场所以及在完成工作任务过程中所接受的培训。在职培训的特点是受训员工不离开工作岗位，或以目前担任的工作为媒体而接受训练。按照培训目的不同，分为转岗培训、晋升培训、岗位资格培训、更新知识及掌握新技能的培训等。

对员工的在职培训是以解决岗位工作所需的知识、技能为主，在内容上比岗前培训更深一层次，是岗前培训的继续和发展，是从低水平或培训的初级阶段迈向中、高级阶段的重要方法与步骤。在职培训一般来说应在知识更新、技能开发、观念转变、思维技巧、心态调整与潜能开发等方面取得成效。

【活动 7－1】

活动内容：

举行一次模拟招聘会，提出人力资源需求计划，安排招聘程序。

活动目标：

使学生掌握应聘所需准备的资料、应学会的礼仪以及相应岗位的专业要求；了解招聘的基本程序。

三、员工的激励

激励，就是企业通过设计适当的奖酬形式和工作环境，以一定的行为规范和惩罚性措施，借助信息沟通，来激发、引导、保持和归化企业成员的行为，以有效地实现企业及其成员个人目标的系统活动。

提示：企业的发展需要取得员工的支持，就必须对员工进行激励；要想激励员工，又必须了解其动机或需求。

（一）激励的作用

1. 吸引优秀的人才到企业来。企业可以通过各种优惠政策、丰厚的福利待遇、快捷的晋升途径来吸引企业需要的人才。

2. 开发员工的潜在能力，促进在职员工充分地发挥其才能和智慧。研究表明，员工的工作绩效是能力和受激励程度的函数，也有人认为，绩效 = 能力 × 激励。如果把激励制度对员工创造性、革新精神和主动提高自身素质的意愿的影响考虑进去的话，激励对工作绩效的影响就更大了。

相关资料

激 励 的 作 用

美国学者在对员工激励的研究中发现，按时计酬的分配制度仅能让员工发挥 20% ~ 30% 的能力，如果受到充分激励的话，员工的能力可以发挥出 80% ~90%，两种情况之间 60% 的差距就是有效激励的结果。

3. 留住优秀人才。每一个企业都需要三个方面的绩效：直接的成果、价值的实现和未来的人力发展。其中对“未来的人力发展”的贡献就是来自激励工作。

4. 造就良性的竞争环境。科学的激励制度包含一种竞争精神，它的运行能够创造出一种良性的竞争环境，进而形成良性的竞争机制。

（二）激励的基本原则

激励的基本原则包括六个方面，见图 7 – 2。

激励的基本原则

- 目标结合原则：目标设置必须同时体现企业目标和员工需要的要求
- 物质激励+精神激励：物质激励是基础，精神激励是根本
- 引导性原则：激励措施只有转化为被激励者的自觉意愿，才能取得激励效果
- 合理性原则：激励的措施要适度；奖惩要公平
- 明确性原则：激励要明确、公开、直观
- 时效性原则：激励越及时，越有利于将人们的激情推向高潮，使其创造力连续有效地发挥出来

图 7 – 2　激励的基本原则

（三）激励的手段

- 目标激励。通过奋斗能获得的成就与结果。目标分大、小、远、近层次。
- 物质/任务激励。通过满足个人利益的需求来激发人们积极性与创造性。
- 荣誉/信任激励。人们都希望得到社会或组织的尊重。对于那些为社会或团体做出突出贡献的人，给予一定的荣誉，这既能使荣誉获得者经常用以鞭策自己，又可以为他人树立榜样和奋斗目标。
- 强化激励。正强化是对良好行为给予肯定；负强化是对不良行为给予否定与惩罚。对人的行为进行强化激励时，一是坚持正强化与负强化相结合，以正强化为主；二是要坚持精神强化与物质强化相结合，以精神强化为主。
- 数据激励。明显的数据给人以明显的印象，激发强烈的感想。
- 情感激励。情感是影响人们行为的最直接的因素之一。

（四）激励的方法

1. 经济激励法。经济激励法的原则是：首先，只对成绩突出者予以奖赏；其次，要重奖重罚；最后，奖励向脏、累、苦、难等岗位倾斜。

2. 任务激励法。任务激励法是把单调、乏味的工作或训练同个人的切身利益相结合，使下属能够从保护自己的利益出发，去做内心不愿做的工作。

3. 尊重激励法。尊重激励法是通过尊重下级的意见，使员工感到自己对于企业的重要性，并促使他们向先进者学习的一种激励方法。

相关资料

激励实例

• 松下幸之助相信，许多员工每天注意如何在工作中进步，其成效胜过总公司所有的生产工程师和策划人员，所以他经常主动征询员工的意见。他喜欢带来访客人参观工厂，随便指着一位员工说："这是我最好的主管之一"，从而使被指者倍感自豪。

• 以管理优异闻名的 IBM 公司有一句名言："员工能力与责任的提高，是企业成功之源。"

4. 行为激励法。行为激励法是企业管理者在某些方面有意行动来激发下级的激励方法。

此外，还有政治激励法、关怀激励法等。

思考：举例说明激励的方法。

四、工作绩效评价

绩效是员工完成工作的结果。在企业中，员工的工作绩效具体表现为完成工作的数量、质量、成本费用以及为企业做出的其他贡献等。

工作绩效评价是针对企业中每个员工所承担的工作，应用各种科学的定性和定量的方法，对员工行为的实际效果及其对企业的贡献或价值进行考核和评价。

（一）工作绩效评价的意义

1. 工作绩效评价可以使企业全面考查员工的工作质量。
2. 工作绩效评价可以对企业有针对性地正确使用员工、选拔人才提供依据。
3. 工作绩效评价对企业决策员工劳动报酬和奖励提供基础性的依据。
4. 工作绩效评价为企业开展在职培训、制定人力资源规划提供依据。

（二）工作绩效评价的要求

工作绩效评价的要求包括四个方面：

1. **指标要客观**：工作绩效考核必须有紧密结合工作实际的客观的指标作为标准，指标的含义要准确、具体、量化，并有很强的可操作性。

2. **时间要恰当**：评价时间要预先确定，根据不同的项目定期进行。

3. **方法要科学、可行**：评价方法科学是指能客观反映工作绩效优劣，保证考核结果可靠，使人信服，起积极作用；评价方法可行是指为人们所接受并能长期使用，项目多少适中、简便易行。

4. **结果有反馈**：工作绩效评价结果一定要反馈给被考评对象，使其更好地发扬成绩，克服不足，提高工作质量。

（三）工作绩效评价的方法

1. 定量与定性相结合评价工作绩效。对于一些客观标准不易量化的项目，可采用定性的评价方法，具体可由管理者评价或评价考核小组集体打分评价；凡是标准明确或可以量化的项目，尽可能用定量的评价方法，按考核项目标准计算分值，得出评价结果。

2. 平时系统评价和定期评价。平时系统评价主要是根据不同岗位、任务设计绩效考核卡，予以记录及评价。定期评价是对员工工作绩效进行定期考核、评价。

工作绩效评价是一项常规工作，由企业的人力资源部门负责，业务部门参加。

相关链接

企业如何挑选聘任新员工

（一）审查应聘者简历

企业首先审查应聘者的简历，除了审查应聘者的基本自然情况外，还应重点考查应聘者的技能与能力。如公司聘任软件工程师需要招聘具备在“Windows 8 系统下，用 VS2012 编程序”技能的人员，而你的简历中只写了“会编软件，会用许多系统”，公司应该不会选中这样的简历。如果公司聘任销售人员，则要在简历中重点看应聘求职者曾销售过什么产品，前几年的销售额的趋势等。除简历外，看看应聘者在校学习的成绩单与论文以及推荐信也是必要的。

（二）审查应聘者的应聘目标是否明确，是否具有永不言弃的精神

许多应聘者在应聘之前并没有明确的目标，对于自己想就职的公司及选择公司的原因没有很具体的计划，或同时缺乏锲而不舍的精神，这样的应聘者不是公司招聘人员的首选。如在应聘中，起初应聘者并没有获得面试机会或面试没有成功，应聘者有没有再次与公司联系并告知最近本人的进展，递交更新的简历并询问新的机会，因为这样的应聘者具有锲而不舍的精神和积极参加本公司的工作的热情，因此公司在可能的情况下或再招聘人时，应该优先给应聘者机会。

（三）审查应聘者是否对应聘的职位做了精心准备

应聘者去应聘时，是否对所应聘公司了解非常重要，因为这是做好未来工作的重要基础。如曾有这样一位应聘者，当面试经理问他对公司目标有什么了解时，他竟能把该公司在全球及中国的经营概况、销售什么产品说得很清楚。问他是怎么了解到的，他说他一直就想来这家公司，听到获得面试机会非常高兴，于是在图书馆泡了几天，掌握了该公司的大量资料。正是他的精心准备和诚意，他被该公司优先录用。

（四）面试

企业对应聘者进行面试是招聘过程的一个重要环节，面试打分系统一般分为两部分，技能分数与行为分数。技能方面重点考查应聘者专业知识和相关经验。行为方面重点考查一个人用什么样的行为去完成工作。也许应聘者可以完成这项任务，但是怎样完成的，这个过程也很重要，也就是考察一个人的综合能力。只有双方面的结合，才能真正衡量出面试者是否适合聘用的职位需求。

（五）审查应聘者对聘任是否充满信心和具有良好的状态

在应聘时应聘者要保持良好的状态，快乐的心情，坚定的信心。因为对每个人来说，不论你是否有工作经验，你要清楚自己的新人身份。不管应聘者在其他单位或学校时的表现有多么出色，应聘者就是新人，一切要从零开始，要非常谦虚，放低姿态学习，把自己定位在一个学习者的角色上。

（六）企业在应聘的面试过程中需要注意的几个方面

（1）观察应聘者的语言表达能力和谈话技巧。在面试中应聘者的语言表达能力如何，同时应聘者不要一味地只顾推荐自己，也要有听别人说话的技巧。

（2）注意应聘者的时间把握。公司要把面试时间通知给应聘者，而应聘者要守时，可提前一刻钟到达，安定一下自己的情绪，整理好仪表、衣服，对于不守时的应聘者公司一般不宜录用。

（3）注意应聘者的仪表。因为应聘者被聘任后其形象、仪表代表公司的形象和反映公司的工作作风、精神面貌，所以，招聘时也要考察应聘者穿着打扮和仪表。如男应聘者应选好西装领带，还要整理好发型，修好脸；女应聘者应化个明媚的淡妆，给自己信心，也是尊重别人。

（4）掌握好应试内容。招聘时除了简历、学历证明，还要求应聘者准备好回答考官提出的问题。应试内容应该以与应聘职位有关的专业性问题为主，但也可以问一些其他的相关问题，如你能为我们做什么？为什么选择我们公司？为什么跳槽？业余爱好等。因此应聘者要做好充分准备，回答问题。

项目二　劳动组织和劳动保障

【学习目标】

☐ 明确劳动定额的形式和构成，了解劳动定员的概念和范围，掌握社会保险的有关内容。

一、劳动定额

劳动定额，是指在一定的生产技术和组织条件下，为生产一定数量的产品或完成一定量的工作所规定的劳动消耗量的标准。劳动定额是组织现代化大工业生产的客观要求。

在企业里，工人一般只从事某一工序的工作，企业内部的这种分工是以协作为条件的。要使这种分工在空间和时间上紧密地协调起来，这就必须以工序为对象，规定在一定的时间内应该提供一定数量的产品，或者规定生产一定产品所消耗的时间。

（一）劳动定额的形式

劳动定额的表现形式有工时定额、产量定额和看管定额三种。

- 工时定额是指生产单位产品所消耗的时间；
- 产量定额是工人在一定生产技术条件下，在单位时间内完成的合格品的数量；
- 看管定额是一个或一组工人同时能看管的机器设备的数量。

（二）劳动定额的构成

要制定先进合理的劳动定额，必须对员工在生产中的全部工时消耗进行具体分类，分别哪些工时消耗是必要的，是构成劳动定额内容的，哪些是多余的，是不能计入劳动定额内的。工人在生产中的工时消耗可以分为两部分，即定额时间和非定额时间。具体构成见表7－2。

表7－2　工时消耗的构成

种类	具体内容	含义或构成
定额时间	作业时间	直接用于生产、工艺消耗的时间，包括基本时间和辅助时间
	布置工作地时间	工人用于照管工作地，使工作地保持正常状态所需时间，包括技术性和组织性时间
	准备与结束时间	工人为了生产一批产品或执行一项工作，事先进行准备和事后结束工作所消耗的时间
	休息与生理需要时间	是工人休息、喝水及上厕所等合理消耗的时间
非定额时间	非生产工作时间	工人从事工作以外的事情所消耗的时间，如寻找图纸、工夹具所消耗的时间
	非工人责任造成的损失时间	停水、停电、停工待料、机器设备发生故障等耗费的时间
	工人责任造成的损失时间	工人不遵守劳动纪律、违反操作规程造成的停工时间

【活动7－2】

活动内容：

制定某项工作的劳动定额，并进行必要的分解。

活动目标：

使学生掌握劳动定额的构成，了解如何采取措施减少非定额时间。

（三）劳动定额的制定

制定劳动定额，从时间上看要迅速及时，以满足生产和管理的需要；从质量上说要准确、合理；从范围上看要全面，尽可能包括所必需的全部工作和项目。

定额水平要先进合理，即定额水平应当是大多数工人可以达到，部分工人可以超过，少数工人可以接近的水平。常用的制定劳动定额的方法的比较见表7－3。

表 7－3　制定劳动定额方法比较

项目 方法	制定定额的基本方法	特点	优缺点	应用范围
经验估计法	专业人员根据自己的生产实践经验，参照生产技术文件和实物考虑生产技术组织条件，来估算定额的方法	凭专业人员的实践经验	方法简便，制定速度快，但技术依据不足	多品种单件小批生产；新产品试制；一次性临时定额
统计分析法	利用过去生产过的同类型产品或类似产品工序的实际工时消耗的资料，在分析比较的基础上制定定额的方法	凭统计资料的数据	方法比较简便，制定的速度也快，但定额的可靠性取决于统计资料的质量	成批生产
类推比较法	以同类产品典型零件的定额和规定参数为依据，进行分析比较后制定定额的方法	以典型零件定额和规定参数为依据类推比较	制定速度较快，如果典型零件或参数选择不当，会影响定额质量	多品种单件小批生产

二、劳动定员

劳动定员，是指为保证企业生产经营活动的正常进行，按一定素质要求，对配备各类人员所规定的限额，也称人员定额或用人标准。

定员标准是优化企业劳动力资源配置，提高劳动生产率的重要基础，是企业降低活劳动消耗，核算人工成本的主要依据。

测　试

（1）举例说明劳动定额几种制定方法的特点、优缺点及适用范围。

（2）请思考造船厂、服装厂、电器厂分别适合采用何种劳动定额？

（一）劳动定员的范围

定员工作，首先要对企业的员工进行分类。企业员工按照在生产过程中所处的工作岗位和劳动分工的不同，可分为以下六类：

1. 工人：是企业内直接从事物质生产的人员。他们又分基本生产工人和辅助生产工人。前者是直接从事产品生产的工人，后者是为基本生产服务或附属单位的工人。

2. 学徒：是指在熟练工人指导下，在生产劳动中学习生产技术，暂时不能独立承担本岗位工作的人员。

3. 工程技术人员：担任工程技术工作，并具有实施工程技术能力的人员。

4. 管理人员：各职能机构中从事组织领导与经营管理的人员。

5. 服务人员：指服务于员工生活或间接服务于生产的人员。

6. 其他人员：是指由企业支付工资，但长期脱离工作岗位的人员。

在实际工作中，为了反映企业各类人员与生产的关系，可以将员工划分为直接生产人员和非直接生产人员两大类。

前五类人员是企业进行正常生产所必须的，属于企业劳动定员的范围。其他人员如连续6个月以上的出国人员、脱产学习以及病、伤假等人员，一般不包括在企业劳动定员范围内，列为编外人员。

（二）劳动定员的方法

企业计划期内的总劳动量和个人的劳动效率是计算定员人数的基本依据。由于各类人员的工作特点和性质不同，计算定员的具体方法也不同。劳动定员一般有以下几种方法：

- **按劳动效率定员。**就是根据生产任务工作量和劳动效率来计算定员人数。凡是劳动成果可以通过劳动定额来测量的人员，都可以采用这种方法。
- **按设备定员。**就是根据机器设备的数量、工人的看管定额、设备的开工班次和工人的出勤率来计算定员人数。这种方法主要用于以机械操作为主、看管多机台的工种。
- **按岗位定员。**就是根据工作岗位的多少来计算定员人数。基本方法是：先确定需要工人操作的工作岗位数，然后按各个岗位的工作量、工人的效率、开工班次、出勤率等因素来计算定员人数。这种方法通常适用于看管大型联动设备或装置的工种。
- **按比例定员。**就是根据某一类人员通常占员工总数的比例，计算该类人员的定员人数。这种方法通常适用于计算服务人员的定员人数，如炊事员等。
- **按组织结构、职责范围、业务分工定员。**工程技术人员、管理人员通常运用这种方法定员。

三、劳动安全和劳动保护

（一）劳动安全

劳动安全，又称“职业安全”，是指在生产劳动过程中，防止中毒、车祸、触电、塌陷、爆炸、火灾、坠落、机械外伤等危及劳动者人身安全的事故发生。劳动事故主要是指由于工作条件以及违章操作、疲劳作业等人为原因对员工造成的伤害。劳动事故的发生主要是由劳动中的不安全因素造成的，这些不安全因素可分为两类：条件因素和个体因素。

1. 条件因素主要包括：机器设备设计及安装不合理；机器设备故障；操作规程不合理；防护设施差以及工作制度不完善；工作特性如高空作业、地下施工等易发事故的工作环境。

2. 个体因素主要包括：劳动者文化知识和技术素质低；有生理缺陷，导致反应迟钝，应急能力差；对操作规程不熟悉；劳动纪律松弛、违章违纪作业；缺乏安全意识，警惕性不高；情绪不佳，注意力不集中；生物钟现象和过度疲劳使其处于抑制状态；责任心不强，工作马虎随便等。个体因素往往是造成事故的重要原因。

案 例

上班途中遇车祸应否算工伤？

郭某系某化工厂员工，平时都是乘坐单位班车上下班。某日，郭某因送孩子上学未能赶上班车，便乘公共汽车上班，中途换车时被一辆出租车撞倒，左腿受伤，住院治疗20多天。事故发生后，经交通部门鉴定，出租车司机对事故负主要责任，并按《道路交通事故处理办法》全额赔偿郭某医疗费、护理费、误工费共计5 988.74元。郭某出院后，要求所在单位按工伤发给一次性伤残补助金，并支付住院期间工资。而化工厂认为，郭某上班不是单位班车行驶路线，因而不是在上下班的必经路线上，不能享受工伤待遇；即使认定工伤，由于郭某已经获得交通事故损害赔偿，工厂也无须再给郭某工伤赔偿。郭某不服，诉诸法院。

你认为郭某的要求是否合理？

（二）劳动保护的内容和组织工作

劳动保护，是指企业为了保护劳动者在生产中的安全和健康，在改善劳动条件、预防和消除工伤事故、中毒和职业病等方面采取的各种组织、技术措施的总和。其内容主要包括：

1. 安全技术措施。安全技术措施是指在生产过程中，为了防止和消除工伤事故、保障员工的安全和减轻繁重的体力劳动而采取的各种技术组织措施的总和。包括机器设备安全、电器设备安全、动力锅炉安全、井下和高空作业等方面的措施。

2. 环境卫生。环境卫生是指企业在生产过程中，为了改善劳动条件，保护员工的健康，防止和消除高温、粉尘、噪音、有毒气体和其他有害因素对员工健康的各种工作环境威胁而采取的措施的总和。

3. 劳动保护制度。劳动保护制度是指劳动者在生产过程中的安全与健康的规程和法规的总和。它包括生产行政管理制度和生产技术管理制度两个方面。

（三）劳动保护的措施及组织工作

1. 通过安全教育强化安全意识。安全生产教育是帮助员工正确认识安全生产的重要意义，提高生产的责任心和自觉性，使其掌握安全生产的科学知识，实现安全生产。

安全教育可以结合技能培训、生产管理、质量监督等进行有针对性的专业技术和防范能力的教育和培训，让员工真正了解事故的类型、场所、发生原因，清楚在实际工作中的不安全行为以及避免伤害的方法等。

2. 建立安全生产责任制。安全生产责任制是企业岗位责任制的组成部分，是以制度形式明确各级管理者在安全生产上的职责的基本制度。安全生产责任制使管理者、责任者有一定的压力，促使其提高安全意识。

3. 制订安全技术措施计划。通过制订安全技术措施计划，逐步改善劳动条件，落实安全生产技术措施所需的经费、人力、物力，以保证安全技术措施的全面实施，实现安全生产。

4. 实行安全生产检查制度。通过实行安全生产检查，发现安全问题，总结安全生产经验，采取有效措施，消除隐患，预防事故的发生。安全检查可分为定期检查、不定期检查、普查、抽查等。

四、社会保险

社会保险属于人力资源管理中员工劳动保障的范畴。我国的《宪法》规定了我国公民在年老、疾病或者丧失劳动能力时，有从国家和社会获得物质帮助的权利。

社会保险是以劳动人口为保险对象，通过立法建立的用于劳动者的生存、发展和延续的一种社会保证，它是社会保障体系的核心内容。

提示：社会保险具有强制性，每个企业和员工都必须按法律规定缴纳养老保险和其他保险等项目。

（一）养老保险

1. 社会养老保险及其特点。**社会养老保险是国家和社会根据一定的法律和法规，为保证劳动者在达到国家规定的解除劳动义务的劳动年龄界限或因年老丧失劳动能力，退出劳动**

岗位后的基本生活需要而建立的一种社会保险制度。一般具有以下几个特点：

（1）由国家立法，强制实施，企业单位和个人都必须参加。符合养老条件的人，可向社会保险部门领取养老金。

（2）社会养老保险基金的来源，一般由国家、单位和个人三方或单位和个人双方共同负担，并实现广泛的社会互济。

（3）由于其具有社会性，影响很大，享受的人多且时间较长，费用支出庞大，所以必须设立专门机构，实行现代化、专业化、社会化的统一规划和管理。

2. 养老保险制度和体系。我国的基本养老保险制度就是通常所说的社会统筹与个人账户相结合。该制度在养老保险基金的筹集上采用国家、企业和个人共同负担的形式，社会统筹部分由国家和企业共同筹集，个人账户部分则由企业和个人按一定比例共同缴纳。基本养老保险是由国家强制实施的，其目的是保障离退休人员的基本生活需要。

养老保险制度改革后的我国养老保险体系分为三个层次：一是基本养老保险。它是按国家统一政策规定强制实施的为保障广大离退休人员基本生活需要的一种养老保险制度。二是企业补充养老保险。它是企业根据自身经济实力，在国家规定的实施政策和实施条件下为本企业员工建立的一种辅助性养老保险，由国家宏观指导，企业内部决策执行。三是个人储蓄性养老保险。它是由员工个人自愿参加、自愿选择经办机构的补充保险形式。

后两个层次中，企业和个人既可以将养老保险费按规定存入社会保险机构设立的养老保险基金账户，也可以选择在商业保险公司投保。

案 例

高薪可否取代保险

某计算机软件开发的外商独资公司，高薪聘用了一位博士赵某，担任副总经理。公司董事长在谈到工资待遇时，对赵博士说："董事会给你定的工资为一万两千元。不过，丑话要说在前头，我们是一家外资公司，之所以工资定得这么高，是因为除了工资以外，再没有其他福利待遇了。像什么医药费报销、养老等问题都得自己解决，公司概不负责。"听了董事长这番话，赵博士心里盘算开了："这个公司给我的工资的确是够多的，可就是将来万一得了什么大病，或者老了怎么办呢？"但他转念又一想：我刚 30 多岁，一般也不会有什么大病，至于养老问题，现在考虑还为时过早。倒不如趁年轻多挣些钱实惠。工作以后，赵博士为了解除自己的后顾之忧，每月从工资中拿出 1 000 元，向保险公司投了一份养老保险。这样一来，他在这家公司工作，倒也觉得踏实多了。

几个月后，由于赵博士与董事长在公司的经营管理等重大问题上产生了分歧，被董事长炒了"鱿鱼"。赵博士不服，双方为此打到了劳动争议仲裁委员会。

在劳动争议仲裁委员会，赵博士同时又提出了公司未给他缴纳养老保险的问题，他认为，这也是侵犯他合法权益的行为。但公司董事长抗辩道："不为你缴纳养老保险，是事先跟你讲好的。你要是不同意，当时可以不干嘛。你既然干了，就说明咱们的协议已经达成，你现在无权反悔。再说，你不是自己已经向保险公司投了养老保险了吗？"公司是否有权不为赵博士缴纳养老保险？

（二）失业保险

失业保险是指国家通过立法强制实行的，由社会集中建立基金，对因失业而暂时中断生活来源的劳动者提供物质帮助的制度。它是社会保障体系的重要组成部分，是社会保险的主要项目之一。

1. 失业保险的特点。与其他社会保险项目相比，失业保险具有如下几个主要特点：

（1）**普遍性。**它主要是为了保障有工资收入的劳动者失业后的基本生活，其覆盖范围包括城镇劳动力队伍中的绝大部分成员。

（2）**强制性。**它是通过国家制定法律、法规来强制实施的。

（3）**互济性。**失业保险基金主要来源于社会筹集，由单位、个人和国家三方共同负担，缴费比例、缴费方式相对稳定。筹集的失业保险费，不分来源渠道，不分缴费单位的性质，全部并入失业保险基金，在统筹地区内统一调度使用，以发挥互济功能。

2. 申领失业保险金应具备的条件。失业保险的目的在于保障非自愿失业者的基本生活，促使其重新就业。为此，我国对享受失业保险的资格作了严格规定：

一是按照规定参加失业保险，单位和本人已按照规定履行缴费义务满 1 年。

二是非因本人意愿中断就业。即失业人员不愿意中断就业，但因本人无法控制的原因而被迫中断就业。

劳动保障部发布的《失业保险金申领发放办法》对哪些情形属于非因本人意愿中断就业作了规定，主要包括：终止劳动合同，员工被用人单位解除劳动合同，员工被用人单位开除、辞退的，用人单位违法或违反劳动合同导致员工辞职。出现上述情形造成失业的，员工有权申领失业保险金。

三是已办理失业登记，并有求职要求。办理失业登记是为了掌握失业人员的基本情况，确认其资格。须有求职要求，是考虑到失业保险的一个重要功能是促进失业人员再就业。这是享受失业保险待遇的前提，也是失业人员应尽的义务。

（三）医疗保险

医疗保险就是当员工生病或受到伤害后，由国家或社会给予的一种物质帮助，即提供医疗服务或经济补偿的一种社会保障制度。

医疗保险制度通常由国家立法，强制实施，建立基金制度，费用由用人单位和个人共同缴纳，医疗保险费由医疗保险机构支付，以解决劳动者因患病或受伤害带来的医疗风险。所以，医疗保险具有社会保险的强制性、互济性、社会性等基本特征。

（四）其他保险

1. 工伤保险。**工伤保险是指劳动者由于工作原因并在工作过程中遭受意外伤害，或因接触粉尘、放射线、有毒有害物质等职业危害因素引起职业病后，由国家或社会给负伤、致残者以及死亡者生前供养亲属提供必要的物质帮助的一项社会保险制度。**工伤保险通过为工伤员工及其供养人员提供医疗照顾、生活保障和经济赔偿来减轻工伤员工所受经济上的损害，减轻企业的负担。工伤保险的主要原则有三项：

一是雇主责任原则。实行严格的雇主责任是工伤保险制度区别于其他社会保险项目的重要特征。在工伤事故或者职业病发生以后，无论员工有无过错，都要由雇主缴费形成的工伤保险基金承担待遇支付的责任。《工伤保险条例》第 2 条规定，中华人民共和国境内的各类企业、有雇工的个体工商户应当依照本条例规定参加工伤保险，为本单位全部员工或者雇工缴纳工伤保险费；中华人民共和国境内的各类企业的员工和个体工商户的雇工，均有依照本条例的规定享受工伤保险待遇的权利。这一规定，体现了雇主责任原则。

二是预防、康复与赔付相结合的原则。对工伤员工进行救治和经济赔付，是工伤保险制度的一项基本内容。随着社会的进步，工伤保险工作的重心越来越向工伤的预防与康复方面转移。这是因为，预防工作做好了，工伤事故的发生率就会降低；另外，工伤事故发生后，员工除了获得赔偿外，还需恢复自己的生理机能和工作能力，重新回归社会。《工伤保险条例》第一条明确规定，其立法目的包括工伤的预防、康复和赔偿。

三是基金实行以支定收、收支平衡的原则。工伤事故的发生虽有偶然性，但在相当长的一段时间里，工伤事故的发生是有规律的，对工伤员工的赔偿与医治所需金额也是能够估算出来的，因此，工伤保险基金可以实现以支定收。此外，工伤保险不需要太多的基金积累，如果资金不够，可以通过提高缴费费率、缴费基数，或者严格享受条件、降低待遇水平等方式加以解决，不会导致大的社会动荡。因此，《工伤保险条例》第八条第一款规定：“工伤保险费根据以支定收、收支平衡的原则，确定费率。"

2. 女工生育保险。**女工生育保险是指妇女劳动者因妊娠、生育期间中断工作时社会给予医疗、保障产假工资或生活补贴待遇的一项社会保障制度。**

实施女工生育保险，既是为了维护女职工的合法权益，保障她们在生育期间得到必要的经济补偿和医疗保健，也是在市场经济条件下，均衡企业负担，实现公平竞争和促进男女平等就业的需要。如果不能有效地均衡用人单位的生育费用负担，不仅会影响企业间的公平竞争，而且会导致一些企业不愿意招用女职工，从而增加女性的就业难度，侵害女性的平等就业权。所以，企业不管是否有女职工，都应参加生育保险。

项目三　薪酬管理

【学习目标】

□ 掌握薪酬的概念和构成要素，了解薪酬本身的功能和作用，明确薪酬体系的设计和内容。

一、薪酬的概念和要素

（一）薪酬的概念

薪酬，是指员工因为雇佣关系的存在而从雇主那里获得的各种形式的经济收入、有形服务和福利。薪酬按是否以金钱的形式表现，可以分为经济类报酬和非经济类报酬；薪酬按本身对工作者所产生的激励，可以分为外在报酬和内在报酬。

（二）薪酬的构成

1. 经济类报酬。**经济类报酬是指企业因使用员工的劳动而付给员工的金钱或实物。**具体可以分为直接报酬和间接报酬。

（1）直接报酬，包括工资、奖金、津贴与补贴、股权等。

- 工资是根据劳动者提供的劳动数量和质量，按照事先规定的标准付给劳动者的劳动报酬，是薪酬的主要形式。
- 奖金是根据员工工作努力程度和工作绩效大小而决定的劳动报酬，常见形式有利润分成、奖励工资、销售提成等。
- 津贴与补贴，通常把与工作相联系的补偿称为津贴，把与生活相联系的补偿称为补贴。
- 股权是以企业的股权作为员工薪酬的一部分，从而促使员工为企业长期利润最大化努力的一种长期激励手段。

（2）间接报酬，是指企业为员工提供的除了工资与奖金之外的一切物质待遇。由于企业的具体情况不同，所以福利的类型也有很大差别。企业经常选用的福利项目包括公共福利和个别福利。

- 公共福利是法律规定的一些福利项目，主要有医疗保险、失业保险、养老保险和工伤保险等。
- 个别福利是指企业根据自身的发展需要和员工的需要选择提供的福利项目，主要有辞退金、住房津贴、交通费、工作午餐、海外津贴、人寿保险等。

2. 非经济类报酬。非经济类报酬是指工作者由工作本身所获得的满足感，它是一种非物质形态的报酬，具体包括：

（1）参与决策权。工作者有“参政议政”的权利，对企业的发展方向有出谋划策的权利。

（2）自由分配工作时间及方式。工作的自主性较大，对工作时间的安排与分配可以有较大的权利。

（3）较多的职权。较多的职权就意味着有较大的控制监督其他人的权利。

（4）有趣的工作。工作的趣味性较强，可以避免工作的单调性。

（5）个人成长的机会。个人成长的机会较多，职业生涯的发展较有前途。

（6）活动的多元化。工作领域涉及的范围较广，多元化的活动可以满足成就感的需求。

二、薪酬体系的功能和作用

（一）薪酬体系的功能

第一，效益功能。薪酬是劳动的价格，是属于企业的可变成本。在正常情况下，一个劳动者所创造的劳动成果总是大于他的薪酬水平，剩余的部分就是薪酬的经济效益。因此，薪酬具有为企业带来经济效益的功能。

第二，激励功能。人的行为在很大程度上都是为了满足生理、安全、社会、尊重和自我实现等需求而产生的，设法满足人的基本需求是激励员工努力工作的根本方法，而薪酬的激励功能就在于它是全面满足员工多种需求的重要基础。薪酬管理通过对员工利益的调整，对正确的行为进行正强化，对发生偏差的行为进行负强化，从而发挥引导员工行为的功能。

激励功能是薪酬的核心功能，是薪酬管理的最主要目标。激励是通过提高部分员工的满意度，来达到“提高所有员工工作积极性”这个最终目标。

第三，信息传递功能。薪酬水平的变动，可以将企业的组织目标、发展战略以及管理者的意图等及时有效地传递给员工。比如，工资的提升意味着公司对员工所做业绩的肯定；采用绩效工资制度，或提高绩效工资（奖金）的比重意味着公司鼓励员工之间或部门之间的竞争；采用年功工资制度意味着公司希望员工长期在本企业效劳，减少员工的流动等。薪酬管理可以作为一个辅助的手段，多方位向员工传递各种信息。

测 试

你如何看待薪酬体系的功能和作用？请结合企业实际情况说明。

（二）薪酬体系的作用

1. 吸引人才、留住人才。企业不同发展阶段工资水平不同。对快速成长的企业，工资水平一定要高。对刚起步的企业，工资水平必然低。对步入成熟期的企业，工资不会是市场上最高的，因为企业成本会比较大。人往高处走，哪个企业发展得快，哪里的工作更有价值，对人才的吸引力就大。

2. 控制人工成本。企业的收入减去支出就是利润，人工成本的降低可以使企业的利润最大化。欧美企业通常的做法是，让人工成本呈加速度增长，促使企业收入快速增大，从而使利润最大化。这就是外企的工资水平为什么大大高于我国内资企业工资水平的原因。人工是成本，但同时是可增值的资本，他给企业创造的价值更大。可以在有效控制人工成本的前提下，既让员工满意，也让企业满意，最终使利润最大化。

3. 提高企业的竞争力。企业的薪酬体系应具有外部竞争性和内部合理性。只有具有竞争力且合理的薪酬体系，才能吸引人才、留住人才，激发其工作的积极性和主动性，提高企业的竞争力。人力资源是现代企业最重要的资源，人的潜能得不到发挥，企业的竞争力就无从谈起。

三、薪酬体系设计

建立合理的有竞争力的薪酬体系，充分发挥薪酬体系的作用，是一项非常重要的工作。现代企业管理要求建立适应现代企业制度和市场竞争要求的薪酬分配体系，新型的薪酬管理体系是“以人为本”企业管理制度的重要组成部分。

薪酬体系设计的工作流程如下：

（一）调查薪酬市场

薪酬市场调查是指企业通过搜集信息来判断其他企业所支付的薪酬状况，向本企业提供市场上的各种相关企业向员工支付的薪酬水平和薪酬结构等方面的信息，以便根据调查结果来确定自己当前的薪酬水平相对于竞争对手在既定劳动力市场上的位置，从而根据企业的战略来调整自己的薪酬水平与薪酬结构的一个系统的过程。

对于大多数企业来说，特定职位的薪酬水平都是在直接或间接进行的薪酬调查的基础上确定的。尽管在大多数的场合，薪酬调查只是旨在确定基准职位的薪酬水平，其他职位的薪酬水平可以根据其相对价值和基准薪酬水平进一步确定。但不容置疑的是，薪酬调查可以增强企业对竞争对手的了解，有助于企业及时调整自己的薪酬战略。

此外，薪酬调查的结果对于企业实现薪酬在效率、公平、合理等方面的目标会有重要作用。具体说来，通过薪酬调查应达到以下几个方面的目的：

1. 调整薪酬水平和结构。大多数企业都会定期调整自己的薪酬水平，而调整的依据一般包括生活成本变动、员工的绩效改善、企业的经营状况与支付能力等，当然也有的是因为竞争对手的薪酬水平变化而需要调整本企业的薪酬水平。有针对性地制定企业的薪酬调整对策，避免在劳动力市场的竞争中处于不利地位。

2. 估计竞争对手的劳动力成本。劳动力成本是决定企业竞争优势的一个重要来源。企业会非常关注竞争对手的劳动力成本开支状况，既不能因为薪酬水平太低而失去优秀的员工，也不能因为薪酬水平过高而影响公司及产品的竞争性，所以，企业应注意利用薪酬调查数据来对劳动力成本进行财务分析。

3. 了解其他企业薪酬管理的最新发展趋势。由于薪酬调查中所要了解的数据并不仅限于基本薪酬这样一种简单的信息，它通常还包括奖金、福利、长期激励、休假等各种福利以及加班时间、各种薪酬计划等方面的信息，甚至包括其他企业的员工流动率、加薪频率等，因此，企业可以借此了解某些新型的薪酬管理实践在企业界的流行情况，这就有助于企业判断，自己是否有必要顺应潮流来实施某种新的薪酬管理实践。

（二）进行岗位价值评估

岗位价值评估是指通过专门方法来确定企业内部工作与工作之间的相对价值。

岗位评估的基本目标是确定在一个公司的组织体系中各岗位的相对价值，它将为建立职务薪酬体系提供一个基本的依据。一般来说，职级是影响岗位价值的最重要因素，总经理岗位的贡献当然比部门经理大得多，这是不容置疑的。但是相同层级岗位的重要程度或贡献度的确定就颇为复杂，而且不同层级的岗位贡献差别有多大也很难计量，这一切使岗位评估变得更加重要。岗位评估的方法见表 7 - 4。

表 7 - 4　　岗位评估的主要方法

评估方法	评估内容	评估方法评价
排序法	是比较传统的方法，它首先列出企业内的所有岗位，然后按照排序的方式，对这些岗位做重要性比较，最后排列出各岗位的相对位置	这种方法的好处是操作简单，容易实行，耗用的时间和资源较少。但这种方法的弊端也很明显，就是过于主观，不精确，缺少说服力，并且，它只能得出岗位高低顺序，却难以判断两个相邻岗位之间实际差距的大小
因素分析法	是目前应用最为广泛的岗位评估方法，又称要素计点法、点值法等。它是以岗位的工作内容为基础，按对任职人员的素质要求或工作复杂度细分为若干因素，然后将这些因素在每个岗位上量化或等级化，最后综合转化为分值，从而根据分值确定岗位价值	这种方法比较精确，同时也比较客观，但操作起来颇为复杂，往往需要专业性的咨询公司协助完成

续表

评估方法	评估内容	评估方法评价
分类法	是将企业的所有岗位根据工作内容、工作职责、任职资格等方面的不同要求，将分不同的类别，一般可分为管理工作类、事务工作类、技术工作类及营销工作类等。然后给每一类确定一个岗位价值的范围，并且对同一类的岗位进行排列，从而确定每个岗位不同的岗位价值	是一种比较简单的方法，尤其是当职位数量较多时，它比排序法更节省时间。缺点是当职位类型差别较大时，很难建立通用的职位等级，另外和排序法一样，无法准确衡量各职位之间的价值差距

企业进行岗位评估，除了选择科学合理的方法外，还应考虑如下因素：

第一，企业的规模。组织结构相对复杂的大型企业应使用考虑因素全面的因素评分法，而规模较小的企业则应考虑使用相对简单的评估方法。

第二，岗位评估的主要目的。企业为制定合理的薪酬进行岗位评估，可能有不同的侧重点，有时是出于内部公平性的考虑，有时主要是出于外部竞争性的考虑。

许多人力资源咨询机构的评估体系都包含了公司规模等重要因素，把一个企业内部的岗位放在整个行业的岗位体系中进行定位，所以从外部竞争性的考虑更具有价值。很显然，一个年销售额达 100 亿元的公司和销售额只有 1 000 万元的公司的市场总监是不可能具有相同的价值的。企业必须将内部岗位与市场相应的水平进行比较，才能建立具有竞争性的岗位薪酬。

第三，企业战略。公司战略不同不仅影响组织结构，而且直接影响各部门和岗位在企业发展中的定位。在同一个行业中，企业在市场中的不同位置决定了它们具有不同的经营目标和经营战略。如处在领先者位置上的企业需要有更强的创新能力，而追随者位置上的企业则更需要超强的市场运作能力。战略的不同，企业内的不同部门和岗位对战略的贡献就不同，因此岗位评估的因素设计就必须体现这种战略的差别。

（三）设计企业整体薪酬结构

企业整体的薪酬结构与前述的薪酬构成相对应，包括以下几部分：

1. 基本薪酬体系。基本薪酬体系是针对员工为企业做出一般意义上的贡献所支付的报酬。包括基于职位的薪酬体系和基于技术的薪酬体系两部分。

（1）基于职位的薪酬体系，就是指员工的薪酬或工资是按照员工在组织内所占据的特定职位来发放的，员工薪酬的高低取决于这些职位的价值。

（2）基于技能的薪酬体系通常是指两种以员工个人为基础的薪酬方案。一是知识薪酬，以员工个人拥有的专业知识作为企业支付薪酬依据的薪酬方案；二是技能薪酬，以员工个人拥有的专业技能作为企业支付薪酬依据的薪酬方案。职位薪酬是基于企业内现有职位数量和结构而构建的薪酬体系。在这种薪酬管理体系下，员工的实际薪酬收入取决于他本人所占据的职位；技能薪酬是以员工个体所具备的知识和技能作为制定薪酬的标准。

2. 奖励薪酬体系。员工的基本薪酬体系一般是相对固定的，当有超额劳动产生时，奖励薪酬则会有较多的灵活性来奖励员工的超额劳动。奖励薪酬的着眼点不是过去，而是未来，它具有一种大幅度提高绩效的潜在作用。对不同种类的员工，可采用不同的奖励薪酬：一线员工的奖励薪酬可采用按件计酬、按时计酬或两者相结合；销售人员可采用固定薪金制、佣金制或两者的混合制；管理人员则适合采用收益分享、团队奖励等方式。

3. 福利薪酬体系。不同的企业，福利的具体内容和具体项目往往会有所差异。但是究其根本不外乎两大类：国家法定的福利和企业自主的福利。

- 国家法定的福利是由国家相关法律和法规规定的福利内容，包括法定社会保险、公休假日及法定假日、带薪休假以及地方政府规定的其他福利项目。
- 企业自主福利则是企业在国家规定之外向员工提供的其他福利项目，包括法定社会保险之外的各种保险和福利、各种节日补助费、加班补助、教育培训福利、文体旅游福利以及各种生活福利等。

【活动7-3】

活动内容：

在活动4—1组织学生实际参观考察一个生产企业的基础上，了解企业市场营销中的销售渠道、促销等基本情况，分析企业的实际销售渠道选择、采取的促销方法，提出分析意见。

活动目标：

使学生知道销售渠道的选择的重要意义，并学会应用促销的基本方法。

思考与训练

一、思考题

1. 什么是人力资源？它有哪些特点？
2. 什么是激励？激励的作用和基本原则有哪些？
3. 举例说明激励的方法有哪些。
4. 什么是劳动定额？由哪几部分构成？
5. 什么是薪酬？合理的薪酬体系有哪些作用？

二、实训题

冯经理新的激励手段

冯敢赢是机械公司供应部的经理，是有名的敢想敢说、为人热情的人，尤其对新发明、新理念什么的很感兴趣，自己也常爱在工作中搞点新名堂。前段时间，常听见冯经理对人说："我们公司的那套奖金分配制度我看是到了非改不可的地步了，奖金总额不跟公司绩效挂钩，每月固定按工资总额拿出5%当奖金，一共才那么一点钱。具体每人分多少，由各部门领导按每人每月工作表现规定，还要求什么'重赏重罚，承认差距'哩。可是，谈何容易，总共就那么一点儿，还玩得出什么花样？如果真要对干得好的多给，一般的少给，差的不给，不闹起来才怪呢！”

最近，冯经理又在跟人说：“改革公司奖金分配制度，我琢磨好久了，可就是想不出啥好点子来。直到上个月，公司派我去市经济管理干部学院参加中层管理干部短训班。有一天，请来一位美国教授给我们做了一次讲演。那位教授说，对员工的激励，不能太依靠高工资和奖金。又说，钱并不能真正调动人的积极性，能影响人积极性的因素很多，按重要性高低，他列出了一长串单子，好像最要紧的是工作挑战性。照他解释，就是指工作不能太简单，轻而易举地就完成，要艰巨点，让人得动点脑筋，花点力气，那活儿才有干头。再就是工作要有兴趣，要有些变化，多点花样，别老一套，太单调。他说，再就是要给自主权，给责任，要让人家感到自己有所成就，有所提高。还有什么表扬啦，跟同事们关系好融洽啦，劳动条件要舒服安全啦什么的，我也记不准，记不全了。可有一条我是记准了：工资和奖金是摆在最后一位的，也就是说，最无关紧要了。那位教授还说，这理论也有人批评，说它仅适合于工程师、会计师、医生这类高级知识分子，对其他人未见得合适。短训班办完，回到公司里，正赶上年末工作总结，要发年终奖金了。这回我有了新主意。我们供应部里，论工作，就数李促维最突出。他大学本科毕业，积极肯干，好动脑筋，于是我把他找来谈话。我先强调了他这一年的贡献，特别表扬了他的成绩，还细致讨论了明年的具体指标，最后才谈到这最不要紧的事——奖金。我说，这回年终奖，因为奖金总额有限，你就跟大伙儿拿得差不多吧！可是，你猜怎么着？小李子竟发起火来了，真的火了。他忽地站起来说：‘什么？就给我那么一点儿？说了那一大堆好话，到头来我就值那么一点儿？得啦，您那一套好听的，请收回去送给别人吧，我不稀罕，表扬又不能当饭吃！’这是怎么一回事儿，把我搞糊涂了。”

【问题与思考】

1. 李促维为什么会发火？
2. 经理新的激励手段失败的原因是什么？
3. 应该如何激励员工才会真正有效？

单元八
企业信息管理

引　例

战后初期，日本尼西奇公司只有30余名职工，生产雨衣、游泳帽、卫生带、尿布等橡胶制品，订货不足，经营不稳，企业有朝不保夕之感。公司董事长多川博偶然看到一条人口普查资料：日本每年大约出生250万个婴儿，如果每个婴儿用两条尿垫，一年就需要500万条，这是一个相当可观的尿垫市场。多川博决心放弃尿垫以外的产品，把尼西奇公司变成尿垫专业生产公司，集中力量，创立名牌。最终，尼西奇公司成了“尿垫大王”。公司资本仅1亿日元，年销售额却高达70亿日元。

项目一　企业信息管理概述

【学习目标】

□　了解信息的概念、特点及信息管理的基础，掌握信息的作用及种类。

一、信息管理的概念和作用

（一）信息的概念及特点

信息，是指企业搜集到并经过加工、整理，用于生产、经营、管理等方面的消息、情报、数据等的总称。它可以用文字、图形、符号等来表示。信息与人、财、物一起构成企业生存发展不可缺少的重要资源。

企业信息有质量和数量之分。信息质量是指信息价值的大小，也即信息对企业的有用程度；信息数量是指信息条目的多少。只有具有一定数量和质量的信息，才能成为企业的有效信息。

信息具有以下一些基本特点：

1. 可靠性。信息的可靠性是指信息必须全面、准确、真实地反映客观事实。只有真实可靠的信息才有使用价值，脱离实际或不符合事实的虚假信息，不仅不具备使用价值，甚至会造成管理或决策结果的失误。

信息可靠性的前提是信息真实、全面和准确，三者必须兼备。所以可靠性是信息的基本要求。

2. 传输性。信息是运动的信息，这是信息的基本属性。信息的最大功能是通过声波、图像、电磁波、光等载体进行传输，不能传输的信息是无用的死信息，信息传输的快慢直接影响信息的使用价值。

信息在传输过程中，要注意选择合适的传输工具和传输渠道，加快传输的速度，以降低使用信息的费用，增强信息的时效性。

提示：信息传输与信息传递的区别：信息传输多指利用现代信息和通讯技术进行的长距离的传送。而传递可理解为人与人之间信息的交流与沟通。信息传输包括了信息传递。

3. 时效性。因为企业的生产经营活动和外部环境是在不断变化的，所以有关信息也是不断变化的，信息也会随时间的推移而发生老化。一条信息只能在一个特定的时间内起作用，时间一过即失效，客观事物变化越快，信息的时效性越强。企业管理者只有及时获得和使用信息，才能做出迅速准确的判断。

4. 共享性。信息与其他资源相比，具有在使用过程中不被消耗的属性。同一条信息可以同时被许多使用者所利用，而本身并不消耗，它不因一方的信息交流与共享而使信息量减少，相反，有可能导致信息量的增加。因此，信息作为一种共用资源而存在，信息使用的结果是信息的共享或分享。如人口普查的数据可以被各部门、各行各业的企业根据自己的需要去应用。

提示：信息的共享性是指信息可以同时被多方使用，这是由信息的客观性和不被消耗的属性决定的。而具体到某一特定的信息，出于企业自身利益的考虑，信息实质上具有某种程度的保密性和独享性。

5. 经济适用性。管理工作需要的是适用的信息，即不同的管理部门对信息的种类、范围、内容、详细程度、精确性和使用频率等方面的要求是不相同的。

如果不加区分地向这些管理部门提供相同的信息，不仅会造成信息的大量冗余，增加信息处理工作的负担和费用，而且还会给这些部门的主管人员查找他们需要的信息带来困难，造成时间上的浪费甚至经济上的损失。

（二）信息的种类

对企业信息进行科学的分类，对有效地利用信息，实现企业信息工作的科学化、规范化是大有作用的。信息的分类有以下几种：

表 8－1　　信息的种类

分类标准	信息分类	信息内容
按信息的来源划分	内部信息	主要指来自企业内部的各种信息。包括企业生产方面的信息：如生产计划、生产进度、质量标准、物资消耗；企业资金运营方面的信息，如财务报表等；企业人力管理方面的信息，如人力资源计划、工资报表等；企业营销管理方面的信息，如营销计划、营销策略、定价方法等。企业内部信息是做好企业内部管理决策的重要依据
	外部信息	主要是指对企业生产经营活动有影响的外部环境因素信息，包括经济、政治、文化乃至自然、地理、交通等方面的信息，它对企业生产经营活动有着重要的影响。如来自市场的价格、供应等信息，来自消费者的需求信息，来自供应者的供给信息，来自竞争者竞争策略信息等以及有关的政策法规、技术情报、大众传媒等信息

续表

分类标准	信息分类	信息内容
按信息的用途划分	决策信息	是企业最高管理层决定企业经营战略、经营目标、经营决策所依据的信息。这类信息往往涉及到国家政策、法律等各个方面以及复杂多变的社会环境，信息范围广泛而多变，决策信息大部分来自企业的外部，要求企业有良好的信息搜集、加工、处理的能力
	控制信息	是企业各职能部门为了实现经营目标而对生产经营活动进行协调、控制所需要的信息。控制信息来自企业内部，并反映目标计划和实际生产经营活动之间的对比情况，从而了解是否达到预期目标，并指导其采取必要措施。控制信息要求比较详细、具体，以便于生产经营的协调和控制
	作业信息	这类信息大多是反映企业生产经营的日常业务活动的信息。包括常规账目、生产安排和库存控制等，作业信息产生并应用于企业内部管理，对基层管理人员最有用处
按信息的稳定程度划分	流动信息	是企业中随着时间、环境、条件的变化而在数量、结构、范围等方面经常变化的信息。如员工出勤率、产品的生产进度、库存情况等。这类信息是不断发生变化的，时间性很强
	固定信息	是指在一定时间内保持相对稳定的信息。在管理过程中可以重复使用，如定额、价格、统计资料、规章制度等

（三）信息管理的概念和作用

信息管理就是借助于现代信息技术，充分运用经济、人文等手段，对社会中存在的各种类型的信息资源及信息活动进行计划、组织、领导和控制的社会活动，以求最大限度地发挥它的作用，实现它的价值，并带来效益。

信息管理就是人对信息资源和信息活动的管理，包括对信息资源进行规划、组织、配置、传递、利用、反馈和评价。

信息是管理的灵魂，企业管理每一项工作都离不开信息，它贯穿于整个企业生产经营。企业决策的正确与否在很大程度上与信息是否准确、全面和及时密切相关。随着生产技术的发展，信息在企业管理中的作用越来越重要。

案　例

每条新闻都是一座金矿

不管是威廉王子的婚事，还是拉登之死，还是世博会、大运会，里面都存在很多的商机。英国当地时间2010年12月12日，威廉王子通过办公室发布了他和未婚妻凯特的订婚照。义乌商人周明旺敏锐地观察到，凯特手上戴着威廉亡母、戴安娜王妃的蓝宝石订婚戒指。看到消息的当天，周明旺就决定要做这枚仿真戒指，第二天就出了设计稿，一周后出样，再加上与其有关的其他商品，出口交易额总共在1亿元人民币以上。

1. 信息是企业决策的依据。企业决策时需要依据大量的外部信息和内部信息作为依据。决策必须以预测为前提条件，而预测就是根据过去和现在的各种信息，发现、判断未来的变化状况和发展趋势，用科学的预测来确定决策的目标。

决策过程实质上是一个搜集信息、加工信息、输出信息的过程。在现代经济社会中，谁先掌握了信息，谁就有可能做出正确的决策，谁就掌握了生产经营的主动权，竞争获胜的可能性就大。

2. 信息是企业现代化管理的基础。在企业生产经营过程中，始终贯穿着两种流动：信息流和物流。物流是指原材料等资源的输入变为产品而输出，经历着形态和性质的变化。伴随物流而产生的大量数据，如设计图纸、工艺文件、定额、能源消耗等数据文件，形成了信息。物流的活动是在信息的作用下进行的，信息可以使企业生产有序进行。

3. 信息是提高企业经济效益的重要资源。信息作为一种资源，已经被人们认识。一条有价值的信息会给企业带来一个获利的机会，在现代社会，充分有效地利用信息，是一个企业获得成功的重要条件。准确、灵敏、及时、有效的信息，可使企业少走弯路，尽快以较低的成本生产出适销对路的产品。

测 试

（1）结合实际说说信息为什么是企业资源？

（2）你如何认识信息在企业管理中的作用，如何做好信息管理的基础工作？

二、信息管理的基础

（一）建立信息机构

企业建立完备的信息机构是进行信息管理的基础和前提，信息机构包括以下几个部门：

1. 信息档案部门——负责专门向管理者提供决策分析和预测信息，进行信息资料的加工、整理、存储等工作。

2. 信息管理部门——负责信息的编码、排序、存储、检索工作以及科技资料、经济情报等工作。

3. 信息技术部门——负责信息的准确、快速传递，管理应用软件的开发、信息系统的软硬件管理、程序修改等工作。

（二）配置信息设备，提高信息技术水平

信息管理必须配备适宜的信息设备并保证有一定的资金投入，因为信息管理离不开现代化的信息技术和信息设备，除了计算机，还要有数据库、通信技术设备、管理软件、信息输出设备等。企业不但要保证硬件建设，还要考虑到软件建设和设备更新。

（三）配备高素质的专业信息人员

配备高素质的信息人员是搞好信息管理的关键。因为再好的信息设备、信息技术，都是由人来使用、操作的。现代化的信息管理要建立在计算机网络技术和大量信息的搜集处理基础之上，需要专业化的人才来维护系统的运行，企业专业人才的数量和质量直接决定企业的信息系统水平。

提示：有关专业信息人员的岗位要求参看单元七的人员的招聘与培训内容。

项目二　企业信息处理

【学习目标】

□ 明确信息处理系统由哪些环节构成，掌握信息的搜集方法、传递范围和方式。

信息处理包括从搜集、传递、加工、存储、维护到使用这几个环节。每个环节都对信息进行一些处理，各个环节之间有信息流动，信息的流动过程也就是信息的处理过程（见图 8－1）。

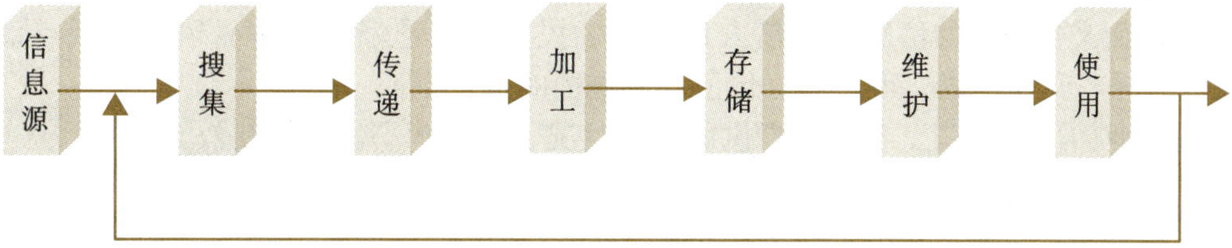

图 8－1　信息处理过程

案　例

马里奥特公司靠信息搜集获得成功

马里奥特公司是一家出色地搜集和使用竞争情报的公司。在建造费尔菲尔德旅馆之前，马里奥特公司的一个小组用了 6 个月的时间走遍全美国，住在与自己竞争的旅馆和汽车旅馆中搜集对方的各种信息，包括服务项目和质量、房间隔音、墙壁、床具、餐饮乃至香皂等方面。最后，该小组摸清了竞争对手诸方面的优势和劣势，从而为本公司制定竞争战略奠定了坚实的基础。

一、信息的搜集和传递

企业搜集到的信息质量的好坏、数量的多少往往直接影响和决定着信息工作的效益。

（一）信息的搜集

信息搜集是指根据企业的需求，将与企业有关的内部、外部处于分散状态的信息，加以集中和整理以满足企业生产经营管理活动需要的过程。企业在信息搜集过程中必须按照一定的要求，确定一定的范围，利用科学的方法来搜集信息。

1. 信息搜集的要求：

（1）准确性。搜集到的信息必须真实、可靠，信息的表述准确无误。

（2）及时性。信息搜集必须及时，采集工作要积极主动；行动要迅速，发现苗头立即捕捉所需信息。

（3）针对性。即信息搜集的目的要明确，适合企业的需要，并据此确定信息搜集的范围和重点。

（4）完整性。信息搜集必须注意在时间、空间、内容上的全面、完整。

（5）科学性。信息的搜集要借助于一定的科学方法，采用现代化的技术手段，以确保信息搜集的准确、及时。

2. 信息搜集的内容。由于企业的生产性质、规模、经营范围、服务对象等的不同，其搜集信息的内容是各不相同的，主要有以下几个方面：

（1）政治方面的信息。包括政局稳定性、政治制度、国家战略以及一定时期的有关党和国家的路线、方针、政策、法律、法规、财经制度等方面的信息。

（2）经济方面的信息。包括国内外经济发展现状及其趋势，国家经济发展战略和规划，一定时期内宏观经济形势及宏观经济政策、财政税收、经济结构、产业结构、消费水平和结构、原材料供应等方面的信息。

（3）社会文化方面的信息。包括人口构成、民族特点、宗教信仰、风俗习惯、消费习惯、教育水平、职业构成、审美观、价值观等方面的信息。

（4）企业内部各部门、各层次提供的生产状况、技术水平、经营绩效等各种信息等。

3. 信息搜集的方法：

（1）调查法。调查法是指调查人员到被调查者那里进行调查，直接搜集被调查者所掌握的信息资料的一种方法。

（2）摘录法。摘录法是对企业生产经营活动过程和结果以及与企业有关的信息，用文字、数字、符号等形式记录下来的一种方法。包括记录和摘录两种具体方法。

（3）观察法。观察法是调查人员到生产现场或市场上，用直观仪器设备对调查对象的行动和表情进行观察，进行资料搜集的一种方法。

（4）查询法。查询法是指通过网络电话、信函或 E－mail 等方式询问查找有关信息的一种方法。

案　例

传达信息不准确导致工作出现失误

李强在一家食品加工厂的包装车间里当管理人员，小丽是车间里贴标签的工人。小丽刚犯了一个严重错误，包装流水线上的产品换了，却没有换上相应的标签，李强找小丽谈话。

李强：你怎么可能让这种事发生？我早就跟你说了，而且要你特别当心。

小丽：当时我以为要换流水线上的产品，我会从打包工那里得到这个消息，可他什么也没对我说。

李强：这不是我当时的意见，我说“打包者”，指的是打包机。

小丽：我想我误解了你的意思。那天你跟我说这件事时，我为母亲急得要命，她正在医院里开刀，我没想到，贴标签会惹下那么大的麻烦。

请思考：李强传达给小丽的消息不清楚是因什么情况引起的？李强当时怎么做，才能保证信息准确到位？

（二）信息的传递

【活动8-1】

活动内容：

组织学生做游戏，一名学生看到某一物品，用描述或肢体语言告知另一没看到的学生，并依次向下进行。

活动目标：

使学生了解正确、及时传递信息的必要性。

企业信息传递是指将加工好的信息，用合适的传递工具，通过一定的传递方式，在最快的时间内，准确地传递给需要者的过程。

1. 信息传递的范围。

（1）企业内部信息的传递。企业内部信息传递是指通过信息报道、信息咨询、信息资料的借阅、复制、检索等多种服务形式，向企业管理者及各个部门提供所需的信息。

（2）企业与外部信息的传递。企业与外部信息的传递主要指企业与国内、国外有关单位、机构进行信息交流。与国内交流信息主要指向政府部门、专业信息所、信息中心站、贸易部门、产品用户提供本企业信息，或从他们那里获取信息。与国外交流信息主要是指企业根据自身的需要与国外有关企业、部门和专业信息机构，在一定范围内进行有关方面的信息交流。

提示：信息只有被准确及时地传递到需要者手中才能发挥作用，对生产经营活动做出正确的反映和决策；如果传递不及时，延误时机，即使是一条重要的信息，也会变得毫无价值。

2. 信息正式传递的方式。企业信息正式传递方式是指以一定的组织形式和规范化程序进行信息传递，分为正式传递与非正式传递方式。正式传递又有五种具体方式：链式、轮式、环式、Y式、全通道式，见图8-2。

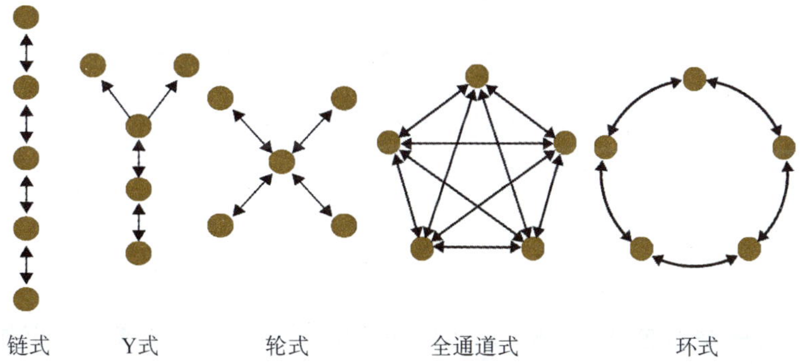

图8-2

（1）链式传递方式也称“直线传递”。是指信息像链条似的逐级传递，信息流通采用上情下达、下情上报的形式。这种传递方式的优点是速度快、准确性高，管理者的地位突出。不足点是管理者有可能不太了解下级的真实情况。

（2）轮式传递是指一个主管直接领导几个部门，中间是主管，四周是其管辖部门，信息在管理者与其周围的部门之间传递。这种传递方式的优点是速度快，且能够全面了解情况。但组织成员之间缺乏了解，工作中很难相互配合和支持。

（3）环式传递也称“圆周式传递”。没有传递的核心，没有等级差别，信息在各个成员之间传递。这种方式传递速度较慢，准确性低，但组织成员满意度较高。

（4）Y式传递即主管人员通过中间人物（如秘书）与下层间接进行信息交流。这种方式传递速度较快，但组织成员的满意度低。

（5）全通道式传递即组织成员都可以不受任何限制地与其他人直接进行信息交流。这种方式传递速度快，准确性高，组织成员的满意度也较高。

3. 非正式传递方式。非正式传递方式是指一种自发型的信息传递，不具有规范的传递程序。非正式传递有四种具体方式：单向式、闲谈式、偶然式、集束式。其表现为：

（1）单向式是通过一连串的人把信息依次传递给最终接受者；

（2）闲谈式是一个人主动把信息传递给其他人；

（3）偶然式是在偶然的机会随口说出，一传十，十传百；

（4）集束式是把信息有选择地告诉自己的朋友或他人。

4. 企业选择信息传递的方式：

（1）若企业强调信息传递快速和容易控制，宜采用轮式传递方式；

（2）若企业组织庞大，需要授权分层管理则链式信息传递方式较为有效；

（3）若企业强调成员的士气，重视启发成员的创造性，则使用环式信息传递方式；

（4）若企业主管工作繁重，企业规模较大，管理层次较多，就适合采用Y式信息传递方式；

（5）若企业在讨论重大问题，关系到全体员工切身利益时，则宜采用全通道式信息传递方式；

（6）若企业为了了解某些情况的确切真相，某些环节出现的问题，以及员工的思想动态，应注意利用非正式信息传递方式。

当然，企业在具体运用时，可同时应用多种不同的信息传递方式。

测 试

请你结合实际评价信息传递的方式各有哪些优缺点？

二、信息的加工和存储

（一）信息加工

信息加工是将采集到的信息，按照不同的目的和要求，进行分类、筛选和排序，剔除虚假、过时、无用的信息，使信息条理化、规范化、准确化，以便进一步存储、传递和使用的过程。

1. 信息加工的要求

信息加工的要求是：系统性、准确性、及时性。

2. 信息加工的步骤：

（1）对信息进行分析和整理。即对采集到的杂乱无章的信息进行检查、剔除、补充的工作。

（2）信息编码。信息编码是将加工后的信息赋予一定规律的数字、符号、颜色等，即以一定的符号体系把信息表示出来。

知识链接

信息编码应遵循的原则和方法

1. 进行信息编码应遵循以下原则：

- 标准化——信息编码应标准化，尽量使用有关部门规定的代码或国际通行代码。
- 简短性——信息代码应尽量简短。
- 易识别性——代码应尽可能反映编码对象的特性，易于记忆、识别。
- 可扩展性——编码要留有余地，建立备用代码，以适应编码对象的发展需要，使代码结构相对稳定。

2. 常用的编码方法有：

- 顺序编码法，是指用一组按顺序排列的数字代表编码对象的编码方法。
- 分类编码法是指按编码对象的复杂程度，以大、中、小分类进行编码的方法。
- 成组编码法是指按编码对象的性质划分若干组，每组视其包括对象的多少并考虑一定的后备编码，并给予每组一批号码的方法。

（3）信息排序和检索。信息排序是指对筛选后保留下来的信息按照特征、来源、用户和时间等进行排列；信息检索是指通过有效的手段，采用简捷的方法，达到能够对所存储的信息随时查询和使用目的的信息处理手段。

（二）信息存储

经过加工处理的信息，有的并非立即使用，即使立即被使用的信息，日后也可能被重复使用，因此必须把信息存储起来。信息可以存储在不同的介质中，像纸张、卡片、磁带、磁盘等都可以成为存储信息的介质，选择信息存储介质应遵循的原则为：体积小、容量大、失真度低、保存时间长、经济、方便。

1. 信息存储的要求：

（1）信息安全。信息安全是指保证存储信息不被丢失和毁坏，信息存储中的信息安全是非常重要的。信息安全要有先进的保存技术，保护文献信息，做到防潮湿、防虫蛀、防火灾等。同时必须特别注意使用计算机储存信息的安全问题。

（2）节约空间。节省空间是指存储信息应尽量减少占用的空间，便于保管和检索使用。

（3）使用方便。信息存放、排列、检索工具的编制要方便使用。

（4）便于更新。存储信息要及时检索、时常更新。

2. 信息存储技术。信息存储技术依据载体不同可分为纸载体、胶片载体、磁载体、光盘载体等多种形式。

（1）纸载体存储技术是常用的一种最简单、使用历史最长的一种储存技术。它的优点是携带、使用方便，信息保存时间长。不足是体积大，需要很大的存储空间，不易保管，检索查找困难。

（2）胶片载体存储技术是利用专门的光电摄录技术装置，把以纸张为载体的信息进行高密度缩小微化，可供在专门的阅读装置上阅读的存储技术。它的优点是体积小、保存期长、存储量大、便于检索。

（3）磁载体存储技术是将各类信息转化为电信号，记录在磁盘、磁带上的存储技术。优点是可以录音、录像，也可以记录文字信息，信息储存量大，制作方便，自动检索功能很强。

（4）光盘载体存储技术是将各类信息数据化，并将其转化为光信号，记录在光盘上的存储技术。优点是存储量极大，制作起来更方便，自动检索功能更强。光盘还可以作为计算机的外存储器来存储信息。

三、信息的维护和使用

（一）信息维护

1. 信息维护。**信息维护就是依据客观现实的变化及时获取新信息，更新现有的过时的信息，并对信息进行安全的存储和保管，以确保信息的准确、及时、安全和保密的一种信息管理活动**。信息维护的要求包括：

（1）信息的及时性。即要求信息是当前最新的信息，存放要合理，以便能够及时查找所需信息。

（2）保证信息的准确性。即要求信息可靠准确，保证数据的误差在允许的范围内。

（3）信息的安全性。即要求信息在存储、共享和传输中，不会被非法窃听、截取、篡改和破坏。要求对容易丢失的信息加以备份，数据传输需采用加密技术和数据完整性鉴别技术，防止可能的泄密行为。

（4）信息的保密性，指做好有关企业的一些产品配方、商业机密、技术诀窍等重要信息的保密性工作。

2. 信息系统的维护。**信息系统维护是保证信息系统正常而稳定地运行，使系统不断得到改善和提高以充分发挥其效能的一种技术活动**。信息系统维护的任务是有计划、有组织地对系统进行必要的修改，以保证系统中的各个要素随环境的变化始终处于最新的、正确的工作状态。

信息系统维护的内容可分为以下五类：系统应用程序维护；数据维护；代码维护；硬件设备维护；机构和人员的变动。信息系统维护的重点是系统应用软件的维护工作，它是信息系统可靠运行的重要技术保障。另外信息维护人员的知识结构、素质和专业水平直接影响信息维护的效果。

（二）信息使用

信息使用是指企业运用存储信息去解决企业问题的过程。信息使用重要的是如何将信息转化为价值。信息转化为价值，分为三个阶段：

1. 提高工作效率阶段。企业在生产当中广泛运用信息技术，这一阶段中信息使用的目的主要在于提高工作效率，节省人力。

2. 信息及时转化为价值阶段。企业不仅在生产中，而且在销售和财务等工作中广泛运用信息技术对数据进行处理，实现企业数据的自动化、信息化。信息的及时掌握可以产生价值。这一阶段是信息管理系统阶段。

3. 获取决策信息阶段。通过预测和决策技术，对信息加以综合分析，寻求对管理者有价值的决策支持信息。这也是决策支持系统、专家系统等新技术应用阶段。

案 例

有一家制鞋公司正在寻求国外市场，公司总裁派一个推销员到非洲一个国家，让他去了解那里的市场，这个推销员到非洲后发回一封电报："这里的人不穿鞋，没有市场。"于是公司派出了第二名推销员，他在那里呆了一个星期发回了电报："这里的人不穿鞋，市场巨大。"两个人对同一事实，得出的结论截然相反。

请思考：两名推销员为什么得出的结论不一样？

项目三 企业信息控制

【学习目标】

□ 了解信息控制的作用，掌握信息控制的原则和方法。

一、信息控制的原则

（一）信息控制的作用

第一，检查、分析信息的使用情况。检查信息传输的及时性和准确性，以及信息是否被有效地使用，在很大程度上要看信息本身的质量、准确性和及时性。

第二，参与企业的生产经营决策。近年来随着计算机广泛地应用，企业中的一些日常事务性决策已由计算机通过信息处理系统做出。随着这门技术的不断发展和提高，信息控制参与决策的职能会发挥得越来越好。

第三，有助于企业实现高效化管理。信息控制可将用于局部管理的分散信息进行系统的处理和存储，以集中的方式提供给各部门使用，确保管理信息的高效流通，缩短管理决策的时间和信息处理周期，从而实现管理高效化。

（二）信息控制的原则

1. 目的性原则。信息管理是为企业管理和决策者服务的，因此它的设计必须依据管理系统的性质、规模以及所需信息在数量、质量、时间等方面的要求。明确管理系统需要哪些信息、这些信息从哪里获取、以什么方式搜集和传递信息最好，使信息控制具有明确的目的性。

2. 系统性原则。信息控制要求整个信息系统的各工作环节所加工和传输的信息在分类、编码、格式上要标准化、规范化，从而保证管理信息系统畅通，信息便于使用。

3. 可靠性原则。管理信息的可靠性，集中表现在所控制的信息的准确性、适用性和及时性，只有这样，才能成为管理决策的依据。所以，可靠性原则是信息控制的关键所在。

4. 适应性原则。在科学技术日新月异、经济形势千变万化的情况下，现代管理要求有很强的适应性。管理上的这种适应性，主要靠及时获取信息来达到，这就要求管理信息控制满足一定的适应性和灵活性要求。只有这样才能在条件变化时仍能及时提供可靠的、具有现实意义的信息，以便管理系统的决策、计划能随时适应新的情况。

5. 经济性原则。信息控制中要注意经济性原则，是指不但要考虑所提供信息的准确性、适用性、及时性，而且要考虑获取、加工和输送这些信息的费用和成本。信息控制要从实际出发，实用、经济、高效。要将设备上的先进性、技术上的可行性和经济上的合理性统一起来，综合考虑，以取得最佳效益。

思考：“在企业管理中，不能越级沟通，否则会破坏信息传递渠道的稳定性”，你对此如何理解？

二、信息控制的方法

（一）手工控制方法

信息的手工控制方法是一种通过人工方式进行信息搜集和根据经验对信息进行处理和控制的方法。这是信息控制早期使用的方法，从信息的搜集、分类、整理、存储到分析、传递都是用人工操作或使用一些简单的计算工具来完成。这种方法简便易学，技术要求很低，但工作效率低下，信息传递方式落后，信息传递速度慢，存在数据不齐全、不准确等问题。

（二）计算机控制方法

这是一种通过计算机进行信息的加工、处理、传递、控制和使用的一种方法。运用计算机对信息进行控制的优点是信息存储量大、信息处理准确度高、信息传递速度快、工作效率高。处理后的信息可以在各种存储器中加以保存，并且在使用信息方面也极为便捷，可大大提高管理工作的效率和水平。计算机信息控制方法可充分实现信息共享，以及利用计算机的强大信息处理能力，使管理者可以使用更多的信息去建立数学模型，实现预测的可靠化和决策优化，达到提高企业效益的目的。

相关链接

国际互联网（Internet）

Internet 是现今世界上最大最流行的计算机网络，又被人们称之为全球性、开放型的信息资源网。它起源于20世纪60年代美国国防部的网络工程，该网曾试图联系全世界的科学家和大学教授。现代大型企业、公司里，常用网络化进行信息处理，把分散在各地的企业计算中心联成网，建立数据库，并配备专门的维护管理人员。互联网给企业与个人带来的最大利益就是信息共享，互联网的真正价值在于它能让世界各地的人们以便利又便宜的方式进行联系。任何人只要有互联网网址，就可以直接登录，与地理位置、电脑型号或操作系统均无关。

Internet 三大基本功能是电子邮件、信息管理、网络新闻服务。这个阶段企业内外部信息交流更加便捷，可进行不分地域、不限时间的信息沟通，成为信息发布、产品宣传、营销策划的工具。互联网可使信息在几秒钟或一两分钟传到世界各地。同时互联网开拓了新的商业模式，有条件的企业可在网上进行电子商务活动。电子商务为企业提供了一个虚拟的全球性贸易环境，大大提高了企业商务活动的水平和服务质量，使企业在更广阔的市场空间寻求发展。

思考与训练

一、思考题

1. 什么是信息？它有哪些特点？
2. 信息在管理中的作用有哪些？
3. 搜集信息的方法有哪些？
4. 信息传递的方式有哪几种？
5. 信息控制的原则有哪些？
6. “在企业管理中，不能越级沟通，否则，会破坏信息传递渠道的稳定性”，对此，你是怎样看的？

二、实训题

竞争委员会与信息中心

北京开关厂于1996年底成立了“竞争委员会”，厂长黄国诚任主任。竞争委员会下设7个专业委员会，即技术委员会、市场调研组、企业管理协会、人力资源开发委员会、企业文化协会、政策研究组、价格委员会，各由一位副厂长挂帅，吸收厂内优秀专业人员和厂外专家组成。竞争委员会相当于一个咨询专家组织，每年提出工作计划，针对企业经营和发展提供咨询报告。

信息中心则是在竞争委员会的基础上成立的，相当于竞争委员会的常设机构，汇总各委员会的信息，分析加工后提供给厂领导。信息中心的职能可分为三大块：计算机管理、竞争情报、决策支持后咨询。信息中心也是领导层的信息咨询参谋，通过信息中心，开关厂向外界伸出触角，借此获得情报和信息。

据北京开关厂第一副厂长于宗杰介绍，之所以成立竞争委员会和信息中心合一的机构，是因为信息技术为信息管理提供了有效的手段，企业情报与信息咨询部门以信息技术为基础能够很好地发挥其职能，是因为“企业信息化并不是技术问题，而是信息战略问题，要从计算中心提升到信息中心的高度，真正让信息部门管信息”。

【问题与思考】

1. 从管理的角度分析信息中心作为竞争委员会的常设机构的优势。
2. 该案例哪里体现了信息管理是全过程的管理？

单元九
企业物流管理

引　例

沃尔玛是全球零售业的“老大”，尤其是在物流信息流控制方面早已闻名业界。沃尔玛的成功秘诀是什么呢？沃尔玛的管理层介绍说：“我们的天天平价不是来自于外界所传言的榨干供应商和低工资低福利，而是依靠改善和提高我们物流体系的效率来节约成本。物流供货系统是沃尔玛的核心所在。”

在沃尔玛，物流配送体系的重要性仅次于员工，如果说员工对沃尔玛健康发展的重要程度是75%的话，物流几乎占了余下的25%。顾客之所以能在沃尔玛以最低的价格买到最优的产品，在很大程度上都依赖于物流体系发挥作用。

在他们看来，沃尔玛的“天天平价”不是像其他零售商那样来自对供应商收取各种进场费等方式的“盘剥”，而是从不断改善和效率提升的物流配送体系中降低成本，从而进一步降低商品价格。沃尔玛中国公司目前在深圳和天津一南一北分别建有两大配送中心，分别负责沃尔玛在东北和南部的商品配送工作。正是依靠南北两大配送中心的集中配送，沃尔玛有效控制了商品成本，通过对供应链的有效整合，沃尔玛借助POS自动补货系统，实现配送中心和每个商店的现货最大化和多余库存最小化。这样，进入沃尔玛配送中心的商品可以做到无滞留地于当天直接转送到各店，从而减少了库存，加速了商品流通速度。

那么，什么是物流？如何实现物流供应与库存控制呢？

项目一　企业物流管理概述

【学习目标】

□　明确企业物流的概念、分类及任务。

一、企业物流的概念与分类

【活动 9 -1】

活动内容：

观看短片或参观一家物流公司，了解物流管理的过程。

活动目标：

了解物流管理的必要流程，充分认识每一步骤的重要性。

（一）企业物流的概念

物流一词最早源于军事后勤，所谓“兵马未动，粮草先行”，体现的就是军事家重要的“后勤”战略思想，它主要强调军队在作战时，如何能以最快的速度、最高的效率，安全无误地将武器、弹药以及军队吃、住、行等所有必需物资按要求供给前线。第二次世界大战后，物流这一概念也不断地被发展和完善，把物流纳入企业间互动协作关系的管理范畴，而且要求企业在更广阔的背景上来考虑自身的物流运作。2003 年，美国物流协会将物流概念进一步充实、完善为：物流管理是供应链管理的一部分，是对货物、服务及相关信息从起源地到消费地的有效率、有效益的正向和反向流动和储存进行计划、执行和控制，以满足顾客要求。

我国现代关于物流的概念是从日本引进的。我国的国家标准 GB/T18354—2006《物流术语》对物流的概念进行了定义：**物品从供应地向接受地的实体流动过程。根据实际需要，将运输、存储、装卸、搬运、包装、流通加工、配送、信息处理等基本功能实施有机结合。**这个定义一是客观地描述了物流活动的过程和状态，二是从管理的角度，描述了物流活动的具体工作内容以及对这些工作进行系统的管理。

相关资料

7R

企业物流就是由 7 个“恰当”组成，即 7R 表达法——恰当的产品、恰当的数量、恰当的条件、恰当的地点、恰当的时间、恰当的顾客和恰当的成本。

7 个“恰当”描述了物流的基本活动，强调了空间和时间的重要性，也强调了成本与服务的重要性。

（二）企业物流的分类

按企业业务性质不同可将企业物流分为两类，即生产企业物流和商业企业物流。本单元主要介绍生产企业物流。

生产企业物流是从购进生产所需的原材料、服务为始点，经过劳动加工形成新的产品，

然后供应给客户或消费者为止的全过程。生产企业物流要经过原材料及设备采购供应阶段、生产阶段、销售阶段、废旧物资的回收及处理阶段。

知识链接

生产企业物流系统的构成

生产企业物流包括四个子系统：供应物流系统、生产物流系统、销售物流系统、回收与废弃物流系统。

1. 供应物流。包括原材料等一切生产资料的采购、进货、运输、仓储、库存管理和用料管理。

2. 生产物流。包括生产计划与控制、厂内运输（搬运）、在制品仓储与管理等活动。

3. 销售物流。包括产成品的库存管理、仓储发货运输、订货处理与顾客服务等活动。

4. 回收与废弃物流。包括旧物资、边角余料等的回收利用；各种废弃物的处理（废料、废气、废水等）。

二、企业物流的特征

随着社会的进步与发展，企业物流也在不断发展和完善，不仅物流活动的功能范围在不断扩大，物流的内涵也越来越丰富与深入，与传统的物流概念相比，现代企业物流表现出如下的特征：

（一）物流系统化

现代企业物流是系统整合的协作物流。它是对信息、运输、存货管理、仓储、物料供应、搬运、包装、实物配送等分散的物流作业领域进行综合协调管理。

在考虑物流最优化的前提下，从系统角度出发，通过物流功能的最佳组合以实现物流整体的最优化目标。企业作为一个独立的经济主体，不仅要考虑自己的客户，而且要考虑自己的供应商；不仅要考虑客户的客户，而且要考虑供应商的供应商。因此，树立系统化观念是企业物流管理的重要基础。

（二）物流的总成本最小化

企业物流管理追求的是物流系统的最优化，在成本管理上体现为要实现物流的总成本最小化。物流的总成本最小化是物流合理化的重要标志。

现代企业物流建立在物流总成本意识的基础上，通过物流各个功能活动的相互配合和总体协调以达到物流的总成本最小化，并且在节约成本的同时，平衡成本与客户服务水平、企业长期效益的关系，选择最佳物流策略来获取竞争优势。

（三）物流信息化

信息化在实现物流系统化、作业一体化方面发挥着重要的作用。没有物流的信息化，就没有先进的物流管理。

企业物流通过对物流信息的搜集、处理、传递和存储将各项物流功能有机结合在一起，对信息实行实时把握，以控制物流系统按照预定的目标运行。克服传统物流的各个功能要素之间缺乏有机联系的弊端，将传统物流活动的事后控制改变为事前控制。准确掌握信息，如库存信息、需求信息，提高物流效率和物流服务水平。

（四）物流手段现代化

现代企业物流广泛采用先进的运输、仓储、装卸搬运、包装以及流通加工等手段。如运输手段的高速化、专用化，装卸搬运机械的自动化，仓库的立体化、自动化以及信息处理和传输的电子化、网络化等，这些先进的技术设备及现代化的物流手段为物流活动提供了物质保证。

（五）物流服务的社会化

随着分工的专业化、物流的不断发展，企业物流需求通过社会化物流服务满足的比重在不断提高。如运输、仓储等已经从一些企业中单列出来，由一些纯服务性的公司为企业提供专业的物流服务。

运输公司、仓储公司及第三方物流的不断兴起，弥补了企业本身能力的不足，分散了企业风险，降低了企业成本。第三方物流形态已成为现代物流的主流。

知识链接

第三方物流

第三方物流就是通过物流管理的代理企业（物流企业）为供应方和需求方提供物料运输、仓库存储、产品配送等各项物流服务。

第三方物流是介于供应商和制造企业之间的，或者是介于供应商与零售商之间的，即它是处于供应方和需求方之间的链接纽带，是实现供应链管理的好方法。第三方物流处于流通的中间环节，它提供了一体化的物流服务，是中间流通企业。第三方物流为供应方提供运输、配送、保管的物流服务，为需求方提供运输的物流服务。

三、企业物流的功能

企业物流在不同的发展阶段包含着不同的内容。随着企业物流从单纯的产品配送向综合物流直至向供应链管理阶段发展，企业物流内容不断得到增加和丰富，涉及的领域不断得到扩大。

企业物流几乎贯穿于企业整个运营过程，企业物流包含着采购、运输、存储、搬运、生产计划、订单处理、配送、包装、客户服务以及存货预测等若干项功能。

（一）采购

采购就是有选择的购买。也就是要选择合适的供应商，以合适的价格购买企业所需的合格原材料。把企业采购活动归入企业物流是因为企业运输成本与生产所需的原材料、零部件等地理位置有直接关系。采购的数量与物流中的运输与存储成本也有直接关系。把采购归入企业物流领域，企业就可通过协调原材料的采购地、采购数量、采购周期以及存储方式等来有效地降低运输成本。

（二）运输

运输是企业物流体系中非常重要的一部分，也是企业物流最直接的表现形式。它是指用设备和工具，将物品从某一地点向另一地点运送的物流活动。运输最基本的效用就是改变物体的地点或位置，创造场所效用。运输在企业物流活动中占有重要的地位，是社会物质生产的必要条件之一。

（三）存储

存储包括存货管理和仓储。事实上，运输与存货水平及所需仓库数之间也有直接的关系。企业许多重要的决策与存储活动有关，包括仓库数量、存货量大小、仓库的选址、仓库的大小等。

（四）装卸搬运

装卸搬运是物流各个作业环节连接成一体的接口，是运输、保管、包装等物流作业得以顺利实现的根本保证。具体包括物资的装货、卸货、移动、货物堆码上架、取货、备货、分拣工作以及附属于这些活动的作业。装卸搬运质量的好坏、效率的高低是整个物流过程的关键所在，也会直接影响企业的生产效率。

（五）生产计划

在竞争激烈的市场环境下，生产计划与物流的关系越来越密切，合理制订生产计划，合理调度运输搬运设施，控制生产物流节奏，确保市场内物流畅通，压缩库存，降低生产成本，这些都必须依赖于及时、准确的物流信息。在企业外部，原材料供应市场和产成品销售市场的信息，也是企业合理制订生产计划的依据。

（六）订单处理

由接到客户订货开始到准备着手拣货之间的作业阶段，称为订单处理，包括有关客户、订单的资料确认、存货查询、单据处理乃至于出货配发等。订单处理是主要的物流功能，订单处理的效率直接影响到备货周期，进而影响到企业的客户服务质量与承诺。

（七）配送

配送是按用户的订货要求，在配送中心或其他物流节点进行货物配备，并以最合理的方式交付用户的服务活动。配送是物流中一种特殊的、综合的活动形式，几乎包括了所有的物流功能要素。配送是集包装、保管、搬运、流通加工等于一身，是物流的一个缩影或在小范围中物流全部活动的体现。

（八）包装

与物流紧密相关的还有包装。**包装是指为在流通过程中保护商品、方便运输、促进销售，按照一定技术方法而采用的容器、材料及辅助物等的总体名称。**包装分为销售包装和运输包装两大类。包装是生产的终点，同时又是物流的起点。具有保护性、单位集中性和便利性三大特性，同时具有保护商品、方便物流、促进销售、方便消费四大功能。

（九）客户服务

客户服务也是一项重要的物流功能。客户服务水平与物流领域的各项活动有关，存货、运输、仓储等的决策取决于客户服务要求。

（十）存货预测

准确的存货和物料、零部件的预测是有效存货控制的基础，尤其是使用零库存（JIT）和物料需求计划（MRP）方法控制存货的企业。因此，存货预测也是企业物流的一项重要功能。

除了以上列举的几个功能外，企业物流还包括信息流通加工、工厂和仓库选址、维修与服务支持、回收物品处理等功能。

测 试

现代物流管理与传统的物资管理有何不同？企业物流的功能体现在哪些方面？

四、企业物流管理的任务

企业物流管理作为企业管理的一个分支，是对企业的物流活动进行计划、组织、指挥、协调及监督的活动，它是对企业物流功能进行最优组合，在保证物流服务水平的前提下，达到物流成本最低化，物流合理化，实现物流经营管理追求的总目标。**所谓物流合理化，就是使物流设备配置和一切物流活动趋于合理，即对物流设备配置和物流活动组织进行调整改进，实现物流系统整体优化的过程。**合理具体表现为：以尽可能低的物流成本，获取尽可能高的服务。

项目二 物料消耗定额与物料储备定额

【学习目标】

- □ 了解物料分类，掌握物料消耗定额与物料储备定额的制定。

一、物料分类

物料是指企业进行生产经营活动所必需的生产资料，即企业生产经营产品所需的原材料、零配件、包装材料、辅助材料等。

企业在生产经营中使用的物料种类很多，为了便于对物料实施有效的管理，降低生产经营成本，提高企业的经济效益，必须对物料进行分类管理。物料的分类一般有以下几种：

1. 按物料的功能分，可分为主要材料和辅助材料。

（1）主要材料：是指构成产品主要实体的各种原材料。如纺纱用的原棉、机械制造用的钢材等。

（2）辅助材料：是指直接用于生产有助于产品形成，或便于生产进行、但不构成产品主要实体的各种材料。如油漆、润滑油等。

2. 按物料是否直接用于产品生产，可分为直接材料和间接材料。

（1）直接材料：同上面的“主要材料”。直接材料的使用量与产品产量成正比，如服装厂所需的布料。

（2）间接材料：不是直接使用在产品生产经营中的材料，而是间接用在产品生产经营中的相关材料，如提供动力所需的燃料等。

3. 按物料形态，可分为素材及成型材。

（1）素材：是指原材料中还未加工的材料。

（2）成型材：指像零件、组合件等已加工的材料。

4. 按物料调度角度，可分为一次材料和二次材料。

（1）一次材料：是指企业外部调度的自制材料、外购材料或委托加工的材料。

（2）二次材料：指的是企业内部，部门与部门之间半成品的流动。

5. 按物料准备方法，可分为常备料和非常备料。

（1）常备料：指的是大量或经常性使用的物料。为了控制成本或配合生产之需对常备料使用“存量管制”的方法，有计划地购买。

（2）非常备料：指用量少或非经常性使用的物料。对非常备料，以生产计划的需要来购买，即可采用“订单订购”的方法。

二、物料消耗定额

物料消耗定额是指在一定的生产技术和组织条件下，为制造单位产品或完成某项生产任务所必须消耗的物料数量的标准。

物料消耗定额是促进企业合理使用和节约物资的有效手段，是编制物料供应计划的重要依据。制订科学合理的物料消耗定额，能保证企业正确地计算物料需要量，保证企业按质、按量、按时地组织物料供应。

（一）物料消耗定额的构成

企业的物料消耗一般可分为以下三个部分：

1. 有效消耗：指构成产品（或零件）净重的材料消耗。

2. 工艺性消耗：指产品在加工过程中由于工艺技术的原因而产生的材料损耗。如下料的料头料尾、边角余料，机械加工过程中锯口、切口的铁屑，铸造过程中的烧损、氧化皮等。

3. 非工艺性损耗：指由于产品产生了废品、运输保管不善及其他非工艺技术的原因所造成的材料消耗。这部分物料消耗是不合理的，应尽量减少。

企业的物料消耗定额，按其作用不同，可分为工艺消耗定额和物料供应定额两种。

- 工艺消耗定额，包括有效消耗和工艺性消耗两部分，它是向车间班组发料和考核的依据。可用公式表示为：

$$\text{单位产品(或零件)材料工艺消耗定额} = \text{单位产品(或零件)的有效消耗} + \text{各种工艺性消耗}$$

- 物料供应定额，是在工艺消耗定额的基础上再适当加上一定比例的非工艺性消耗来确定，它是计算物料需要量、编制物料订购计划的依据。公式如下：

$$\text{物料供应定额} = \text{工艺消耗定额} \times (1 + \text{物料供应系数})$$

式中：物料供应系数是非工艺性消耗占工艺性消耗定额的百分比，企业可根据统计资料或经验分析确定。

思考：工艺消耗定额与非工艺消耗定额之间存在什么关系？

（二）物料消耗定额的制定

企业的物料消耗定额，通常按主要原材料、辅助材料、燃料、动力、工具等分类制定。其基本方法有：

1. 技术计算法。这是根据产品设计图纸和工艺文件，并充分考虑先进技术和先进经验，在工艺计算的基础上制定定额的方法。这种方法比较精确，但工作量大，技术性较强。企业制定主要原材料的消耗定额，往往采取这种方法。

2. 统计分析法。这是根据以往生产中物料消耗的统计资料，并考虑吸取先进技术和先进经验制定定额的方法。这种方法比较简单，但需要有完整可靠的统计资料。

3. 经验估计法。这是根据技术人员和生产工人的实际经验，并参考有关的技术文件和产品实物，以及生产技术组织条件等因素来制定定额的方法。这种方法简便易行，但科学性较差，一般是在缺少技术资料和统计资料的情况下采用。

以上三种方法各有所长，在实际工作中，应根据企业的具体情况和管理水平灵活运用。

相关资料

企业降低物料消耗的途径

1. 改进产品设计是企业节约物料，降低物料消耗，提高经济效益的首要环节。
2. 采用新工艺、新技术可以降低工艺性损耗，使企业节约物料。
3. 套裁下料。
4. 材料代用。在保证产品质量、性能和生产工艺等方面的要求情况下，可以用廉价的材料代替贵重的材料，使企业节约物料。
5. 回收利用废旧物料，综合利用。
6. 加强设备维修和不断改造老旧设备，开展节约降耗活动。

三、物料储备定额

物料储备定额是指在一定的生产技术和组织条件下，为保证生产顺利进行所必须的经济合理的物料储备数量的标准。企业为了保证生产经营活动的顺利进行必须保持一定的物料储备。库存的不足或过剩，都会对生产经营活动造成不利的影响。适量的物料储备，既能保证生产的供应，又能减少资金的占用和积压，因此，确定出科学合理的物料储备定额对提高企业的经济效益有着重要的意义。

物料储备定额有三种：经常储备定额、保险储备定额和季节性储备定额。

（一）经常储备定额

经常储备定额，是指企业在前后两批物料到货的间隔期内，为了保证企业日常生产所必需的、经济合理的物料储备量。其计算公式为：

$$\begin{matrix}\text{经常储}\\\text{备定额}\end{matrix}=\begin{matrix}\text{物料平均每}\\\text{日供应量}\end{matrix}\times\left(\begin{matrix}\text{平均供应}\\\text{间隔天数}\end{matrix}+\begin{matrix}\text{使用前准}\\\text{备天数}\end{matrix}+\begin{matrix}\text{验收入}\\\text{库天数}\end{matrix}\right)$$

（1）平均供应间隔天数，是指每批物料入库的平均供应间隔天数。其计算公式为：

$$\begin{matrix}\text{平均供应}\\\text{间隔天数}\end{matrix}=\sum\left(\begin{matrix}\text{每次入}\\\text{库数量}\end{matrix}\times\begin{matrix}\text{每次进货}\\\text{间隔天数}\end{matrix}\right)\div\sum\begin{matrix}\text{每次入}\\\text{库数量}\end{matrix}$$

（2）验收入库天数，是指物料进厂后，搬运验收入库所需天数。

（3）使用前准备天数，是指物料在投入生产以前，进行化验整理或加工的时间。

（4）平均每日需要量（即每日供应量）。根据某种物料全年需要量除以全年有效天数（一般用360天）的计算值确定。

（二）保险储备定额

保险储备定额是为了防止由于供货误期、运输延误、检验后因质量问题决定退货等原因使生产受影响，所设置的一种后备性的储备标准。其计算公式为：

$$\text{保险储备定额}=\text{物资平均每日需要量}\times\text{保险储备天数}$$

保险储备天数是根据历史统计资料加权平均计算出物料到货平均延误天数。

（三）季节性储备定额

季节性储备定额是指某些物料由于季节性影响而必须储备的数量标准。其计算公式如下：

$$\text{季节性储备定额}=\text{物料平均每日需要量}\times\text{季节性储备天数}$$

季节性储备天数，一般根据企业实际需要来确定。凡是建立季节性储备的物料，在该季节内，不需要再建立物料的经常储备和保险储备。

企业的物料储备定额一般是由经常储备和保险储备两部分组成。经常储备定额加上保险储备定额，是企业物料最高储备量，当库存物料达到最高储备时，应停止进货，以防超储积压。

保险储备定额是物料的最低储备量。当库存物料降到最低储备量时，应立即设法紧急进货。

【实例应用】 某企业计划年度甲种材料平均每日需要量为20吨，该材料使用前准备天数需3天，验收入库1天，平均供应间隔期为12天，保险储备天数为5天。请计算甲种材料的经常储备定额、保险储备定额、最高储备定额、最低储备定额。

解： 经常储备定额 = 20 × (12 + 3 + 1) = 320（吨）
保险储备定额 = 20 × 5 = 100（吨）
最高储备定额 = 320 + 100 = 420（吨）
最低储备定额 = 100（吨）

测 试

（1）为什么有了工艺消耗定额，还需要制定物料供应定额？
（2）物料储备定额有几种？请结合企业实际说说各种物料储备定额的意义？

项目三　物料供应与库存控制

【学习目标】

□　掌握物料供应与库存控制的有关内容。

一、物料供应计划

要组织好物料供应，首先应制定物料供应计划。只有按计划组织好物料的采购，才能及时、按质按量、按品种规格为生产提供各种所需的物料。同时还应对物料库存量的多少进行控制和调整，运用好企业资金，降低产品成本，提高企业经济效益。

（一）物料供应计划的制定

物料供应计划的主要内容包括：计划期各种物料的需要量，期初库存量和期末储备量，物料的采购量，具体的采购计划。

1. 物料需要量的确定。企业的物料需要量是指计划期内用于生产、科研、设备维修、新产品试制和技术组织措施等方面所需的物料数量。物料需要量是按每类物料、每一品种和规格来计算的。物料需要量的计算方法具体有两种：

（1）直接计算法也叫定额计算法。即直接根据物料供应定额和计划期产量来计算。这种方法比较准确，凡是能够直接制定单位产品物料供应定额的企业都应采用这种方法。计算公式如下：

$$\text{某种物料的需要量} = \text{单位产品物料供应定额} \times \text{计划期产量}$$

（2）间接计算法。即按一定比例、系数来计算物料需要量。这种方法准确程度较差，凡是对于一些不便于准确制定物料供应定额的辅助材料、工具等物料通常采用这种方法。其计算公式如下：

$$\text{某种物料需要量} = \text{上期该种物料实际消耗量} \times \left[\text{计划期产量（或产值）} \div \text{上期产量（或产值）} \right] \times \text{物料消耗增减系数}$$

或 = 计划产量 × 类似产品定额 × 调整系数

式中，物料消耗增减系数可根据企业对降低物耗的要求，以及计划期内能够采用的各种节约措施，再消除上期物耗中的一些不合理因素来确定；调整系数是根据与可以对比的产品区别来确定的。

2. 确定期初库存量和期末储备量。期初库存量通常根据编制计划时的实际盘点数，预计到计划期初这段时间的库存变化来计算。其计算公式如下：

$$期初库存量 = \frac{编计划时的}{实际库存量} + \frac{期初前}{到货量} - \frac{期初前的}{耗用量}$$

期末储备量是为了保证下一个计划期生产任务的需要而应储备的物料数量。通常按该物料的经常储备定额加上保险储备定额来计算。在实际工作中，常用 50% ~70% 的经常储备定额加上保险储备定额，作为期末库存量。

3. 确定物料采购量。有了物料需要量和期初库存量、期末储备量，就可以确定物料采购量。计算公式如下：

$$\frac{某种物料}{采购量} = \frac{物料需}{要量} + \frac{期末储}{备量} - \frac{期初库}{存量} - \frac{企业内部可}{利用的资源}$$

（二）物料的订购方式

1. 定期定购方式。这种方式是将订购的时间预先确定，如每月或每隔 20 天订购一次，但每次订购的数量不固定，视订购时的库存情况而定，见图 9 - 1。这种方式能有效地控制库存，一般在重点物料订购时采用。其计算公式如下：

$$订购量 = \frac{平均每日}{需要量} \times \left(\frac{订购}{时间} + \frac{订购}{间隔}\right) + \frac{保险储}{备定额} - \frac{实际库}{存量} - \frac{订货}{余额}$$

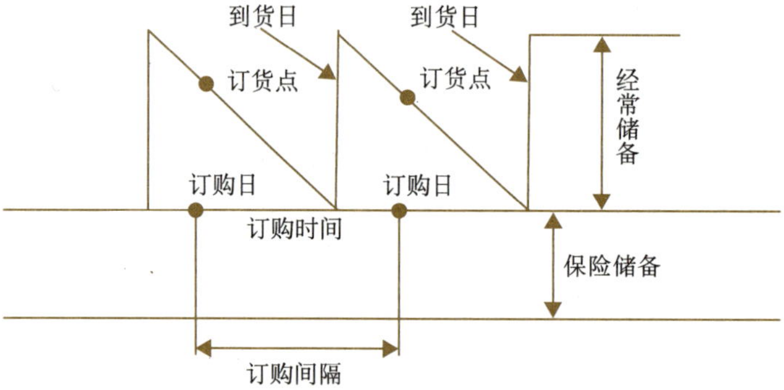

图 9 - 1　定期订购方式

式中，订购时间指提出订购到物资到厂所需要的时间；订购间隔指相邻两次订购日之间的时间间隔；实际库存量指订购日实际库存数；订购余额指过去已经订购但尚未到货的数量。

【实例应用】　某种材料的订购间隔为 30 天，订购时间为 10 天，每日需要量为 20 吨，保险储备定额为 120 吨，订购日实际库存量为 200 吨，订购余额为零。根据公式计算订购量。

解：
$$订购量=\frac{平均每日}{需要量}\times\left(\frac{订购}{时间}+\frac{订购}{间隔}\right)+\frac{保险储}{备订额}-\frac{实际}{库存量}-\frac{订货}{余额}$$
$$=20\times(30+10)+120-200-0=720\ (吨)$$

提示： 定期订购方式要点：物料的定期订购方式是基于时间的订货控制方法，它设定订货周期和最高库存量，从而达到控制库存量的目的。只要订货间隔期和最高库存量控制合理，就可能实现既保障需求、合理存货，又可以节省库存费用。

2. 定量订购方式。这种订购方式，每次订购数量是固定的，但每次的订购时间不确定，当库存降低到某一定数量（称为订货点）时，即进行订购。订货点的计算公式如下：

订货点＝平均每日需要量×订购时间＋保险储备定额

根据上例数字代入公式求得订货点：

订货点＝20×10＋120＝320（吨）

即当库存达到320吨时企业应立即订货。

（三）物料需求计划（MRP）

物料需求计划，是企业依据市场需求预测和顾客订单编制出生产计划，然后根据计划组成产品的物料结构表和库存状况，计算出所需物料的数量和时间，从而确定物料加工进度和订货日程的一种现代管理技术。它是一种以计算机为基础的生产计划和库存控制系统，它能保证在需要的时间供应所需的物料，并同时使库存保持在最低水平。

MRP的目标是保证按时供应用户所需产品，及时取得生产原材料及零部件，保证以尽可能低的库存水平实现按需准时生产。它是按反工艺顺序来确定零部件、毛坯直至原材料的需要数量和时间的。

MRP的基本原理是： 由主生产进度计划、主产品结构清单文件和产品库存状态文件逐个地求出主产品所有零部件的生产时间和生产数量。其中，如果零部件需要企业内部生产，则要根据各自生产时间长短来提前安排投产时间，形成零部件投产计划；如果零部件需外购，则要根据各自的订货提前期确定提前发出各自订货的时间、订货数量，形成采购计划。按照这个投产计划进行生产和按照采购计划进行采购，就可以实现所有零部件的出产计划，从而不仅能够保证产品的交货期，而且还能够降低原材料的库存，减少流动资金的占用，MRP的逻辑原理见图9－2。

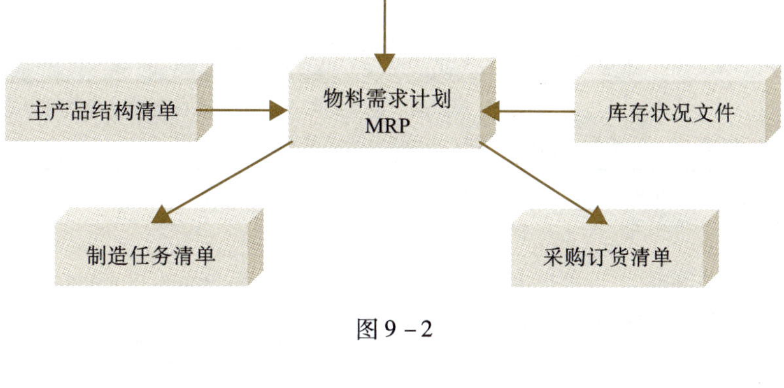

图9－2

知识链接

MRP 要点

MRP 法是用电子计算机编制生产作业计划的一种方法，它是从最终产品数量和期限的计划出发，按反工艺顺序，推算出各种零部件的投入、出产的数量和期限。MRP 是一种极好的计划与进度安排的工具，它的最大好处是，可以根据不可预见的意外情况重新安排计划和进度。

二、物料的库存控制

（一）库存的含义及分类

1. 库存的含义。**库存是指为了使生产正常而不间断地进行或为了及时满足客户的订货需求，在各个生产阶段或流通环节之间设置的必要的物料储备。**

企业为了保证生产的正常进行和及时满足客户的订货需求，就必须经常保持一定数量的商品库存。如果企业存货不足，就会造成生产中断、供应不及时、供应链断裂、丧失交易机会。而商品库存需要一定的维持费用，同时会存在由于商品积压和损坏而产生的库存风险。因此，在库存管理中既要保持合理的库存数量，防止缺货和库存不足，又要避免库存过量，发生不必要的库存费用。通过适量的库存，用最低的库存成本取得最佳效益，是企业库存管理的任务。

【活动 9－2】

活动内容：

分组讨论库存及降低库存的必要性。

活动目标：

充分了解为什么要保持必要的库存，又要在满足生产的前提下尽量降低库存？与库存相关的成本有哪些？

2. 库存的分类。按照企业库存管理的目的不同，库存可以分为七种类型，见表 9－1。

表 9－1　库存的类型

库存类型	内容
周转库存	又称经常库存，是指为了满足日常需求而建立的库存。周转库存的目的是为了衔接供需，缓冲供需之间在时间上的矛盾，保障供需双方的经营活动顺利进行。
安全库存	是指为了防止由于不确定因素（如突发性大量订货或供应商延期交货）影响订货需求而准备的缓冲库存。
加工和运输过程库存	是指处于流通加工或等待加工而处于暂时储存状态的商品；运输过程的库存是指处于运输状态（在途）或为了运输目的（待运）而暂时处于储存状态的商品。

续表

库存类型	内容
季节性库存	是指为了满足特定季节中出现的特定需求而建立的库存，或指对季节性生产的商品在出产的季节大量收储所建立的库存。
促销库存	是指为了应付企业促销活动产生的预期销售增加而建立的库存。
时间效用库存	是指为了避免商品价格上涨造成损失，或为了从商品价格上涨中获利而建立的库存。
沉淀库存（积压库存）	是指因商品品质变坏或损坏，或者是因没有市场而滞销的商品库存，还包括超额储存的库存。

测 试

库存有哪几种类型？请结合实际谈谈各种库存类型对企业的实际意义。

（二）物料的库存控制方法

1. 经济订购批量法。**经济订购批量法是通过合理的订货批量，使企业的物料存储费用达到最低点，从而控制库存的一种方法。**物料存储费用包括两类：

（1）物料的订购费用。主要是指与物料订货和采购有关的差旅费、行政管理费、验收和搬运费等。

（2）物料保管费用。主要是指物料占用资金应付的利息、仓库和运输工具的维修折旧费、物料储存损耗费用等。

物料的保管费与采购批量成正比，批量越大，保管费用越多；物料的订购费用与采购批量成反比，批量越大，订购次数越少，订购费用就越小。

由此可见，降低保管费用和降低订购费用之间是相互矛盾的。从保管费用角度看，要求采购批量越小越好，而从采购费用角度看，要求采购批量越大越好。因此，当两者的总费用之和为最小时，是经济订购批量。经济订购批量的计算公式如下：

$$经济订购批量=\sqrt{\frac{2\times 每次订购费用\times 物料年需要量}{单位物资年保管费用}}$$

【实例应用】 某企业某种材料的年需要量为45 000千克，每次订购费用为200元，该种材料单位年保管费用为2元，则其经济订购批量为：

$$经济订购批量=\sqrt{\frac{2\times 200\times 45\ 000}{2}}=3\ 000\ （千克）$$

2. ABC分类控制法。**ABC分类控制法又称重点管理法，就是将库存货物根据其消耗的品种数和金额按一定的标准进行分类，对不同类别的货物采用不同的管理方法。**

仓库中所保管的货物一般品种繁多，有些货物的价值较高，对于生产经营活动的影响较大，或者对保管的要求较高。而另外一些品种的货物价值较低，保管要求不是很高。ABC分类控制是按货物的重要程度、价值高低、资金占用或消耗数量等进行分类排序，以分清主次，抓住重点，并分别采用不同的控制方法。其要点是从中找出关键的少数（A类）和次要的多数（B类），并对关键的少数进行重点管理。其分类方法及控制见表9－2。

表 9－2　　ABC 分类方法及控制

物质类别	品种占有		资金占用		重要程度	控制程度
	绝对数	相对数（%）	绝对数	相对数（%）		
A	少	10～15	多	80	重要	重点控制
B	较多	20～30	较少	15	次要	一般控制
C	很多	60～65	少	5	一般	简便控制

3. JIT 存货控制法。JIT（Just In Time）即准时制，**是指在精确测定生产各工艺环节作业效率的前提下按订单确定的时间进行生产控制，以消除一切无效作业与浪费为目标的一种管理模式。**

JIT 起源于日本丰田汽车公司的一种管理方法。它的基本思想是"彻底杜绝浪费"，"只在需要的时候，按需要的量生产所需要的产品"。这种生产方式的核心是追求一种无库存的生产系统，或者库存达到最小的生产系统。JIT 的思路就是改变由供方向需方的推进式计划为需方向供方的拉动式计划，采用逆管理方法，即需方需要什么品种、需要多少、什么时候要、在什么地点要，完全由需方向供方发出指令。供方根据需方的指令，将需方所需要的品种按需求的数量，在所需的时间运送到指定的地点。运送的品种要保质保量，不能有废品。

JIT 生产方式作为一种管理哲学和管理思想，在库存控制中主要应用在订货管理，即准时制采购。JIT 采购不但可以减少库存，还可以加快库存周转，提高进货质量，取得满意的交货效果。

物料的库存控制方法除了以上介绍的三种外，还有其他很多方法，如定量库存控制法、定期库存控制法、MRP 法等。

案　例

大胆的零库存管理

在家电业中，人们一直视格兰仕为"打价格战的好手"。经济学家是这样解释格兰仕在微波炉上的低价格的：格兰仕的降价，不是在产品成本之下进行的倾销，也不是以质量下降为前提的价格战，而是建立在成本降低的基础之上，而成本的降低在于格兰仕"零库存"的管理思想及它的规模优势。"零库存"的管理思想是通过对生产计划和物料的系统规划来实现的。材料和产品的库存都按照计划来流动，只保留少量的合理的库存。其核心在于尽快地采购最好的原材料、制造更好的产品，并通过反应迅速的营销体系以最快的速度传递到消费者手中，通过对库存进行数字化处理，具体到每个型号的产品在工厂有多少库存、经销库存里有多少台产品、每个时期产品库存周转率，都有了准确的统计数据，决策层在调配资源、落实产供销平衡的问题上能够获得充分的依据。其实，"零库存"在应用过程中就是一种信息流的规划，通过这种规划，能够提高企业的资金周转率，很好地降低经营风险。

思考与训练

一、简答题

1. 什么是企业物流？企业物流管理的任务是什么？
2. 什么是物料消耗定额？它由哪些部分构成？
3. 什么是经常储备定额、保险储备定额和季节性储备定额？
4. 什么是定期订购方式？什么是定量订购方式？
5. 库存有哪几种类型？物料库存控制有哪几种方法？

二、计算题

1. 大华公司A材料的平均供应间隔期为60天，使用前准备天数为5天，验收入库天数为2天，保险储备天数为20天，平均日需要量为5吨。问A材料的最高和最低储备标准是多少？

2. 304#钢材的订购间隔为50天，订购时间为10天，每日需要量为8吨，保险储备定额为50吨，订购日实际库存为150吨，订购余额为20吨。在定期订购方式下，该钢材的订购量应是多少？

3. 嘉德食品集团对白糖的年需要量为6 400千克，订购费用为每次100元，白糖单价为4元，单位物料的年保管费用为物料价值的50%，求该物料的经济订购批量。

三、实训题

海尔的物流信息系统

海尔集团认为，现代企业运作的驱动力只有一个：订单。没有订单，现代企业就不可能运作。围绕订单而进行的采购、设计、制造、销售等一系列工作，最重要的一个流程就是物流。离开物流的支持，企业的采购与制造、销售等行为就会带有一定的盲目性和不可预知性。建立高效、迅速的现代物流系统，才能建立企业核心竞争力。海尔需要这样的一套信息系统，使其能够在物流方面一只手抓住用户的需求，另一只手抓住可以满足用户需求的全球供应链。海尔实施信息化管理的目的主要有以下两个方面：

一是现代物流区别于传统物流的主要特征是速度，而海尔物流信息化建设需要以订单信息流为中心，使供应链上的信息同步传递，能够实现以速度取胜。

二是海尔物流需要以信息技术为基础，能够向客户提供竞争对手所不能给予的增值服务，使海尔顺利从企业物流向物流企业转变。

为此海尔采用了SAP公司提供的ERP和BBP系统，组建了自己的物流信息管理系统。

一、ERP系统

海尔物流的ERP系统共包括五大模块：MM（物料管理）、PP（制造与计划）、SD（销售与定单管理）、FI/CO（财务管理与成本管理）。ERP实施后，打破了原有的“信息孤岛”，使信息同步而集成，提高了信息的实时性与准确性，加快了对供应链的响应速度。如原来订单由客户下达传递到供应商需要10天以上的时间，而且准确率低，实施ERP后订单不但1天内完成“客户—商流—工厂计划—仓库—采购—供应商”的过程，而且准确率极高。

另外，对于每笔收货，扫描系统能够自动检验采购订单，防止暗箱收货，而财务在收货的同时自动生成入库凭证，使财务人员从繁重的记账工作中解放出来，发挥真正的财务管理与财务监督职能，而且效率与准确性大大提高。

二、BBP系统

BBP系统（原材料网上采购系统）主要是建立了与供应商之间基于因特网的业务和信息协同平台。该平台的主要功能：

1. 通过平台的业务协同功能，既可以通过因特网进行招投标，又可以通过因特网将所有与供应商相关的物流管理业务信息，如采购计划、采购订单、库存信息、供应商供货清单、配额以及采购价格和计划交货时间等发布给供应商，使供应商可以足不出户就全面了解与自己相关的物流管理信息。

2. 对于非业务信息的协同，SAP使用构架于BBP采购平台上的信息中心为海尔与供应商之间进行沟通和反馈提供集成环境。信息中心利用浏览器和互联网作为中介整合了海尔过去通过纸张、传真、电话和电子邮件等手段才能完成的信息交互方式，实现了非业务数据的集中存储和网上发布。

实施和完善后的海尔物流信息管理系统，可以用“一流三网”来概括。这充分体现了现代物流的特征：“一流”是指以订单信息流为中心；“三网”分别是全球供应链资源网络、全球用户资源网络和计算机信息网络。整个系统围绕订单信息流这一中心，通过海尔遍布全球的分支机构整合之后的物流平台使供应商和客户、企业内部信息网络这“三网”同时开始执行，同步运动，为订单信息流的增值提供支持。

目前海尔已实现了即时采购、即时配送和即时分拨物流的同步流程。100%的采购订单由网上下达，提高了劳动效率，以信息代替库存商品。海尔的电子商务平台扩展到客户和供货商在内的整个供应链管理，有效地提高了采购效率，大大降低了供应链的成本。实施ERP信息系统的结果使采购成本降低，库存资金周转从30天降低到12天，呆滞物资降低73.8%，库存面积减少50%，节约资金7亿元，同比减少67%。整合了2 336家供货商，优化为840家，提高了国际化大集团组成的供货商的比例，达到71.3%。

总之，海尔的物流信息系统实施的结果不仅实现了“零库存”、“零距离”和“零营运资本”，而且整合了内部，协同了供货商，提高了企业效益和生产力，方便了使用者，进而增强了企业的竞争力。

【问题与思考】

1. 结合实例分析海尔实施物流信息管理的意义？

2. 海尔实施该系统在物流管理上取得了哪些成效？给你什么启示？

【说明】 在分析本实训案例时可以结合第六单元的内容进行。

单元十

企业财务管理

引　例

无锡小天鹅集团股份有限公司的前身是一家陶瓷厂，1979 年转产洗衣机，取名“小天鹅”。1995 年 11 月 8 日无锡市小天鹅电器工业公司改制为无锡小天鹅集团股份有限公司，它是通过资本市场的融资来扩大资本的存量。在公司改制时，以募集方式筹集资金。成立时的股本，由发起人无锡市小天鹅电器工业公司以经营性净资产 7 789.04 万元，1∶0.8 的比例折为 6 231.4 万元，其中，国家股 5 768.8 万股，向公司内部员工筹资 250 万股，募集资金 1 亿元，改制后，总股数达 10 231.4 万股。1995 年小天鹅又通过配股权转让，成功地吸引国际财团资金4.6 亿元。1996 年5 月，小天鹅转为社会公众公司，它通过发行7 000万股 B 股，又募得资金 3 亿多元，同年 6 月，它成功地向国外投资者发行7 000多万股 B 股，共募得资金 31 248 万元人民币。1997 年 3 月 18 日它又向社会公开发行了 6 000 万股 A 股，每股发行价达 12.24 元，市盈率为 13.6 倍。A 股发行后，公司总资产已达 20 多亿元，净资产达 18 亿元，每股净资产达 5.9 元。

小天鹅的融资方式与负债融资相比有哪些优缺点呢？

项目一　企业筹资与投资管理

【学习目标】

☐　掌握筹资、投资管理的基本要求。

“金钱不是万能的，但没有钱是万万不能的。”这句在前些年广泛流传的说法虽然不尽合理，但却道出了资金的重要性。对企业而言，可用资金的多少、来源渠道和方式、投资的去向等，无疑都会对企业的生存和发展产生重大影响。

一、筹资管理

企业筹资是指企业根据其生产经营、对外投资及调整资金结构等活动对资金的需要，通过一定的渠道，采用适当的方式和最低的总成本，获取所需资金的一种行为。按照企业所筹资金使用期限长短，可将筹资分为短期筹资和长期筹资两种。

短期筹资主要用来解决企业生产经营中季节性、临时性的资金短缺，可通过申请银行短期贷款、利用商业信用、经营租赁、票据贴现等方式筹集资金。

长期筹资主要用来满足企业购建固定资产、取得无形资产、垫支长期性流动资产等需要，可通过吸收直接投资、发行股票、发行债券、长期借款和融资租赁等方式筹集资金。

（一）筹资的方式

按所筹资金的性质，筹资可分为债务筹资和股权资本筹资。

1. 债务筹资。

债务筹资可采用借款、发行公司债券、融资租赁等方式。

（1）借款是指企业向银行等金融机构以及向其他单位借入的各种款项，主要用于购建固定资产和满足流动资金占用的需要。由于借款的风险较大，按照国际惯例，银行通常对借款企业提出一些有助于保证贷款按时足额偿还的条件，这些条件写进合同中，就形成了合同的保护性条款。

案 例

通过银行贷款筹资

生产“香雪海”的苏州电冰箱厂，于1985年3月向世界银行贷款，以250万美元从意大利凯迪公司引进先进技术和设备，次年8月投产，当年就生产出3种规格的四星级双门电冰箱近3万台。到1987年，不仅全部还清了贷款，而且还有盈余。1987年，苏州电冰箱厂又向世界银行贷款1 200万美元，从意大利扎努利公司引进年产40万台双门、三门豪华型电冰箱的先进技术和设备。仅用1年零5个月，就投入试生产。正式投产后，创汇额超过5 000万美元，是贷款的3倍多。

（2）公司债券是公司按照法定程序发行的，约定在一定期限还本付息的有价证券。由于发行公司债券的对象广、涉及面大，所以我国的《公司法》、《证券法》对发行债券的主体资格、发行债券的条件作了严格的限定。

（3）融资租赁是为了满足融通资金、添置资产的需要，在实质上转移与租赁资产所有权有关的全部风险和收益的一种租赁方式。按出租人资产的来源不同，可将其分为直接租赁、转租赁和售后回租等形式。

2. 股权资本筹资。

股权资本筹资可采用发行股票、吸收直接投资等方式。

（1）发行股票是股份有限公司筹集资本的基本的，也是最主要的方式。股票按股东权利不同，可分为普通股和优先股。

（2）吸收直接投资是企业按照“共同投资，共同经营、共担风险、共享收益”的原则，直接吸收国家、法人、个人投入资金的一种筹资方式。

案 例

股份制筹资搞活企业

厦门同安银城联合啤酒厂建于1988年，是个仅有几百人的县属小厂，原始资本1 500万元，年产啤酒1万吨。1994年6月，该厂通过定向募集方式筹资，成立厦门银城股份有限公司。改制后的公司充分利用股份制这一形式，广募社会资金，募集5 000万股金，开始实施啤酒生产扩建工程。该项目开工仅一个月时间，一条1.8万瓶/时的易拉罐听装啤酒线投入运行。不久，新增的2万瓶/时瓶装啤酒线也开始投产。1995年4月，扩建主体工程竣工，公司生产能力由年产啤酒5万吨增至10万吨，超过了募股时8万吨的预定指标，投资仅5 300万元人民币，企业也随之跻进国家大型啤酒生产企业行列。

（二）筹资管理的基本要求

1. 合理确定筹资数量。筹资主要是为满足企业资金需要即为满足投资的需要服务的，因此，一般应以投资项目资金需要量为依据，确定筹资数量。如果筹资不足，会影响投资项目购建活动的正常进行和生产经营的正常发展；如果筹资过多，又会造成资金的闲置。这就要求企业财务人员采用科学合理的方法，以投资项目或其他需求为依据，合理确定筹资数量。

2. 适时取得所需资金。筹资不仅要求总量合理，而且要求与投资进度相适应，根据资金投放的需要适时取得所需资金。这就要求企业财务人员根据资金需求的具体情况，合理安排资金的筹集时间。这样既能避免因筹资过早而形成资金投放前的闲置，又能防止因取得资金来源的滞后而错过资金投放的最佳时机。

3. 努力降低资金成本。资金成本是企业为取得和使用资金需要支付的代价，包括筹集费用和资金使用费用。企业财务人员要充分利用筹资的税收优惠和现有的资金来源渠道，掌握资金的分布情况和供求关系，了解各种环境和筹资方式下筹资的难易程度，力求降低资金成本，提高企业的经济效益。

4. 选择最佳资本结构。资本结构主要是指企业资金来源中股权资本与债务之间的比例关系。债务筹资的优点是：利息可在税前支付，筹资成本相对较低；债权人一般只能收取固定的利息，可以发挥财务杠杆作用；债权人不参与公司经营管理，能够保障股东控制权。其缺点是筹资风险较高，限制条款较多。

股权资本筹资的优点是：没有到期日，可为企业提供永久性资金来源；没有固定的股利负担，故筹资风险小；能增强公司的信誉，是公司筹措债务资本的基础。

股权资本筹资的缺点是：股利从税后利润中支付，不能享受减税优惠，因此资金成本较高；增发普通股有时会导致股票价格下跌。这就要求企业财务人员熟知各种筹资方式的特点，结合企业资本结构的现状，选择合适的筹资方式，使得企业的资本结构达到最佳。

测 试

结合本项目内容和案例，比较说明各种筹资方式之间的优缺点有哪些？

二、投资管理

（一）投资管理的意义

企业取得资金后，必须将资金投入使用，以谋求最大的经济效益，否则，筹资就失去了目的和效用。

1. 投资是实现财务管理目标的基本前提。企业财务管理的目标是不断提高企业价值，为此就要采取各种措施增加利润、降低风险。企业要想获得利润，就必须进行投资，在投资中获得效益。

2. 投资是发展生产的必要手段。企业无论是维持简单再生产，还是实现扩大再生产，都必须进行一定的投资。要维持简单再生产的顺利进行，就必须及时对所使用的机器设备进行更新，对产品和生产工艺进行改革等；要实现扩大再生产，就必须新建、扩建厂房，增添机器设备，增加员工数量，提高员工素质等。企业只有通过一系列的投资活动，才能做到增强实力、广开财源、谋求发展。

3. 投资是降低风险的重要方法。企业把资金投向生产经营的关键环节或薄弱环节，可以使企业各种经营能力配套、平衡，形成更大的综合实力。企业如把资金投向多个行业，实行多角化经营，则更能增加企业销售和盈余的稳定性，这些都是降低风险的很重要的方法。

测 试

有人说有投资就有回报。这话对吗？为什么？

（二）投资管理的基本要求

投资的特点决定了投资决策正确与否，对企业的未来发展至关重要。因此，应特别重视投资的前期调查和可行性论证，以确保投资的未来预期准确可靠。

1. 认真进行市场调查，及时捕捉投资机会。捕捉投资机会，确定投资方向，是企业投资活动的起点。

2. 搜集和整理资料，认真进行投资项目的可行性分析。搜集和整理资料是进行投资项目可行性分析的前提，而可行性分析又是投资决策的关键环节。

3. 进行投资决策，编制资本预算。进行投资决策的基本理论依据是当投资项目的边际收入等于边际成本时，其投资收益最大，投资规模最佳。选择最佳投资项目后，即可编制资本预算，要求企业财务人员进行项目财务评估，并预测选定投资方案分年度的用款额度和项目各年需要投入的资本总量，以便据以筹措相应的资本来源，保证投资项目顺利完成，尽快产生投资效益。

4. 监督投资预算的执行，适当控制企业的投资风险。在投资预算的执行过程中，应建立一套预算执行情况的跟踪系统，及时、准确地反映预算执行中的各种信息，将实际指标与预算指标进行对比，据以找出差异，分析原因，并将分析结果及时反馈给各有关部门或单位，以便调整偏离预算的差异，实现预定目标。企业在投资时，必须在考虑收益的同时认真考虑风险情况，只有在收益和风险达到最好的平衡时，才有可能不断增加企业价值，实现财务管理的目标。

案　例

斯达康公司抓住投资机会获得发展

斯达康是一个由留学生创办的通讯类公司，其总部在美国硅谷，最早主要生产交换机。企业原来规模很小，由于抓住一个投资机会而获得了迅速的发展——投资于“小灵通”的生产。这一项目的产生原因就是手机费用太高。最初，中国的手机是双向收费。在这种情况下，人们就考虑是不是可以有这么一种手机：打电话收费，接电话不收费。后来就发现了“小灵通”，它的技术是由美国人发明而被日本人收购的，但是它在日本却没有市场。因为它是一种适用于小范围的手机，局限性非常大，也就是说它的基站能力很小，每隔1公里就要设置一个基站。不像手机，在一个城市中，比如50公里以内只要设立一个基站就行了。虽然每一个基站的成本并不高，但数量却很多。这就是“小灵通”的劣势。它也有自己的优势，那就是手机的成本便宜，通讯成本也便宜。所以斯达康就从日本将这一技术一次性买断，拿到中国来发展，首先与杭州市的电信合作，由斯达康提供产品，杭州电信提供讯道服务。杭州市电信占51%的股份，小灵通公司占49%，最终的结果就是双赢。

项目二　企业营运资金管理

【学习目标】

□　了解什么是流动资产，有哪些特点；掌握流动资产管理的基本要求。

一、流动资产管理

（一）流动资产的概念和特点

流动资产是指可以在一年内或超过一年的一个正常营业周期内变现出售或者耗用，主要为交易目的而持有的资产，具体包括资币资金、短期投资、应收及预付款项、存货等。

从企业流动资产周转看，流动资产有以下特点：

1. 占用形态的并存性和继起性。在某一时点上，企业的流动资产以货币、材料、在制品等多种实物形态并存于生产经营的各环节；在不同的时点上，每一批流动资产都从货币形态开始，按照供、产、销的顺序，不断地进行转化，使生产过程连续不断地进行，体现了占用形态的继起性。

2. 占用数量的波动性和相对稳定性。流动资产在企业再生产过程中，随着供、产、销的变化，资金占用的数量有高有低，起伏不定，具有波动性；同时保险储备中的存货和现金、保证销售所必须的应收账款等又有相对稳定的占用数量，体现为流动资产中的永久性资产。

3. 价值转移的一次性和价值运动的增值性。流动资产一经投入生产过程，就会改变原有的实物形态，其价值一次转移到产品成本中去，构成产品价值的主要部分，并通过产品销售一次性得到补偿；流动资产周而复始地循环和周转，但不是简单的重复运动，而是每经过一次从货币资产再回到货币资产形态的循环，可以带来比原来资产更多的货币资产。

4. 流动资产循环周期与生产经营周期具有一致性。企业生产经营过程，也是劳动对象等物质要素的消耗过程。完成一次生产经营周期，流动资产也完成一次循环。所以，流动资产完成一次循环的时间与生产经营周期通常具有一致性。生产经营周期决定着资金循环时间，而流动资产周转又反映企业供产销全过程。

（二）流动资产的管理要求

流动资产是企业生产经营过程中短期置存的资产，是企业资产的重要组成部分，其与流动负债的对比关系，可体现企业的短期偿债能力。流动资产的管理要求包括：

第一，针对占用形态的并存性和继起性，要求企业合理配置资源，使其相关总成本达到最低。企业置存各项资产，都会发生一定的成本，如存货的订货成本和储存成本、现金的机会成本和交易成本、应收账款的机会成本、管理成本和坏账成本等。一般来说，在各项资产提供效益相同的条件下，能使其相关总成本达到最低的占用数量，就是该项资产的最佳持有量。采用定性分析或定量分析的方法，确定各项盘存类资产的最佳持有量，以及债权性资产投放的最佳信用政策。

第二，针对其占用数量的波动性和相对稳定性，要求企业在考虑资金来源的筹集方式时，注意既要保持资金来源的稳定性，又要保持一定的机动性和灵活性，以便合理安排资金的供求平衡。企业的财务人员要熟知各种筹资方式的优缺点，采用适时、适量、适当的方式，筹集和供应生产经营所需的资金，使其既能保证生产经营的需要，又不致于闲置浪费。

第三，针对其价值转移的一次性和价值运动的增值性，要求企业加强对流动资产的日常管理。在实行财务管理部门集中统一管理的同时，实行归口分级管理，建立有关部门的责任制度；坚持诚信原则，遵守结算纪律，保证生产经营顺利进行；要经常进行财务分析，评价资产的保值增值状况，对不能为企业提供未来经济利益的流动资产，要及时转作费用或损失，以免影响会计信息的公允披露与表达。

第四，针对其循环与生产经营周期的一致性，要求企业通过合理组织供产销过程来加速流动资产的周转，并充分发挥流动资产促进生产经营活动的积极作用。财务部门的职责是合理利用现金浮游量、商业信用等，减少资金占用，提高资金的利用效果。

测 试

流动资产在周转过程中顺序经过哪几种占用形态？

二、短期筹资管理

（一）短期筹资的概念和特点

短期筹资是指为满足企业临时性资产需要而进行的筹资活动。由于短期资金一般是通过流动负债方式取得的，因此，短期筹资也可称为“流动负债筹资”或“短期负债筹资”。

与长期负债筹资相比，短期负债筹资具有以下特点：

1. 速度快。申请短期借款往往比长期借款更容易、更便捷，通常在较短时间便可获得。当企业急需资金时，往往首先寻求短期借款。

2. 弹性高。与长期债务相比，短期贷款给债务人更大的灵活性，借款合同中的限制性条款比较少，企业有更大的行动自由。

3. 成本低。在正常情况下，流动负债筹资所发生的利息支出低于长期负债筹资的利息支出，而某些“自然性筹资”还没有利息负担。

4. 风险大。尽管流动负债的成本较低，但其风险大于长期债务。这主要表现在流动负债的利率随市场利率的变化而变化，时高时低，使企业难以适应；当债务到期时，企业不得不在短期内筹集大量资金还债，这极易导致企业财务状况恶化，甚至无法及时还债而破产。

（二）短期筹资策略

1. 中庸型筹资策略。中庸型筹资策略的特点是，对波动型资产采用短期的方式筹集，对永久性资产则采用长期筹资的方式筹集。这种筹资政策可以避免因资金来源太短引起无法到期清偿债务的风险，也可以减少由于过多地借入长期资金而支付的高额利息。

2. 积极型筹资策略。积极型筹资策略的特点是，企业以长期资金来源满足永久性资产对资金需求的一部分，余下的永久性资产全靠短期筹资来融通。这种筹资政策具有较大的风险，这种风险除了旧债到期可能借不到新债的风险，还有利率上升的风险，当然高风险也可能伴有高收益。

3. 稳健型筹资策略。稳健型筹资策略的特点是，企业不但用长期资金融通永久性资产，还融通一部分甚至全部波动性资产。

项目三　企业收益分配管理

【学习目标】

□　掌握企业收益分配的程序。

一、收益分配的原则

（一）收益分配的概念

收益分配是财务管理的重要环节。**广义的收益分配是指对企业收入和利润进行分配的过程，狭义的收益分配则是指对企业净利润的分配。**企业的利润形式既包括利润总额又包括净利润，本节主要讨论净利润分配的问题。收益分配是一项十分重要的工作，它不仅影响企业的筹资和投资决策，而且涉及国家、企业、投资者、员工等多方面的利益关系，涉及企业长远利益与近期利益、整体利益与局部利益等关系的协调与处理，必须慎重对待。

（二）收益分配的基本原则

企业在进行收益分配时应遵循以下原则：

1. 依法分配原则。企业的收益分配必须依法进行，这是正确处理各方面利益关系的关键。为规范企业的收益分配行为，国家制定和颁布了若干法规。这些法规及其规定的比例，企业应认真执行，不得违反。

2. 兼顾各方面利益的原则。收益分配是利用价值形式对社会产品的分配，直接关系到有关各方面的切身利益。因此，要坚持全局观念，兼顾各方面利益，除依法纳税外，资本投入者、企业所有者依法享有收益分配权。

3. 分配与积累并重原则。企业进行收益分配，应正确处理长远利益和近期利益的关系，坚持分配与积累并重。企业除按规定提取法定盈余公积金外，可适当留存一部分利润作为积累，以保证企业未来发展、增加企业后劲的需要。

4. 投资与收益对等原则。企业分配收益应当体现“谁投资谁受益”、受益大小与投资比例相适应。这样，才能从根本上保护投资者的利益，鼓励投资者投资。

二、收益分配的政策

（一）收益分配政策的概念

收益分配政策是指在法律允许的范围内，可供企业选择的、有关净利润分配事项的方针及对策。确定或选择正确的收益分配政策，对企业具有的重要意义是：分配政策在一定程度上决定企业对外筹资能力和企业价值的大小。

（二）确定收益分配政策应考虑的因素

1. 法律因素。为了保护债权人和股东的利益，国家有关法规，如《公司法》对企业收益予以一定的硬性限制。这些限制主要体现在：

（1）资本保全约束。它要求企业发放的股利或投资分红不得来源于原始投资（或股本），只能来源于企业当期利润或留存收益。

（2）资本积累约束。它要求企业在分配收益时，必须按一定比例和基数提取各种公积金，并贯彻“无利不分”的原则。

（3）偿债能力约束。对股份公司而言，当其支付现金股利后，会影响公司偿还债务和正常经营时，公司发放现金股利的数额要受到限制。

2. 股东因素。股东出于对自身利益的考虑，可能对公司的收益分配提出限制、稳定或提高股利发放率等不同意见。企业在制定收益分配政策时，应充分考虑股东因素。

3. 公司因素。公司出于长期发展与短期经营考虑，需要综合考虑以下因素，并最终制定出切实可行的分配政策：公司举债能力、未来投资机会、盈余稳定状况、资产流动状况、筹资成本和其他因素。

（三）收益分配政策的选择

1. 剩余政策。**剩余政策，是指企业较多地考虑将净利润用于增加投资者权益。**只有当增加的资本额达到预定的目标资金结构，才将剩余的利润用于投资者分配。这种政策的优点是能充分利用筹资成本最低的资金来源，保持理想的资金结构，使综合资金成本最低；其缺点是不利于投资者安排收入与支出，也不利于公司树立良好的形象。

2. 固定股利政策。在这种政策下，公司在较长时期内都将分期支付固定的股利额，股利不随经营状况的变化而变动，除非公司未来收益会有显著的、不可逆转的增长而提高股利发放额。固定股利政策的优点是：有利于公司树立良好形象，稳定公司股票价格，从而增加投资者对公司的信心。其缺点在于股利支付与公司盈利能力相脱节，当盈利较低时仍要支付较高的股利，容易引起公司资金短缺，导致财务状况恶化。

3. 固定股利比例政策。采用固定股利比例政策，要求公司每年按固定比例从净利润中支付股利。由于公司的盈利能力经常变化，所以每年的股利也随着公司收益的变动而变化。固定股利比例政策的优点是：体现了投资与风险收益对等。不足之处在于，由于股利波动容易使外界产生公司经营不稳定的印象，不利于股票价格的稳定与上涨。

4. 正常股利加额外股利政策。这种政策要求企业每年按固定的数额向股东支付正常股利，当企业年景好、盈利有较大幅度增加时，再根据实际需要，向股东临时发放一些额外股利。正常股利加额外股利政策的优点是有较大的灵活性，企业有较大的弹性。不足之处是公司的正常股利发放水平较低，投资者难以预测公司的真实盈利水平。

案 例

申新纺织公司的无股利分配政策

申新纺织公司由荣宗敬、荣德生兄弟创办，是解放前中国最大的民族资本工业企业，荣氏兄弟占股60%，由荣宗敬任总经理。

建厂初，申新一厂仅有1.3万枚纺锭，在第一次世界大战期间颇有盈利，于1917—1918年添置织机1 100台，1919年又扩充纺锭2.6万枚。1917年购进上海恒昌源纱厂，两年后，扩建为申新二厂。1920—1921年又分别在无锡建立申新三厂，在汉口建立申新四厂。申新还联合同业，在上海开办华商纱布交易所。

荣氏创业，铢积寸累，化利为本。与股东相约，3年不分红，股利亦存厂生息。至1922年，申新纺织公司资本已达300万银元，其中230万银元都是历年红利转入。

三、收益的分配程序

收益分配程序是指特定企业根据适用法律、法规或规定，对本企业一定期间实现的净利

润进行分配必须经过的先后步骤。

不同形式的企业适用的法律、法规不同，收益分配的程序也存在一定差异。这里主要讨论股份有限公司的分配程序。

（一）股份有限公司的收益分配程序

按照《公司法》等法律、法规的规定，股份有限公司当年实现的利润总额，应按照国家有关规定作相应调整后，依法缴纳所得税，然后按照下列顺序分配：

1. 弥补以前年度亏损（指用所得税前的利润抵补亏损达 5 年期限后，仍有未弥补的亏损）。

2. 提取法定公积金。法定公积金按照净利润扣除弥补以前年度亏损后的 10% 提取，法定公积金达到注册资本的 50% 时，可不再提取。

3. 提取任意公积金。任意公积金按照公司章程或股东会议决议提取或使用，主要用于对投资者分利加以限制和调节。

4. 向投资者分配股利。净利润扣除上述项目后，再加上以前年度的未分配利润，即可供普通股份分配的利润，公司应按同股同权、同股同利的原则，向普通股东支付股利。

另外，一般公司当年无利润时不得向投资者分配利润，但考虑到公司为维护其股票市价和信誉，以避免股票市价大幅度波动，在公司当年无利润但用盈余公积金弥补其亏损后，经股东大会特别决议，可按照不超过股票面值的 6% 的比例用公积金向股东分配股利，不过留存的法定公积金不得低于注册资本的 25% 。

（二）股份有限公司支付股利的顺序

股份有限公司向股东支付股利，需要依次经过以下时点：

1. 股利宣告日。即公司董事会将股利支付情况予以公告的日期。公告中将宣布每股股利、股权登记日、除息日和股利支付日等事项。我国的股份公司通常一年派发一次股利，也有在年中派发股利的。

2. 股权登记日。即有权领取股利的股东资格登记截止日期。只有在股权登记日前在公司股东名册上有名的股东，才有权分享股利。

3. 除息日。即指领取股利的权利与股票相互分离的日期。在除息日前，股利权从属于股票，持有股票者即享有领取股利的权利；从除息日开始，股利权与股票相分离，新购入股票的人不能分享股利。

4. 股利支付日。即向股东发放股利的日期。

思考与训练

一、思考题

1. 企业财务管理的主要内容有哪些？
2. 股权筹资有哪些优缺点？

3. 投资管理有哪些基本要求？
4. 流动资产有哪些特点和管理要求？
5. 简述收益分配的原则和策略。

二、实训题

通过企业并购，强化资本经营，壮大实力

海信集团能有长足的发展，是海信集团实施企业并购的结果。其途径有：(1) 投资控股。淄博电视机厂是电子部彩电生产定点企业，海信看好其设备及生产潜力，双方达成共同投资的协议。淄博方以厂房和设备，海信以货币及无形资产入股，各占49%和51%，成立淄博海信有限责任公司。合作当年，短短6个月的时间，销售总额达1.6个亿，第二年达3个多亿，利润近千万元。(2) 债权转股权。1993年海信想利用黑白机生产场地扩大彩电生产线，这时山东电讯四厂提出与海信合作，为它生产彩电。双方以债权转股权的合作方案，进行合作。海信以债权及设备、仪表等有形资产和技术、管理、商标等无形资产为投入。对方投入建筑、生产设备，共同组建了临沂海信电子有限公司。(3) 异地划拨国有资产。青州无线电变压器厂是个地方国有企业，生产电视机用的各种变压器。它的经营状况良好，与海信有长期供货关系。1993年该厂提出加盟海信集团，以建立长期协作关系。海信提出对方必须以资产加盟，即将青州厂的国有资产划拨至青岛海信，形成真正意义上的利益集团。海信的要求得到采纳，于是，676万元净资产无偿从青州划拨到青岛国资局，青岛国资局又将其划入海信的账户，海信再以投资者的身份，将其全额投到青州厂，以国有法人股的形式建立海信全资子公司，并更名为青州海信电子有限公司。

【问题与思考】

1. 企业资金筹集有何途径？它们对企业的发展有何意义？
2. 企业资金筹集活动应该注意什么问题？

参考文献

1. 刘宁杰主编:《企业管理》,东北财经大学出版社 2005 年版。

2. 罗国英、林修齐主编:《质量管理体系教程》,中国经济出版社 2002 年版。

3. 赵文明编著:《中外企业文化经典案例》,企业管理出版社 2005 年版。

4. 弗雷德·戴维著,李克宁译:《战略管理》,经济科学出版社 1998 年版。

5. 金志华主编:《市场经济与企业竞争》,中国青年出版社 1993 年版。

6. 吴照云著:《管理学》,经济管理出版社 2002 年版。

7. 詹姆斯·迈天著、李东贤等译:《生存之路——计算机技术引发的全新经营革命》,清华大学出版社 1997 年版。

8. 高闯主编:《企业管理总论》,辽宁大学出版社 1999 年版。

9. 杨瑞龙编著:《股份制公司是怎样运作》,中国财政经济出版社 1999 年版。

10. 刘熙瑞、张康之主编:《现代管理学》,高等教育出版社 2000 年版。

11. 潘涌泉主编:《企业信息管理》,中央广播电视大学出版社 2000 年版。

12. 沈维涛主编:《企业管理》,科学出版社 2000 年版。

13. 李绪豪主编:《现代企业管理基础》,高等教育出版社 2001 年版。

14. 刘淑莲编著:《公司财务管理》,中国财政经济出版社 2001 年版。